主体功能区
宏观调控机制研究——
宏观经济调控理论的空间向度

郝大江 著

国家社会科学基金项目“主体功能区宏观调控机制及其政策研究”
（11CJL046）研究成果

科学出版社
北京

内 容 简 介

实施主体功能区战略，优化国土空间开发格局，这是我国区域经济发展规划与管理战略的重大创新。本书基于经济学空间维度的系统反思和创新探索，通过构建空间经济一般均衡分析框架，从时间和空间两个维度，对主体功能区形成机理和演进机制进行了深入研究，为我国主体功能区建设提供了基础理论支撑。同时，在主体功能区微观形成机制的分析基础上，本书从宏观视角构建了产品市场、货币市场和土地市场一般均衡下的异质空间IS-LM-SD宏观经济运行模型，系统揭示了主体功能区宏观调控政策的组合模式、运行机理、实施效果，不仅为我国主体功能区分类管理提供了有力的政策导向依据，同时也实现了主体功能区对于新凯恩斯宏观经济学宏观调控理论的创新和发展。

本书将理论与实践相结合，体系结构完善，针对性强，突出学术性、创新性和实用性的相互结合，可作为经济学领域教学的参考用书，以及区域经济学科相关研究的参考用书。

图书在版编目（CIP）数据

主体功能区宏观调控机制研究：宏观经济调控理论的空间向度 / 郝大江著. —北京：科学出版社，2021.7

ISBN 978-7-03-064640-8

Ⅰ. ①主…　Ⅱ. ①郝…　Ⅲ. ①宏观经济调控－研究　Ⅳ. ①F202

中国版本图书馆 CIP 数据核字（2020）第 038641 号

责任编辑：杭　玫 / 责任校对：贾娜娜

责任印制：张　伟 / 封面设计：无极书装

科 学 出 版 社出版

北京东黄城根北街 16 号

邮政编码：100717

http://www.sciencep.com

北京虎彩文化传播有限公司印刷

科学出版社发行　各地新华书店经销

*

2021 年 7 月第　一　版　开本：720 × 1000　B5

2021 年 7 月第一次印刷　印张：12

字数：240 000

定价：108.00 元

（如有印装质量问题，我社负责调换）

前　　言

过去的30年，中国创造了经济高速增长的奇迹，成为世界上发展最快的国家之一。但是伴随着经济的高速增长以及体制转轨、社会变迁等过程，中国也面临着一些新的问题，集中表现为资源约束、生态失衡、社会分化、制度失衡等问题。我国经济高速增长过程中所出现的这些冲突和矛盾，迫切需要我们对过往发展历程进行总结和反思，进而探寻更为合理、更加科学的发展途径和战略选择，并重新定位政府在发展中的平衡者角色，更加有效地进行国民经济宏观统筹调控。在这种背景下，我国“十一五”规划从优化开发、重点开发、限制开发和禁止开发四种类型以及分类管理五个方面，首次提出了在我国国土空间全面实施主体功能区战略的规划。主体功能区战略的制定和实施，其目的旨在各地区根据资源环境承载能力和发展潜力，明确不同区域功能定位，逐步形成各具特色的区域发展格局。党的十八大报告也将“加快实施主体功能区战略，推动各地区严格按照主体功能定位发展，构建科学合理的城市化格局、农业发展格局、生态安全格局①”作为我国生态文明建设的重要实施基础。

实施主体功能区战略，优化国土空间开发格局，这是我国区域经济发展规划与管理战略的重大创新。然而，虽然我国于2011年就依据各地区资源环境承载能力和发展潜力，正式出台了《全国主体功能区规划》，明确了不同区域的功能定位。但是，从近年来我国主体功能区建设实施的过程和效果上看，我国主体功能区建设还远未能实现其战略目标。突出问题表现在两个方面：首先，主体功能区的基础理论准备不足，现有区域经济理论无法对主体功能区建设提供有力的理论支撑，明显缺乏主体功能区形成机制的理论解释，甚至理论界至今仍不能对主体功能区内涵、属性、性质、理论渊源达成统一共识；其次，虽然以政府为主导的我国主体功能区规划编制工作已经取得了很大进展并基本完成，但是引导我国主体功能区形成和建设的宏观调控机制及其政策仍处于探索阶段。一般认为，新凯恩斯宏观经济学为目前世界各国宏观调控实践提供了较为完善的调控手段和系统

① 胡锦涛在中国共产党第十八次全国代表大会上的报告，http://theory.people.com.cn/n/2013/0403/c359820-21013407.html，2012年11月8日。

的机制分析。然而，新凯恩斯宏观经济学却无法对主体功能区建设提供有效的宏观调控理论支撑。这是因为，新凯恩斯宏观经济学以“无空间维度”为其基本分析范式，这种“无空间维度”的宏观调控机制及其政策手段，无法对明显纳入区域空间差异的主体功能区建设提供调控引导。一定程度上来讲，相对于我国主体功能区实践建设的快速发展，主体功能区形成机理与宏观调控机制的理论研究出现了明显的滞后，很大程度上制约了我国主体功能区建设的进一步发展。

主体功能区是区域经济理论和宏观经济理论的重大创新。一方面，这种创新客观上要求其研究过程必然要充分考虑资源条件、环境特征等空间要素在区域经济发展中的重要作用，而这是传统区域经济理论“无空间维度”分析范式所不能兼容的。另一方面，主体功能区建设的顺利实施也必然需要政府宏观调控政策的保障。主体功能区建设对宏观调控提出了更高的要求，继续沿袭旧有的宏观调控模式必然无法适应“空间维度”下的主体功能区建设。事实上，主体功能区突出强调“资源环境承载力和发展潜力”是区域经济发展的必要条件，从而将资源、环境等明显具有空间特征，并在生产活动中起至关重要作用的因素重新作为“要素”纳入其区域经济发展理念之中。然而，一个难以规避的问题是，现有主流经济理论却将资源与环境对经济的作用排斥在外。这是因为，传统主流经济理论认为在市场机制的作用下，技术进步完全可以破除资源禀赋、环境特征等各种自然因素对人类经济活动的限制。这就导致了长期以来资源与环境经济学与主流经济理论相互割裂，其研究范式仿佛是两条平行轨道，互相映衬却难以机制相连。脱离了资源环境特征，“无空间维度”的传统经济理论对现实的空间经济指导作用也变得愈发模糊。事实上，任何经济活动都不能脱离空间而“无维度”地存在，因此将空间维度纳入主流经济理论，通过构建纳入经济活动“空间维度”的微宏观经济运行模型，系统揭示主体功能区的微观形成机理和宏观调控机制，进而最终为我国主体功能区建设提供基础理论支撑和宏观调控政策导向，就成为本书主体功能区理论研究的重要逻辑主线。因此，通过综合运用区域经济学、空间经济学、宏观经济学、环境、资源与人口经济学以及博弈论等理论和相关研究方法，本书对主体功能区的形成机理和调控机制进行了系统分析。具体而言：首先，利用区域经济学、空间经济学等相关理论和研究方法，将空间维度纳入主流经济学研究，为本书主体功能区构建了一个内在逻辑统一的空间经济一般均衡分析框架，揭示了主体功能区微观形成机理，实现了主体功能区对传统经济理论“空间向度”回归的理论创新。其次，结合新经济地理学、空间经济学、环境、资源与人口经济学的分析范式和研究方法，将资源和环境等区域性要素禀赋纳入分析框架，耦合上述理论与传统经济理论的互为割裂，并对经济活动空间格局演变规律的集聚和分工线索进行了全新探讨。再次，运用空间经济学、区域经济学相关理论和研究方法，从时间和空间两个维度，对区域经济长期演进机制进行了深入研究，提出了要素配置的技术型效率以及结构型效率提升是区域经济总量变动和经济结构优化与升级的重要动力，并在此基础上，对主体功能区的协调标准做出了符合现实的理论判断。最后，基于宏观经济学、土地经济学的相关理论和分析方法，构建了产品市场、货币市场和土地市场一般均衡下的异质空间 IS-LM-SD 宏观经济运行模型，系统揭示了主体功能区宏观调控政策的组合模式、运行机理、实施效果，最终实现了主体功能区对于新凯恩斯宏观经济学宏观调控理论的创新和演进，并为我国主体功能区分类管理提供了有力的政策导向依据。

同时，本书的主体功能区理论研究也为进一步正确理解我国新时代社会主要矛盾提供了有力依据。党的十九大明确提出，“中国特色社会主义进入新时代，我国社会主要矛盾已经转化为人民日益增长的美好生活需要和不平衡不充分的发展之间的矛盾”。[①]这种社会主要矛盾转变的重大论断，不仅是对我国现阶段具体国情和发展阶段特征的综合论断，同时也对我国区域不平衡发展问题进行了高度的问题总结和概括。因此，如何解决我国区域发展差异，实现区域平衡和充分发展，也正成为我国区域经济学者关注的核心问题。本书研究认为，我国社会主要矛盾在区域发展上的不平衡，并不是指我国各地区经济增长总量的绝对不平衡，而是目前我国各地区在发展过程中科学开发利用其区域性要素禀赋的水平和能力的不平衡，以及区域发展模式与其区域性要素禀赋适配程度的不平衡；而我国社会主要矛盾在区域发展上的不充分，则是我国各地区经济增长的来源更多是要素的粗放式投入，其增长空间已经在不断缩小，亟待依托区域性要素与非区域性要素配置效率改善为核心的整体经济结构转型，进而充分提高各地区要素配置效率，实现可持续的高质量内生发展。因此，正确理解我国新时代社会主要矛盾在区域经济协调和可持续发展上的真切表现和客观规律，这对我国顺利实现两个百年目标极为重要。任何脱离区域发展本质规律的区域间“经济总量一致性”的平衡发展，必然会恶化我国地区间的经济结构失衡并过度损耗地区未来的发展潜力。

郝大江

海南师范大学经济与管理学院

① 习近平在中国共产党第十九次全国代表大会上的报告，http://cpc.people.com.cn/n1/2017/1028/c64094-29613660.html，2017 年 10 月 28 日。

目　录

第 1 章　我国主体功能区理论研究进展

1.1　主体功能区划内涵研究

1.1.1　主体功能区划的界定

主体功能区划是我国区域经济发展观的重大创新。然而，尽管我国于 2011 年就正式出台了《全国主体功能区规划》，但是国内学者对主体功能区的内涵仍没有达成统一认识。虽然多数学者认可主体功能区是根据我国不同区域的环境承载能力、现有资源禀赋及区域开发密度和发展潜力等条件，按照区域专业化分工和区域协调发展原则划定的具有某种或某些特定主体功能的空间单元，但是国内学者对主体功能区的内涵却仍有较大分歧。魏后凯研究认为，对于主体功能区应从规范和优化区域空间开发秩序等方面进行界定，即主体功能区应是按照某种特定指标来划定，从而承担特定功能定位的地域单元[1]。冯德显等则强调，定位主体功能区需要统筹考虑各个区域经济发展态势、人口集聚情况、国土资源利用的科学性及有效性、城镇化格局发展变化情况及生态功能的演变等因素，因此主体功能区是强调国土空间优化开发，并具有某种特定主体功能的规划区域与空间单元[2]。李宪坡也认为主体功能区的内涵界定显著区别于其他区域规划，主体功能区是地域空间、职能空间以及政策空间集于一体的复合型空间功能单元[3]。然而，陆玉麒等则认为，我国进行的主体功能区划虽然在某种程度上具有均质区域属性，但其所附带的功能区属性则更加浓厚，社会经济开发密度和整体经济、社会发展水平会对主体功能区功能定位产生至关重要的影响，因此主体功能区必然具备类型区和功能区双重属性[4]。姜莉则进一步认为，主体功能区侧重内部均质性，而非其内部功能联系，因此主体功能区究其本质应该属于类型区（均质区）范畴，而并非仅是具有综合功能的功能区[5]。尽管国内学者关于主体功能区内涵仍存争议，但学者们对其理论贡献却有着共同的认识，即主体功能区突出强调经济发展中应兼顾经济、社会、生态、资源等各方面因素，从而形成科学合理的发展秩序，因此主体功能区拓展了空间资源的价值内涵，深化了区域发展规律认识，并为衡量区域经济发展提供了多元化和科学化的测度指标。

在探索主体功能区内涵的过程中，国内很多学者也对主体功能区划与生态功能区划之间的区别与联系进行了深入研究。部分国内学者认为，由于主体功能区划主要以资源环境承载能力为其基础，因而生态功能区划是主体功能区划的重要内容。但是，生态功能区划和主体功能区划二者之间还存在差别，即两种功能区划的目的不同。生态功能区划以加强环境保护为主要功能导向，强调通过自然生态系统的维护来实现生态功能区域的可持续发展；而主体功能区划则主要从区域的合理开发角度着手，通过规范区域开发秩序，形成开发强度适当的区域发展格局，进而实现资源、社会、经济的协调发展。可见，主体功能区划是区域空间的功能属性，而生态功能区划是区域空间的自然属性，二者之间既相互区别又相互联系。

关于主体功能区划与行政区划之间的关系，多数学者认为行政区划主要是在一定地域范围内确定行政区域规划，并对该区域内的国民经济及土地利用进行总体部署。从行政区划的涵盖范畴来看，行政区划包含着主体功能区划所有的内涵要素，但其自然属性除外。因此，行政区划与主体功能区划仍然存在着显著差异。同时，由于行政区划横向联系并不紧密，缺乏水平联系和渗透，这无疑会造成以行政区划为区域布局的国民经济各部门在协调和合作等方面产生困难，形成不可避免的经济联系割裂。而主体功能区划则统筹考虑了包括自然空间属性在内的所有因素，其旨在为国民经济各部门的决策从宏观调控的战略高度进行服务，因此主体功能区划是行政区划的横向渗透与纵向延伸的有效整合[6]。

1.1.2 主体功能区划的指标及方法研究

主体功能区的划分指标是进行主体功能区划的重要依据。虽然我国“十一五”规划明确提出了国土空间开发格局的四类主体功能区划分（表 1-1），并于 2011 年就在《全国主体功能区规划》中完成了对国土空间的主体功能区划，但是国内学者对主体功能区划指标的选择并没有达成共识。由于我国各地区之间在经济及社会发展等方面存在着巨大差距，因此主体功能区划的四类别划分方法能否适应我国当前较为复杂的区域发展特征，我国学者对此也有着不同看法。许多学者认为，笼统的分类并不利于区域经济的长期协调发展，为利于纵向规划管理和横向开发合作，主体功能区划应该进一步建立细分标准。如樊杰在主体功能区四类型划分基础上提出了更为具体的主体功能区二级分类标准，即对四类型主体功能区进行更加详细的分级[6]；王敏等也以主体功能区的优化开发区为例，依据经济发展特征和潜力，将优化开发区进一步细分为三大类、次五类[7]；赵永江等通过对河南省具体情况的分析，明确提出“适宜性”是划分主体功能区的关键，并在全国主体功能区划的 15 个指标体系基础之上又提出了一个更加适合河南省省情的指标体系[8]；郝大江则进一步根据主体功能区的动态演进规律，提出主体功能区划虽然在较长时期内可以保持相对稳定，但随着要素条件累积变化、资源环境承载能力的转变，主体功能区应该进行动态的阶段性调整[9]。

表1-1　主体功能区类别特征

类型	资源承载力	发展潜力	内涵	发展方向
优化开发区	高	高	国土开发密度较高，资源环境承载能力有所减弱，经济和人口高度密集区域	转变经济发展方式，强化经济结构调整、降低资源消耗、提高自主创新能力
重点开发区	中	高	资源环境承载能力较强，经济和人口集聚条件较好的区域	实行工业化、城镇化战略，综合评价经济增长、质量效益、产业结构、资源消耗以及外来人口公共服务等指标
限制开发区	低	中	资源环境承载力弱，大规模集聚经济和人口条件不好，并关系到全国或较大区域范围生态安全的区域	引导超载人口逐步有序转移，强化农业生产和生态保护
禁止开发区	低	低	各类型自然保护区和生态保护区	强化对自然文化资源原真性和完整性保护，不涉及任何经济发展

资料来源：《中华人民共和国国民经济和社会发展第十一个五年规划纲要》，http://www.xinhuanet.com/politics/2016lh/2016-03/17/c_1118366322.htm，2016 年 3 月 17 日

同样，高国力则研究认为，我国主体功能区规划应包含国家和省级两个层次，并以县级单位为规划基本单元设立主体功能区划分体系，这一体系能够突出重点、目标明确且简明实用，同时可以将中央及省级的主体功能区规划政策进行分类设计和管理[10]。需要指出的是，部分国内学者也借助地理信息系统、遥感和全球定位系统等技术和方法对主体功能区划分指标体系进行了研究。例如，曹卫东等以县域尺度为基础，对主体功能区划分方法进行了探索，该方法以地理信息系统技术为支撑，从经济开发支撑和自然生态约束两个方面，选择了人均资源拥有量、人口、学历层次、国内生产总值等多个评价因子，并通过象限图划分了主体功能区[11]；张广海和李雪以山东省 17 个地市为基本空间单元对主体功能区划的指标体系进行了修正，并以区域承载力指标作为基础确定了主体功能区划指标体系[12]。

1.2 主体功能区的功能及其推进问题研究

1.2.1 主体功能区的功能研究

主体功能区建设是我国首次提出的特殊国土空间规划，其实践价值和理论意义得到了国内学者的广泛认同。魏后凯认为，由于主体功能区建设旨在优化我国国土空间开发秩序，因此主体功能区的作用主要表现为转变经济发展方式、强化生态保护、优化资源空间配置、便于分类管理和调控等方面[13]。而刘玉则分析了主体功能区建设的区域效应，认为推进主体功能区建设可以优化区域产业布局，调整城镇化与经济发展的空间格局，重塑区域间关系，实现区域长期综合效益[14]。在区域协调方面，张杏梅研究认为，主体功能区建设是区域协调发展的创新，主体功能区建设有利于提高资源环境的承载能力，并通过促进产业政策与区域政策的结合，缩小区域差距，从而促进区域经济与社会的协调发展[15]。高同彪则研究认为，主体功能区划除了能够实现以上功能之外，还可以促进人口与经济的合理分布[16]。姜莉[17]以及李红伟和赵羽[18]则通过构建基于区域经济可持续发展的主体功能区划模型，指出主体功能区建设通过深化区域分工和协作，使得区域政策能够与产业政策有效地结合在一起，从而对增强区域经济可持续发展具有重要的推动作用。在政府职能转换与科学管理方面，陈潇潇和朱传耿通过将主体功能纳入区域管理评价体系，指出主体功能区的划分不仅将产业政策与区域发展政策有效地结合在一起，还可以消除原有经济发展的一些弊端，特别是对于行政管理职能人员的监督管理十分有利[19]。邓玲和杜黎明则研究认为，过往同质化的政府管理使得异质化的区域经济发展表现为不协调现象，主体功能区对政府管理的差异化要求，可以有效促进区域经济的可持续发展，使得区域经济发展模式适应区域资源与环境的特征[20]。

主体功能区划不仅是我国区域发展观的重大创新，而且在相当程度上也是对现有区域经济发展理论的一种创新，其理论价值也得到了国内学者的关注。孙珊珊和朱传耿认为，主体功能区划是我国区域发展理论的创新，一方面主体功能区划为区域定位提供了更好的方法，提出了衡量区域经济发展的综合性、多样化指标；而另一方面主体功能区划的提出也为区域间经济的协调发展提供了新思路[21]。梁佳[22]、郝大江和范静媛[23]则借助空间经济建模技术对主体功能区协调机制进行了深入研究，丰富了区域经济发展理论。

1.2.2　主体功能区的推进问题研究

主体功能区是我国区域发展观的重大创新，因此这种创新从理论走向实践的过程必然会面临很多问题。主体功能区建设不同于一般的功能区建设，在实际操作中会面临由谁负责主体功能区划、区划过程中的基本空间单元是什么、选择何种指标体系、同类主体功能区的政策是否应一致、主体功能区是否需要有层级划分、是否需要定期调整等具体问题。樊杰在探索我国主体功能区规划功能和作用时，就对制约我国主体功能区发展的因素进行了分析。樊杰认为，总体部署与实施方案不稳定、战略目标不清、认识观念存在偏差以及缺乏保障机制是影响我国主体功能区建设顺利实施的重要因素[24]。李荐和赖华东也从实际操作角度分析了推进我国主体功能区建设的制度性障碍，并对管理机构设置问题、立法问题、基本空间单元与层级关系问题、识别指标与动态调整机制问题及分类区域管理政策等诸多问题提出了建设性意见[25]。

此外，我国主体功能区建设，无论是理论上的创新，还是实践中的推进，都对政府职能管理产生了全新的要求，继续沿袭过往区域经济管理经验必然无法满足主体功能区建设的需求。国内多数学者认为，我国推进主体功能区建设的主体包括政府和市场，政府虽然在初期处于主导地位，但主体功能区建设最终取决于市场作用。然而，在主体功能区建设初期阶段，如何准确厘定政府角色和作用成为学者关注的重点。张孝德认为，在主体功能区建设过程中，高度同构的行政管理机构及地方政府单纯追求经济增长的管理目标与主体功能区建设不相适应，并指出深化行政管理体制改革是落实全国主体功能区划建设的必然要求[26]。同样，张可云也指出，促进主体功能区建设必须要处理好“谁管”和“管谁”这两个问题，主体功能区划是区划、规划、政策和考核“四位一体”，主体功能区划是基础和前提，是关键环节，相关配套政策和绩效考核是保障条件[27]。韩晶晶则认为，很大程度上重塑地方政府职能是顺利实施主体功能区建设的根本保障。这就要求地方政府树立新的政绩观，创新政绩考核指标体系，结合本地区实际做好主体功能区划，加强主体功能区内各行政区间的合作[28]。在实践层面上，丁鸿君和游惟淼以优化开发区为例探讨了主体功能区内地方政府的考核机制，认为制定符合主体功能区发展的地方政府考核机制是推进主体功能区形成的重要内容[29]。陈俐艳则以省域主体功能区建设为例，提出了以科学空间评价为基础，处理好开发与发展、各类主体功能区间、行政区与主体功能区间的稳定与协调问题[30]。而关于主体功能区的长期建设问题，郭钰和郭俊则通过论述主体功能区建设中的利益冲突，提出应淡化原有的行政区域划分，应使各区域之间建立有效的协调机制，通过财税政策健全生态补偿机制，加强各类区域间的生态合作[31]。

总体而言，目前国内学者对于主体功能区推进问题研究相对全面，这些研究无论是从理论角度还是从实践角度都对主体功能区建设可能遇到的问题给予了相应的研究与探索。然而，通过主体功能区推进问题的研究综述我们也可以看出，目前国内多数学者都对完善主体功能区管理机制进行了丰富探索，而对主体功能区的形成机理及其演进机制仍缺乏系统、翔实的研究。

1.3　主体功能区调控政策研究

从实践角度看，宏观调控政策是主体功能区建设顺利实施的根本保障。然而，沿袭传统的宏观调控模式及其政策必然无法适应新发展观下的主体功能区建设。因此，主体功能区宏观调控政策研究也是国内学者关注的核心和重点。一般而言，新凯恩斯宏观经济学是目前主流宏观调控理论的重要基石。新凯恩斯宏观经济学认为，产品市场和货币市场的一般均衡是国家宏观调控的重要目标，在此基础上国家对宏观经济进行干预和调控，主要可以选择财政、货币两大政策体系，并可以辅助应用产业政策、环境政策、人口政策、土地管理等具体政策手段。由于新凯恩斯宏观经济学是目前各国宏观管理实践的重要理论依据，因此，国内学者关于主体功能区宏观调控政策研究，基本上是基于新凯恩斯宏观经济学理论体系及其分析框架展开的。

1.3.1　主体功能区的财政政策研究

财政政策作为宏观调控的重要手段，在国家干预和调节宏观经济运行中起着至关重要的作用。国内学者普遍认为，财政政策因其在刺激经济及优化公共服务等方面具有明显的调节作用，因此财政政策同样是主体功能区建设的重要调控手段。贾康和马衍伟认为财政政策作为政府宏观调控主体功能区建设的重要手段，其实施目标应该包括：①确保四类主体功能区基本公共服务均等化；②引导要素合理流动；③保护环境；④实现区域经济一体化。因此，对于优化开发区应采取创新型财政政策，对于重点开发区采取激励型财政政策，对于禁止开发区采取保障补偿型财政政策，对于限制开发区采取支持补偿型财政政策[32]。同样，唐建华也认为，主体功能区建设实际上是不同区域间利益调整的一个过程，在这种利益调整过程中，财政政策是实现这种利益调整的尤为重要的保障[33]。

由于限制开发区的发展方向为强化农业生产和生态保护，而禁止开发区不涉及任何经济发展，因此，限制开发区和禁止开发区的经济开发活动受到很大限制。然而，主体功能区建设绝不是让资源环境承载能力较弱地区失去发展的机会，为实现各类型主体功能区基本公共服务均等化，很多学者针对性地提出了促进主体功能区形成的财政转移政策。如王梦炜和韩莉研究认为，财政转移支付可以发挥为生态财富买单、实现公共服务均等化的功能[34]；钱勤英认为，应该建立标准统一、目标明确的转移支付体系，从而体现不同主体功能区国土功能的差异化发展目标[35]。在具体的实施环节中应包括两个层次：第一个层次是国家层次，由国家根据各功能区功能定位确定标准并进行转移支付，确保四类主体功能区基本公共服务均等化；第二个层次是主体功能区地方政府层次，即由重点开发区和优化开发区地方政府根据限制开发区和禁止开发区提供的生态服务功能进行地区间转移支付[36]。同时，赵桂芝也指出，财政转移支付政策可以作为中央政府缩小各地区间经济发展差距、推进主体功能区建设的重要政策手段，但要准确把握主体功能区建设与财政转移支付之间的内在逻辑性，更好地发挥转移支付的均等化功能[37]。

此外，实施主体功能区战略，限制开发区和禁止开发区必然会因强化农业生产和生态保护而失去经济发展机会，这就从客观上产生了生态补偿问题。政府建立完善的财政转移支付制度可以有效补偿因主体功能区规划而使部分区域丧失的发展机会成本。任勇等研究认为，生态补偿机制是生态系统服务功能实现的基本保障，是不同区域利益分配关系的调整，只有注重区域利益分配的生态补偿机制，才能有助于提高特定区域恢复和保护生态环境的积极性和主动性[38]。同样，孟召宜等也指出，主体功能区生态补偿不仅是一种新型生态补偿方式，而且在某种程度上能够促进政策配套性发展，所以在主体功能区生态补偿过程中，应遵循注重科学、政府主导、规范有序以及协商一致原则，同时在规章制度、规划、财政预算、配套政策等方面要做到有序、合理[39]。然而，尽管国内学者对于主体功能区生态补偿制度的重要功能有着共识，但是在具体实施环节上，生态补偿机制研究仍然表现为应用上的不足。虽然，燕守广等[40]对主体功能区生态补偿标准、张成军[41]对主体功能区生态补偿方法都做了较为细致的研究，但总体而言，国内学者对主体功能区生态补偿的产权确定、补偿方法以及生态补偿标准等问题仍没有形成统一认识。

1.3.2 主体功能区的金融政策研究

新凯恩斯宏观经济学认为，产品市场和货币市场的一般均衡是国家宏观调控的重要目标，国家对宏观经济进行干预和调控主要可以选择财政、货币两大政策体系。因此，国内一些学者也主张利用合理的货币政策推进实施主体功能区建设。

由于货币政策在实施过程中无法实现不同类型主体功能区间的差异化，即便行政区不同，也会执行相同的货币政策，所以国内学者普遍认为各类型主体功能区应采用利率政策、银行制度以及信用制度等金融政策进行宏观调控。如石红英认为，结合不同类型主体功能区的特征，实施利率不同、信贷程序多样化的贷款支持，有利于激发区域经济的活力，促进要素在不同类型主体功能区间的合理流动，使得各类型主体功能区获得特定发展[42]。靳士雨和王新认为，从资源承载力和发展潜力来看，重点开发区的发展方向是工业化、城镇化。然而工业化和城镇化必然需要巨大的资金支持，仅依靠政策性金融机构并不能解决重点开发区资金需求问题，因此地方性商业银行的进入可以有效解决重点开发区资金缺口问题[43]。

1.3.3 主体功能区的土地政策研究

国内土地政策参与宏观调控的研究早已存在。事实上，土地作为特殊的生产要素，其与劳动力、资本要素的根本区别在于其是一切经济活动的空间载体。土地要素的空间开发用途和结构布局，以及土地要素所承载的产业结构和开发速度都对主体功能区形成和演进起着至关重要的作用。从这个角度上说，合理、有效的土地政策是推进主体功能区科学发展的重要手段。因此，在主体功能区宏观调控政策研究中，国内学者也特别关注土地政策的作用。如覃发超对土地利用分区指标体系与主体功能区划指标体系的关系进行了研究。覃发超等认为，主体功能区划与土地利用分区使用了相似的原理，但与微观层面上的土地利用分区不同的是，主体功能区划侧重于土地利用的宏观指导[44]。杜黎明则从空间管制的角度对土地政策与产业结构优化以及经济布局调控的内在关系进行了论证，并认为空间管制加强的关键在于差异化的土地供给政策[45]。而梁佳则以规模报酬递增和非完全竞争为基本分析范式，探索了土地政策在主体功能区宏观调控中的作用机制[46]。

由于西方国家的土地私有制，以及主流宏观调控理论并未涉及土地政策在宏观经济调控中的作用，因此西方国家并没有将土地政策作为可以进行宏观经济调控的重要手段。然而，鉴于我国特殊的土地管理制度，土地政策事实上已经成为我国宏观调控的重要手段，在国家干预和调节宏观经济运行中起着至关重要的作用。尤其是主体功能区建设过程中，通过制定差异化的土地政策，可以有效刺激产业布局演进，从而实现国土空间格局的优化，因此土地政策同样是主体功能区建设的重要调控手段。但由于缺乏土地政策参与主体功能区宏观调控的机制分析，目前国内学者对于主体功能区建设中的土地政策研究仍停留在政策导向阶段，对土地政策参与主体功能区建设的作用机理、政策效果、使用方式缺乏足够的探索。事实上，创新和完善新凯恩斯宏观经济学，将土地市场均衡纳入主流宏观调控理论，通过构建土地市场、产品市场和货币市场的一般均衡分析框架，深刻揭示土地政策参与主体功能区宏观调控的运行机制，准确厘定土地政策干预宏观经济的路径和效果，正是本书主体功能区宏观调控机制及其政策研究的一个核心和重点，同样也是本书研究的重要理论创新所在。

1.3.4　主体功能区的其他政策

除传统财政政策、金融政策、土地政策之外，国内学者对促进主体功能区建设的人口政策和环境政策也进行了深入研究。如张耀军等[47]、熊理然等[48]认为，人口均衡发展是主体功能区划顺利开展的关键因素，也是主体功能区规划的重要目标之一。在各类主体功能区内实施差异化的人口政策，并配合使用合理的公共政策，可以促进主体功能区间人口合理流动，从而实现主体功能区划的顺利实施和区域间的协调发展。而程克群等则探讨了主体功能区建设中的环境政策。他们认为环境政策在推进主体功能区建设中起着至关重要的作用，国家应该建立环境保护与经济发展相适应的统一规则并细化指标，改革现有的环境污染收费制度，建立有效的环境监管体系以及环保问责制度来保障主体功能区建设的顺利实施[49]。

同时，很多学者也突出强调推进主体功能区建设中产业政策的作用。这些学者认为，产业结构的优化和升级是区域经济发展的重要内容与特征，因此合理、有效的产业政策是推进主体功能区建设的重要内容。例如，侯雪和米文宝以西北地区为例，根据西北地区的资源条件和发展潜力，提出了西北地区推进主体功能区建设的产业政策[50]；李靖宇和张潇以推进东北优化开发主体功能区建设为例，探讨了产业集群政策的作用，认为产业集群的发展对于优化主体功能区建设具有重要意义，尤其是东北老工业基地作为现代工业基地发展的主要对象，必须加强各产业之间的联系[51]。另外，部分学者也论述了投资政策的作用。例如，姜莉认为，通过合理地控制投资规模以及优化投资布局和投资结构，可以有效刺激产业布局演进，从而实现国土空间格局的优化，因此投资政策同样是主体功能区建设的重要调控手段[52]。

1.3.5 主体功能区的实例研究

在主体功能区实例研究方面，国内学者主要从两个方面进行了经验检验：一是对主体功能区划指标体系的进一步例证；二是对特定主体功能区存在问题的解读和应对。在第一个研究方面，曹有挥等以安徽省沿江地区为例，将沿江的 41 个县市作为基本规划单元，通过地理信息系统技术将该地区进行了四大类型的区划[53]；王强等以福建省为例，探讨了主体功能区划分的方法和技术路线，通过评价空间单元选择、因子权重赋值、指标体系构建了福建省主体功能区划的基本指标[54]；李知默等以三亚市为例探讨了海南省海岸带主体功能区二级区划评价指标体系构建，并从海岸带开发强度、海岸带资源环境承载力以及海岸带发展潜力等三个方面构建了主体功能区二级区划的指标体系[55]。在第二个方面，李靖宇和宋洋对东北地区优化开发主体功能区进行了论证，并论述了东北地区作为优化开发主体功能区的主要制约因素，并对其主要产业发展方向提供了建议[56]；柳杨以湖北省为例探讨了主体功能区建设中存在的问题，以及针对这些问题所应采取的对策[57]；鄢一龙等以青海省为例探讨了主体功能区建设具体实施的基本原则及技术方法，并提出了具体实施的划分方案[58]；熊鹰和李艳梅以湖南省为例，通过对湖南省 14 个市县基本空间单元的状态空间分析，探讨了主体功能区划的策略以及湖南省主体功能区发展的战略方法[59]。

应该说，主体功能区是我国区域经济发展观的重大创新。然而，尽管我国于 2011 年就正式出台了《全国主体功能区规划》，但是我国主体功能区建设仍然缺乏基础理论支撑。尤其是主体功能区的形成机理和调控机制研究明显滞后于现实需求。各种主体功能区宏观调控政策无论是在使用方式的选择上还是在实施效果的控制中都存在着无以为据的尴尬现象，这些政策和建议相互割裂、互不支撑，无法全面地反映主体功能区的内在本质。因此，现有的关于主体功能区调控的政策研究和对策建议，往往也只有应对之力而缺乏指导之功。

任何经济活动都同时具有空间维度和时间维度，缺少时空维度的经济问题研究是没有现实应用价值的。主体功能区形成机理和调控机制研究也应该基于经济问题的时空维度分析。然而，尽管 20 世纪 70 年代凭借动态优化理论，传统经济学对于经济活动的研究已经实现时间维度上的跨期均衡分析，然而至今为止主流经济学仍对经济空间问题缺乏系统的研究，这就导致了现有经济问题研究往往放弃经济活动所不可或缺的空间维度特征，而倾向于在“无空间维度”的仙境中去寻找经济规律。这无疑导致了舍弃空间维度的经济理论在面临现实问题时，其结论往往与现实经济相悖。而主体功能区的重大创新，其实质就是突破传统经济理论的“无空间维度”分析范式，而将具有空间特征的区域经济承载主体（资源约束、环境特征）纳入理论分析之中，故而继续沿袭旧有理论分析范式必然无法适应新发展观下的主体功能区建设。

因此，深刻揭示主体功能区形成机理和宏观调控机制，准确厘清各种主体功能区宏观调控政策之间的冲突、耦合与联动，从而为主体功能区建设提出符合现实需求的宏观调控政策建议，这既可以弥补过往区域经济理论研究的不足和缺憾，同样也是本书主体功能区宏观调控机制和政策研究的破题之路。

第 2 章　国外国土空间规划和管理经验借鉴

创新不是灵感的跳跃和突现，而是逻辑批判和逻辑演绎的结果。主体功能区虽然是我国首次提出的，但其根本目的是通过规范区域开发秩序、调整开发规模，进而实现我国国土空间的优化开发，形成资源、社会、经济的协调发展。因此，国外关于国土空间规划和管理的基本理论和科学方法，也是我国主体功能区建设提出的重要理论和现实依据。本章分别选取国土空间发展规划较成熟的美国、日本和欧盟等国家及地区，从空间格局演化特征、空间开发规则，以及开发政策等方面对其国土空间规划和管理进行系统梳理，并结合我国国土空间规划历史实践，提炼我国深入开展主体功能区建设的借鉴经验和启示。

2.1　美国的国土空间发展战略

2.1.1　美国国土空间格局演化及特征

与多数国家政治体制不同，美国是联邦制国家。美国的行政体系构成包括联邦政府、州政府和地方政府，其中联邦与各州或地区之间是平等的合作关系而非从属关系。因此，美国的行政管理体系具有高度的分散性特征。美国特殊的政治体制决定了其国土空间格局的规划体系主要分为联邦级、州级、地方级三种规划体系。依据美国各时期经济发展特征和发展需要而制定的相应规划均在这三级规划中得以具体体现。严格来讲，在 21 世纪前，美国并没有建立起系统的联邦级国土规划，而是各地区依据自身资源赋存特征和空间发展需要制订本地区的国土空间格局规划。在此阶段，美国制定的多数国土空间格局规划既具有明显的问题导向性，同时也表现为显著的地区差异性。

美国国土空间规划的历史进程可追溯到 18 世纪，但是较为正式和系统的国土空间规划却仅有百年历史。20 世纪初，美国南北地区经济发展差异较大，北部地区经济相对发达且人口密集，而南部地区和西部地区则相对较为落后，人口密度也处于较低水平。这一时期的美国国土空间规划主要是由南部和西部等落后地区的管理局进行的综合区域治理。在一系列旨在促进南部地区发展的国土空间开发规划和实施政策的刺激下，美国南部地区出现了较快的经济发展，南北地区之间的发展差距开始逐渐缩小。在此期间，随着美国南北地区经济发展差距的缩小，南北跨州之间的经济合作也开始日益频繁，美国开始出现州级规划。仅在 20 世纪 60 年代美国就先后制定并实施了 11 个跨州国土空间开发规划。这些跨州国土空间开发规划主要涉及基础设施建设和国土开发。然而到了 20 世纪 70 年代，随着美国经济的迅速发展，经济增长与生态环境的矛盾日益凸显。无论是美国经济较为发达的北部地区，还是相对落后的南部地区都表现出了经济活动对生态环境的严重压力。因此 20 世纪 70 年代后，美国的国土空间规划从侧重于经济增长转向为可持续发展，摒弃了过去单纯以经济增长为目标的空间规划，并开始强调公众在国土空间规划制定中的参与权。尤其是进入 21 世纪以后，美国面临着人口增长、环境变化、能源危机，以及经济全球化的重大挑战，同时受 1999 年欧盟正式颁布《欧洲空间发展展望》（European Spatial Development Perspective，ESDP）的影响，美国出台了第一个联邦级的综合空间开发规划——《美国 2050 空间战略规划》，将新世纪的空间发展定位延伸到新型都市区建立以及海洋空间管理的方向上。

2.1.2　美国国土空间格局开发规划

鉴于美国空间规划层级分为联邦规划、州规划、地方规划三个等级，并且其规划目标、规划任务和规划内容也并不相同，因此本部分从三个规划层级分别对美国空间格局开发规划进行阐述。

《美国 2050 空间战略规划》是美国联邦国土管理机构进行的首个全国性空间规划。联邦级规划属于国家最高层级规划，它是在综合考虑国家土地资源、自然资源、环境保护、基础设施、产业结构、区间协调等各方面因素基础上，制定出的较为科学、完备的指导性规划方针。联邦级规划通过制定规划法律来实现规划目标，主要涉及私人土地之外的公共土地管理、保障国民生存环境质量、开发使用新能源、自然遗迹与文化景观保护等各方面内容。

美国空间规划的第二个层级是州规划。美国各州都有其完善的治理体系，自治程度较高。由于各州资源禀赋和经济发展水平存在显著的差异，因此在综合考虑国家整体规划和联邦指导政策的基础上，各州分别制订其空间发展规划，并有各自的区别和侧重。美国州级规划的基本内容主要涉及土地利用、公共服务、环境治理，以及州际合作等方面，包括有效使用土地资源、保护农田和林地、加强基础设施建设、改善交通环境、保护自然资源、提升空气质量、开展公共发展项目等。需要指出的是，美国州级规划的一个突出重点是其城市的管理规划。由于美国 80%以上居民生活在大都市，因此旨在强化现有城市基础设施建设、有效调控城市扩张，以及城市内产业布局与经济结构管理等方面的规划，就显得更加完善和具体。总体而言，美国州级规划比美国联邦级规划更具体，更有针对性。

地方级规划是美国各级规划中最为详细、最为具体的规划。相对于联邦级规划和州级规划，地方级规划的目标除了涵盖基础设施和交通运输设施、自然资源保护和城市管理等方面外，还包含着一系列详尽的专项规划。例如，自然灾害的防治措施、用地结构分析、增加居民就业等专项规划。在规划的具体实施过程中，地方级规划主要包括三个实施层次规划：总体规划、分区规划和土地使用规划。其中，总体规划是由地方管理机构的规划委员会制定，其具体规划内容应符合州级规划的总体要求；分区规划是协调性规划，致力于解决区域面临的共同问题，促进区域的协调发展；土地使用规划是对土地用途的分类管理，对住宅用地、农业用地、其他用途用地进行严格的区分。

2.1.3　美国国土空间格局开发政策

美国的国土空间规划是自上而下的分级规划，不同层级规划的实施政策细则不仅较为零散，而且涉及领域也较多。鉴于我国主体功能区建设的实际需要，以及本书理论研究的核心重点，本节仅从美国保护区管理政策、落后区域发展的推进政策、大都市与巨型都市政策、海洋空间发展政策等四个方面进行阐述。同时，考虑到美国不同经济发展阶段中，其各级规划在基本目标和发展方向上具有一致性，因此，本节不再按规划层级划分方式介绍政策，而是对推动和保障空间规划顺利实施的各层级政策进行整体归纳和系统总结。

1. 保护区管理政策

在美国国土空间规划的保护区管理政策中，最成熟和完善的是其国家公园管理政策。20 世纪初，美国就建立了最早的国家公园制度，国家公园系统包括自然区域、历史文化区域和休闲消遣区域。经过多年的完善与革新，美国已经积累了丰富的国家公园管理经验。国家公园成功管理的关键在于形成了完善的管理政策。

一是细化管理机构。国家公园的管理部门由美国国家公园管理局和地区办公处构成。美国国家公园管理局隶属于内政部，是国家公园管理的最高行政机构。美国国家公园管理局下设地区办公处。由于国家公园是对美国公共土地的管理，所以不允许地方政府参与，而是由这些管理机构直接规划管理。二是财政拨款。国家公园的管理经费来源于美国国会拨款和自营收入。国家公园是非营利性质的公园，其自营收入所占比例很小，主要依靠国会拨款。美国国会每年经过系统预算，向国家公园管理局提供足够资金支持。三是明确国家公园有关规定。国家公园的建立以自然保护为主要目的，营利次之，各项规定均以保护环境为制定前提。如不允许在国家公园内建立娱乐性设施，不允许出现大型建筑物，严格控制游客数量等措施。美国国家公园的成功经验为我国主体功能区中的禁止开发区管理提供了宝贵的经验。

2. 落后区域发展的推进政策

美国积极推进其落后地区的规划和开发，目前已经形成了比较完善的以问题为导向的政策体系。首先，通过区域划分，美国确定需要治理的落后地区的范围，然后依据落后地区要素禀赋特征、资源环境承载能力以及现有开发情况来挖掘其开发潜力。在此过程中，一是依据落后地区经济发展的阶段特征和落后程度建立专门治理机构，如在对田纳西河流域治理时美国政府专门设立了田纳西河流域管理局，该管理局有权制定在其管辖范围内有效的法案来确保管理工作的有效进行；二是依据地区经济的资源禀赋特点制订区域产业发展规划，如允许在水源丰富地区兴建水力发电站，在土地富饶地区发展农业和林业，同时推进落后地区的旅游业和纺织业，尤其是鼓励外部资金投资落后地区旅游项目，增加当地居民就业；三是增加对落后地区的政府投资，加强基础设施建设。通过修建高速公路和修建人工运河来保障经济活动中交通网络的通畅。

3. 大都市与巨型都市政策

美国是最先提出大都市区概念的国家。早在20世纪初，美国的大都市区就已初步形成，此后其规模和数量都在不断增加。20世纪80年代末，美国大都市区呈现明显的优先增长态势，成为美国经济繁荣发展的重要驱动力量。然而，随着大都市区规模的不断扩大，美国大都市区也面临着外围开发强度接近饱和、城市基础设施老化、人口快速增长和能源危机等多方面的重大挑战。为应对上述挑战并保证大都市区持续的繁荣发展，美国制定了大都市区政策，旨在通过调整联邦政府职责来解决大都市区发展所面临的各种困难。然而，随着大都市区政策的实施，美国大都市区出现快速扩张趋势，大都市之间的分界线越来越模糊，巨型都市区随后出现并逐渐成为美国经济中新的地理单元。为此，美国在其《美国2050

空间战略规划》中又提出了巨型都市规划，目的在于解决 21 世纪美国面临的基础设施、经济和环境问题的重大挑战，这也标志着美国空间规划进入了区域可持续发展的综合规划阶段。在《美国 2050 空间战略规划》中，巨型都市区政策主要涉及以下方面：一是基础设施建设。包括重建都市区内日渐老化的基础生产设施，进而提高都市区经济活动的生产效率；建立高速铁路网，连接巨型都市区域内的大中型城市；在都市区建立功能强大的交通运输系统，确保港口和全球贸易通道的畅通与先进性，以此保证都市区城市的国际竞争实力。二是资源利用与保护。这方面政策主要体现在能源与水资源利用方面。能源政策强调鼓励开发使用新型可再生能源，增加重点能源项目资金支持，保证政府的持续投资。水资源方面则是节约用水和合理开发。通过严格监管工厂污水排放和处理等措施，确保为都市区居民提供安全饮用水。

4. *海洋空间发展政策*

2010 年 7 月，美国颁布了《国家海洋政策》，其目的在于促进多样性开发，保护海洋生态系统，这也标志着美国开启了其对沿海及海洋空间管理的新阶段。海洋空间管辖范围主要包括美国的领海及其专属经济区。美国《国家海洋政策》的具体政策包括：一是划分海洋规划区域并成立区域规划管理机构。每个规划区成立相应的规划区管理机构，进而确保规划的实施和政策的协调。二是综合性海洋分析。该内容主要强调对规划区内的生态系统以及区域间生态系统联系（包括生物多样性及物理环境等）进行科学分析，并将分析结果数据化，为开发海洋和沿海资源的潜在用途提供科学依据。同时，通过建立广泛的观察点和检测站，保证数据的及时提供。三是保护海洋生物。通过控制大型海洋捕捞规模，保护濒危海洋物种，保护生物多样性，保证海洋生态系统的自动平衡。四是加大技术投入。增加海洋研究资金，对科学工具如水下船舶、海洋传感设备和技术研发进行投资。五是增强公众海洋意识。增强全体公民的海洋保护观念，着力培养未来的海洋科学家和环境工作者。

2.2　日本的国土空间发展战略

2.2.1　日本国土空间格局演化及特征

综合对比世界各国的国土空间规划，日本的国土空间规划体系应该是最规范、最详尽的。日本自 20 世纪 50 年代起，以十年为一个周期，先后制定了六次国土空间规划。每次国土空间规划调整，其依据都是对上一期国土空间规划实施效果的细致分析，并结合空间格局变动规律确定其随后十年内的空间规划目标和实施政策。自 1950 年第一部国土综合规划颁布起，日本已经先后制定了上百部国土规划相关法案，涵盖了大都市圈开发、落后地区发展规划、产业振兴战略等多种专项法案。

从整体上说，日本的国土空间规划相对其他国家的国土空间规划而言，具有发展目标的明确性、规划的可操控性与实施机制的健全性三大特点。日本重视其国土规划的原因是日本特定的国土面积及其特殊的历史发展轨迹。日本位于太平洋西岸，包括北海道、本州、四国、九州 4 个大岛和其他 6800 多个小岛屿，山地和丘陵占总面积的 71%。日本适宜经济社会发展的国土空间相对有限。从历史上看，日本一直以沿海地带为其经济和政治中心，因此在很长一段时间里，日本忽视了国土规划的作用和地位。直至 20 世纪 40 年代，日本在第二次世界大战中战败，其经济几乎完全崩溃。为了在废墟中迅速恢复国民经济，日本政府才开始加强国土空间规划，通过不断调整和完善国土空间布局，带动日本国民经济的恢复和发展。

通过国土规划战略的不断调整，20 世纪 60 年代，日本沿海工业经济带开始显现，并逐渐形成以东京、大阪等重要工业基地为核心的人口、经济、政治集聚中心。随后，为解决开发集中和人口聚集问题，日本开始重视中小城市的发展，并鼓励部分产业向地方扩散，同时通过政府主导一些大项目投建，希望能够最终形成多个地方城市圈。然而，由于 20 世纪 80 年代初期日元升值，日本出口受到很大影响，其国土格局呈现出“东京一极化”的严重偏移，日本国土规划战略的“多级分散式”空间格局未能有效形成。直到 21 世纪，伴随东亚地区经济的迅速崛起，日本与其他东亚国家贸易大幅增加，在出口带动下，日本国土格局开始由西向东进行偏移，国土规划的多极化发展才成为日本空间布局的新特征。

2.2.2　日本国土空间格局开发规划

日本自 1950 年《国土综合开发法》制定以来，先后经历了六次国土规划变革，包括五次《全国综合开发规划》和依据前五次规划最新修改的《国土形成计划法》。其中，第一次《全国综合开发规划》以均衡各地区经济社会发展为目标，缓解因经济快速增长所引发的人口向大城市聚集问题。第一次《全国综合开发规划》确定了这一时期的以点带面的“据点式开发”模式，着重开发大城市周围有发展潜力的地区。1969年颁布的第二次《全国综合开发规划》，其主要任务则是在上一期规划的基础上进一步解决经济社会发展的“过密过疏”问题，通过大规模项目开发，试图以国土开发均衡化带动经济发展均衡化。此次规划开发范围也拓展到了整个日本国土，开发模式从以点带面的“据点式开发”模式转变为“线式开发”模式。

日本第一次和第二次《全国综合开发规划》注重的是经济开发，但是伴随着经济的快速发展，日本出现了规模以上工业企业衰落、资源紧张、交通拥挤和环境恶化等一系列经济和社会问题。因此，在1977至1997年间的第三次和第四次《全国综合开发规划》中，日本空间规划的宗旨开始逐步由注重经济总量的提高转向为注重经济增长质量的提升。这两次规划主要侧重居住环境改善、稳定人口流动、提高社会福利、加强国内交流以及国际合作等方面。但是由于日元升值和地方产业发展缓慢等因素，上述规划目标未能完全实现。同时，大城市圈经济活动利大于弊的特点也使得大城市聚集问题很难解决。

基于之前规划目标大多未能实现，日本于1998年制定了第五次《全国综合开发规划》，进一步提出构建“多轴型”国土空间结构的战略。此次规划突出强调自然资源的可持续利用，以及人与自然和谐共存关系，并重点巩固东京国际大都市的地位。然而，尽管五次国土规划在很大程度上促进了日本国土空间结构的均衡发展，但是也存在着国家忽视地方意志和缺少区域发展特色的弊端。同时，随着信息和经济的全球化发展，国民对生活质量和生活方式开始有越来越高的要求，因此2008年日本启动了第六次国土规划，编制了《国土形成计划法》，其重点由过去国土开发量的增加转变为国土开发质的提高。第六次国土规划的主要思路是：发挥地方优势，加强国际尤其是东亚地区间的交流合作，建设美丽型国土和抗灾型国土，实现国土可持续发展战略目标，并为国民提供一个安全、舒适的生活环境。

2.2.3 日本国土空间格局开发政策

日本六次国土规划的细则和政策内容因各时期的经济背景和战略目标不同而各有侧重。但以国土空间规划视角来看，日本不同时期规划的政策总体上可以归结为地方层次、国家层次、国民层次和国际层次。具体政策的内容及比对，见表2-1。

表2-1　日本空间格局开发政策对照表

政策	一全综、二全综时期（1962~1976年）	三全综、四全综时期（1977~1997年）	五全综时期（1998~2007年）	第六次国土规划（2008年至今）
地域均衡与地方发展	①分散产业布局；②建立城市圈；③大规模项目开发；④完善公路交通；⑤建设新产业城市	①控制人口向大城市流动（定居圈）；②建立技术城市，增加项目技术投资；③大城市的再开发；④加强产业间交流	①大城市再开发；②形成区域间协助合作地带；③进一步推进形成广域交流圈	①发展农村三大产业；②振兴文化旅游产业；③集中治理条件恶劣及发展滞后地区
国土质量提升	保护历史文物，保障国土安全，开展城乡环保项目建设	注重多级分散式国土空间开发	①进一步形成多轴型国土结构；②形成国土空间的多样性发展	①资源合理利用，转换城市结构；②资源循环再利用，建立水循环体系；③自然灾害的预防；④推进海洋沿岸地带综合管理
国际交流	太平洋工业地带建立规划（但是因太平洋沿岸之外地区反对，该项规划并未得以实施）	①加强交通等基础设施建设；②形成国际交通中心和通信中心	①形成广域国际交流圈；②形成向世界开放的国土	①扩大国际贸易市场，提高优势产品国际竞争力；②形成国际学术交流网络；③完善国际网络（包括航空港、海运港的国际化建设和国内交通网络的高速和通畅）
国民生活	通过重工业产业发展带动相关产业发展，进而提高居民收入和福利水平	实施样板居住圈计划，选择较远中小城市进行开发，扩大居民定居圈	①为居民营造多样化的居住环境；②鼓励民众参与开发规划，扩大参与主体	①征集日本民众意见和建议；②进一步强化参与合作，发挥社会团体作用；③构建便捷的交通体系

注：一全综、二全综、三全综、四全综、五全综分别表示第一次《全国综合开发规划》、第二次《全国综合开发规划》、第三次《全国综合开发规划》、第四次《全国综合开发规划》、第五次《全国综合开发规划》

2.3　欧盟的国土空间发展战略

2.3.1　欧盟国土空间格局演化及特征

自欧盟正式成立之后，随着欧洲经济空间格局的不断发展和变化，欧盟各成员国之间的空间发展战略也在不断地革新和调整。在起初阶段，欧洲各国的空间规划方案仅仅侧重其本国的经济发展和空间布局，规划方针也因各国政治体制和资源条件的差异而各不相同。当时欧盟各成员国的空间规划方案中并没有合作理念。20 世纪 80 年代后期，随着欧盟成员国之间以及各区域之间贸易往来和信息交流愈加频繁，欧盟开始逐渐出现因市场竞争和资源依赖所导致的空间发展不平衡现象。到了 20 世纪 90 年代初期，伴随欧盟各成员国之间经济联系的日益紧密，这种经济社会发展空间格局不平衡现象愈发严重。在欧盟各成员国中，近一半人口集聚在伦敦、巴黎、慕尼黑等地，这些人口集聚的大型城市也几乎创造了欧盟近一半的经济总量，而其他地区的经济总量以及发展水平则远远落后于欧盟平均水平。

在欧盟各成员国空间发展不平衡现象日益突出的同时，欧盟成员国之间的联系也日益紧密。无论是在政治领域还是在经济领域，各欧盟成员国之间的合作在不断成熟，这为其深化经济合作提供了更高的平台，也为真正科学、合理规划欧盟各国分工，进而实现跨国合作和开发提供了条件和基础。在这种背景下，为促进欧盟各成员国经济融合以及各地区间协调发展，欧盟于 1999 年正式颁布了《欧洲空间发展展望》。《欧洲空间发展展望》的颁布开创了欧洲空间规划的新格局，推动了各欧盟成员国之间的合作，不仅提升了欧盟地区经济发展的活力，也使得欧盟各成员国之间以及（各成员国内）地区之间逐渐呈现平衡发展态势。从一定意义上说，欧盟于 1999 年颁布的《欧洲空间发展展望》是第一部多国参与的国土空间发展规划，跨国合作和开发是其最为重要的一个基本特征。

2.3.2　欧盟国土空间格局开发规划

为解决欧盟各成员国间不平衡发展问题，实现均衡与可持续发展的总体目标，欧盟制定了一系列空间格局开发规划。从 1983 年《欧洲空间规划章程》的制定到 1999 年《欧洲空间发展展望》的实施，欧盟空间规划处于一个不断深入、不断完善的过程。

《欧洲空间发展展望》提供了寻求整体性空间发展的政策框架，提倡在共同体、国家、地方三个层面展开空间合作，要求欧盟整体发展政策与具体地区发展政策相结合，不同空间区域政策选择应有所不同。这三个层级的合作体系为欧盟空间规划的实施提供了强有力的组织保障。各层级的组织结构遵循自下而上的原则，相互协调，共同推进空间规划的实施。为避免各层级间权责重合所可能导致的规划冲突与抵消现象，欧盟明确规定了三个层级的主要任务和权责范围，各地区空间规划的制定与实施也必须以所在国的规划为前提。

同时，为实现欧盟空间规划中的空间分区标准和指标体系的兼容，欧洲空间规划将空间区分标准概念化，构建了以七项标准为支撑的指标体系，其目的是为欧盟空间规划提供统一的地域单元划分。在标准区域划分方面，欧盟的领土统计单位

（nomenclature of units for territorial statistics，NUTS）划分法最具代表性。NUTS 的划分标准有很多种，但通常以人口规模和行政区域的管理范围为依据。NUTS 分为三个等级：一级划分覆盖所有成员国，二级划分是在一级基础上的细化，而二级划分还可进一步再分三级，并保证每一层级 NUTS 的划分与行政管理区具有可比性。当前欧盟共分为 72 个 NUTSl 区域、213 个 NUTS2 区域和 1001 个 NUTS3 区域。

2.3.3　欧盟国土空间格局开发政策

从欧盟的空间规划实践来看，《欧洲空间发展展望》是欧盟最为成熟的空间规划。欧盟的组织形式不同于世界上任何国家，其空间规划是基于各个成员国国情的综合考虑，这也决定了欧盟空间规划的特殊性。但是同世界其他国家空间规划主旨一致，其最终目的是寻求欧盟地域范围内的经济平衡和可持续发展。欧盟基于空间发展目标，统筹规划了较为完善的空间规划政策和实施细则，其核心政策内容主要包括以下几个方面。

（1） 城乡规划布局。城市建设方面，根据不同地区城市的特点和竞争力制定相应政策。例如，提高大型都市的战略地位，注重边远地区中小城市的发展；鼓励通过产业结构优化升级，带动城市经济结构转型；重建都市区内日渐老化的基础生产设施，进而提高都市区经济活动的生产效率；关注社会分化问题，提高城市基本公共服务水平。乡村发展方面的重点则是建立新型城乡关系，重新确定新型城乡功能和定位。如确保乡村地区社会福利的落实，促进农业现代化发展，依据各地区现实情况采取补贴、拨款、农产品价格支持等措施；促进城乡信息交流，倡导城乡合作经营，开发利用城乡可再生资源。

（2）交通网络布局。交通网络是涵盖交通、通信、基础设施建设的综合性网络。在交通体系方面，巩固二级交通网络，合理布局航空港，加强与边缘地区的交通联系。在基础设施建设方面，加强协作，通过海港和航空港的合理布局，加强欧盟各成员国之间以及欧盟成员国与世界其他国家的交通联系，带动欧盟内经济的一体化。

（3）资源管理。政策制定与环境保护相结合，推动人与自然的可持续发展。具体内容包括；保护生物多样性，将生物保护与欧盟各项产业政策相结合，严格审批能源消耗大和环境污染严重的产业立项；保护土壤，通过编制资源综合规划，合理开发土地，保护作为人类和动植物赖以生存的土壤；建立和应用水资源经济管理机制，开展跨国家和地区的水资源调动项目，从而实现水资源富足和贫乏地区的供需平衡。

2.4 国外国土空间规划对我国主体功能区建设的启示

总体而言，国外现有空间规划主要以实践需求为导向，仍缺乏系统的基础理论支撑。同时，鉴于各国空间规划背景并不完全相同，因此我国主体功能区建设应谨慎借鉴国外空间规划实践成果。然而正如前文所述，正是基于对现实国土空间开发无序的反思，主体功能区建设思想方才得以凝练与提出。因此，系统梳理国外空间规划研究和空间规划实践，必然会对我国主体功能区建设有一定意义上的借鉴和启发。因此，本书分别提炼和总结欧盟、美国、日本等国家国土空间规划对我国主体功能区建设的借鉴和启示。

2.4.1 欧盟国土空间规划对我国主体功能区建设的启示

从欧盟的空间规划实践来看，《欧洲空间发展展望》与我国国土空间规划目的相同，都是致力于国家经济的空间均衡与可持续发展。显然，《欧洲空间发展展望》的目标与我国主体功能区规划的初衷具有高度一致性。在其规划具体实施中，尤其是在空间层级框架的建立和标准区域划分方面，有很多值得我国主体功能区建设的借鉴之处。

《欧洲空间发展展望》提供了寻求整体性空间发展的政策框架，提倡在共同体、国家、地方三个层面展开空间合作。为避免各层级间权责重合导致的规划冲突与抵消现象，欧盟明确规定了三个层级规划的主要任务和权责范围。我国的空间规划框架包括国家层级和地方层级，许多跨地域性质的空间开发项目（如环境治理与水资源利用项目等）只有在各地区各部门间的配合下才能顺利开展。此外，我国部分地区的地方性规划并未结合地域特色与资源现状，不同地区或部门的规划在内容上存在交叉和重复，造成了一定程度上的矛盾和冲突。因此，欧盟空间层级框架中的合作理念值得我们学习与借鉴，在主体功能区建设中应明确各层级工作权责与主要任务，在政策方案制定时注重部门之间的协调整合，避免发生权限重叠导致区域间冲突和部门间冲突问题。

为实现欧盟空间规划中的空间分区标准和指标体系的兼容，欧洲空间规划将空间区分标准概念化，构建了以七项标准为支撑的指标体系。我国的空间区域划分体系主要是以行政等级为基准，分为中央、省、市、县、乡镇五级。这种传统的划分方式仅以地域为标准，没有综合考虑自然条件、人口规模、文化习俗、地区间发展共性等因素，导致空间规划在管理中存在着许多弊端。因此，参照欧盟NUTS 划分方式，设立专门机构负责标准区域划分，重新制定空间分区标准，对我国主体功能区建设具有重要的借鉴意义。

在欧盟各成员国中，德国的国土空间规划历史最为悠久，体系也最为完整和系统。鉴于德国人口密度与我国相似，因此其在优化空间结构、推进区域均衡发展等方面所积累的丰富经验，对于我国主体功能区建设也最具典型的借鉴价值。德国以法律形式颁布了《空间规划法》，确定了空间规划的基本原则。德国对我国空间规划的重要启示就是坚持基本原则调控空间规划。我国主体功能区建设是一项长期的、逐步实施的重大任务，所以必须使其成为我国国土空间规划长期有效的基本原则。为主体功能区建设制定统筹全局、有约束力的、法律形式的基本准则，使规划原则能够真正地指导实践，这是保证主体功能区建设顺利实施的重要前提和条件。

2.4.2 日本国土空间规划对我国主体功能区建设的启示

1. 以完善的立法体系强化空间规划的法律地位

日本自1950年第一部国土综合规划颁布起，先后制定了上百部国土规划相关法案，涵盖了针对地区开发、大都市圈开发、落后地区发展规划、产业振兴战略制定的多种专项法案。其中包括《首都建设法》《近畿建设法》等都市开发法规；《北海道开发法》《东北地区开发促进法》《九州地区开发促进法》等地区开发法规；在产业振兴与落后区建设方面也先后颁布了《促进新产业城市建设法》《促进工业重新配置法》《搞活过度萧条地区的特别措施法》等多项详尽、完善的、针对性极强的配套立法。同时制定了《森林法》《道路法》《城市公园法》等法规，并为国家的森林管理、交通建设、城市住宅和城市开放空间规划提供了良好的法律环境，使日本的空间规划有法可依。我国为主体功能区建设制定的配套法案很少，仅有1987年国家计划委员会颁布的《国土规划编制办法》，目前尚未形成完善的国土规划立法体系，这就导致了实施过程中规划的执行力不足。在立法体系建设方面，我国应以日本的经验为参照，在制订国家规划法案的同时，制订问题导向型的专项规划法案和符合各地区发展状况的配套政策法案，通过立法的形式明确各部门法律责任和义务，以及部门间法律关系，规范与监督各地区的开发工作。

2. 以健全的实施机制配合规划目标的落实

日本空间规划的系统性表现在其发展目标的明确性、规划的可操控性与实施机制的健全性等方面。虽然我国基本国情及空间规划阶段与日本存在着不同，在规划的目标方向以及政策内容等具体方面不能完全参照日本，但日本在规划程序设定以及规划体系构建方面的经验，却仍可以为我国空间规划带来有益启示。

首先，日本各时期的规划都有明确的发展目标，从“一全综”的地区间均衡发展到“五全综”的多极分散型国土构建，日本的各项规划工作均围绕确定的目标，有计划、有步骤地进行。我国国土空间规划的开展已有近 60 年时间，虽然在规划中制定了发展目标，但在实施过程中却并未取得预期理想效果，其中很大原因在于目标的确立不够明确，甚至有些空间规划目标并不能与各地区国土空间特征相匹配。因此，在制定我国主体功能区规划目标的过程中，应以日本为参照，不仅要结合我国国情，而且要充分考虑地方发展情况。不同的规划发展阶段应确立不同的规划目标，依据实施状况及时调整目标，为空间规划明确方向。

在明确各时期规划发展目标的基础上，日本通过健全实施机制来提高规划的操作性，进而保障规划的实施。例如，为了促进“二全综”的落实，日本成立了六个研究会，分别负责交通体系构建、娱乐设施构建、新农村建设和城市交通网络建设等。为了落实“定居圈”构想，日本专门组织了定居圈构想联络会议，会议召集 17 个省厅参与。相比之下，我国目前空间规划实施机制并不健全。我国在规划落实过程中没有系统的促进规划有效实施的配套方案，缺少具体实施手段。因此，我国目前应高度重视规划的实施，以日本的相关实施机制为借鉴，为我国指导性方针政策配以具体可操控的机制支撑，并且在规划体制上，应该明确各部门权责，对各地区规划开发职能机构进行统一监督和管理。

3. 充分发挥财政政策的作用

财政政策是各国经济发展中最重要的调控措施，日本现已形成完善的财政政策体系，充分发挥了财政政策对空间规划的引导作用。在我国主体功能区建设过程中，财政政策也是一项重要的调控手段，因此日本在其六次国土规划中制定的系统的财政政策值得我国在主体功能区建设中进行学习和借鉴。例如，在平衡区域间发展问题时，日本采用增加财政投入着力改善落后地区的交通、教育和环境保护状况；在解决国土空间发展“过密过疏”问题时，日本加大重点开发区域的基础设施建设投入，改善投资环境，同时实行差别化的税收政策，在落后地区通过税收优惠政策吸引企业投资建厂。

我国主体功能区建设虽未使用“过密过疏”概念，但主体功能区建设所推进的先进地区与落后地区、重点建设地区与非重点建设地区之间的发展与协调问题，同日本解决“过密过疏”问题有很大相似之处。因此，日本使用财政政策解决其“过密过疏”问题的经验就值得我们借鉴。在我国主体功能区建设中，一方面应该对重点开发项目增加财政投入，另一方面落实税收优惠政策，通过差别化的税收政策吸引重点产业投资，促进落后地区的经济增长。

此外，日本的财政转移支付制度也是发挥重要作用的财政政策之一。日本的地方财政转移支付制度由地方交付税制度、地方让与税制度和国库支出金制度组成。其中，地方交付税是对地方无条件的补助，占中央财政转移的 20%左右；地方让与税是中央政府把从地方征收的道路税、天然气税等按一定标准和比例下发给地方，用于地方建设；国库支出金是规定专门用途和附加条件的财政转移。日本中央政府转移支付占地方财政最终收入的比例高达 40%。2009 年起，我国的财政转移支付简化为一般性转移支付和专项转移支付两部分，虽与日本的划分方式不同，但在制度内容上有很大相似之处，然而我国的财政转移支付制度在空间规划中的使用并没有取得像日本那样明显的成效。在支持落后地区发展时，我们要积极借鉴日本财政转移支付制度的使用经验，利用中央政府的财政转移支付促进西部地区主体功能区建设。

2.4.3　美国国土空间规划对我国主体功能区建设的启示

1. 形成中国式的国家公园管理体系

尽管美国的基本国情和政治体系与我国有很大差异，但其国土空间规划仍有许多值得我国借鉴之处。我国有丰富的风景名胜区、森林公园、自然保护区和世界遗产等旅游资源。同样作为资源丰富的大国，美国的国家公园管理经过 130 多年的经验教训与多次革新，目前已形成完善的管理体系。虽然我国没有国家公园的界定，但是在本质上，美国国家公园与我国主体功能区限制开发区中的风景区、文化遗址、名胜古迹区相类似，因此美国国家公园管理方面的经验对我国限制开发区管理有很好的借鉴意义。在对国家公园的管理上，美国采用联邦直接管辖方式，最高行政机构是美国国家公园管理局，其次是 7 个地区办公室，各个国家公园的管理处由所属的地区办公室直接管辖，严格落实公园管理的政策法规，并明确规定地方政府不得参与国家公园的管理。目前，我国对旅游资源的管理虽然已取得良好的进展，但是在管理方面仍存在着许多不足之处，比如一些国家名胜景区虽然要经国务院审定，但是仍存在着多方管理现象。此外，地方政府管理部门的参与无疑加剧了这些景区管理的低效率性与冗杂性。我国可以参照美国联邦直接管辖的方式，对国家重点保护的旅游资源采取由中央政府直接管理的方式，进而避免多方管理带来的弊端。

在处理景区保护与游览的关系上，美国一直秉承着以保护为主、经济效益为辅的原则，其突出的管理特点就是商业设施经营者和管理者的分离。在我国，许多景区面临着过度开发、商业性经营等问题，有些地区甚至把旅游景点视为经济发展点，这种现象很大程度上是由于管理者更注重利用旅游资源衍生经济效益而产生的。我国景区众多，在对这些旅游资源进行有效保护的过程中，可以借鉴美国管理部门和经营部门分离的方法，对重点保护景区实行分离管理，从根本上扭转只重经济效益而忽视社会效益的错误方式。

2. 加强公众参与程度

国土空间开发规划不仅要立足于国家的经济发展需求，更应从本国居民的利益角度出发，因此公众的参与对空间规划制定尤为重要。美国空间规划的民主化程度很高，尤其在地方级规划的制定中，涉及了非常详细的公众参与计划。公民可以通过互联网、访谈、问卷调查、社区规划讨论组等多种形式发表意见和建议，最后统一汇总到规划部门，有关部门在相关政策制定时充分考虑民众的意愿。我国空间规划制定多由政府职能部门直接决策，公众参与度较低，因此我们可以借鉴美国的经验，采用多种方式让公民参与到规划的制订中，做到倾听民众心声，保障群众的利益。需要指出的是，增加公众参与度的一个关键环节是信息共享。美国的相关网站和刊物会及时公布空间规划中各方面的数据，使居民更加了解国土规划的真实情况。而在我国这些数据大多是非公开的，公众没有对规划的基本情况进行了解，就很难真正地参与其中。因此，参照美国的数据公开方式，为公众提供更加直观、透明的信息，使公众更了解并积极参与到规划的制订中，会进一步促进我国国土空间规划更加民主、科学、完善。

第 3 章　主体功能区内涵及其演进机制

古典经济学家斯密认为生产要素既包括劳动、资本等经济性要素，也包括资源环境、地理特征等自然性要素，而生产要素是经济问题研究的起点。如果像斯密所说，生产要素是经济问题研究的起点，并且资源环境、地理特征也是影响经济活动的要素，那么这就意味着，主体功能区理论突出强调的资源禀赋与环境特征对经济活动的影响，其本质就在于如何认识和理解要素或要素禀赋的空间分布。从这个角度上说，我们探索主体功能区的理论内涵，其逻辑起点就应该重新回到要素的再认识中。

3.1　主体功能区的理论基础

3.1.1　主体功能区理论的要素内涵

经济学研究的根本目标是资源的科学合理配置。将稀缺的资源通过科学合理的方式进行配置并使其最大可能地生产出满足人类需求的商品，这一过程本身就是经济活动。在众多的经济学概念中，资源一直是一个核心概念。然而，资源这一概念并不是固定的，经济学对资源的界定始终处于一种动态变化的过程当中。在我们掌握的各类文献资料中，对资源的理解和界定因研究领域的不同而变化，不同领域对资源的解释既有相同点，又根据研究需要各有侧重。时至今日，资源仍然没有严格且被公认的定义。正如前文所述，主体功能区理论突出强调资源禀赋与环境特征对经济活动的影响，其本质就在于如何认识和理解资源以及资源禀赋在空间上的分布，因此对资源进行有效界定就是本书研究的逻辑起点。但是，要想对资源做一个标准定义，并且可以涵盖不同研究领域的认知，这是不可能实现的。因此，本书并不对资源进行定义，而是在“资源是自然界及人类社会中一切对人类有用因素”的共识上对资源本质属性进行分析。

既然资源是自然界及人类社会中一切对人类有用的因素，那么相对于人类需求的无穷性而言，资源就必然是稀缺的。事实上，资源的“稀缺性”正是我们认识和理解资源的一个重要尺度。资源的稀缺性是一个相对的概念，并不是指资源赋存总量的稀缺，而是相对于人类需求的无穷性而言，资源赋存方显得稀缺。经济学产生的根本原因，就是资源的相对稀缺与人类无穷需求之间的矛盾和冲突。经济学研究的根本目标就是将稀缺的资源通过科学合理的方式进行配置使其极大可能地生产出满足人类需求的商品。从这个角度上说，是否稀缺是经济学界定“资源”的一个重要标准。由于受技术条件和生产力发展水平影响，人们在社会生活和经济发展中的需求是不断变化的，因此经济学对资源的理解和认识也是一个长期、动态的过程。

在最初的人类社会中，生产力水平较低。“人口稀少”且“生产活动较为简单”是当时经济社会的重要特征。在这种情况下，人类的需求相对有限，限制和约束人们生产活动的资源种类也较少。在很长的一个历史阶段中，人类对资源的认识，仅仅表现在土地和劳动效率上。因此，土地以及劳动是当时经济学研究的核心问题。然而，随着生产力水平的提高，资本成为土地和劳动之后的第三种影响经济活动的重要因素。资本对经济活动的影响问题研究也逐渐开始成为经济学研究的核心内容。而在资本之后，19 世纪之初英国工业革命爆发，技术在生产活动中的主导地位开始显现。谁拥有了技术，谁就拥有了世界分工的主导权，因此技术成为经济学研究中的第四种重要资源。几乎与此同时，伴随着技术进步，社会化大生产对管理（人才）的需求也日益明显，管理（人才）成为保证生产效率的重要基础和条件，因此管理（人才）因其相对稀缺而成为又一种经济活动中的重要资源。

在人类经济发展史上，曾经很长的一段时间内，劳动、土地、资本、管理等资源因其稀缺性而制约着人类经济发展进程，并成为经济学研究的核心内容；相反，由于受发展阶段、技术水平和生产力制约，人类社会对自然资源的需求并不强烈，自然资源在这一阶段的人类经济发展中并没有起到约束作用。因此在很长的一段时间内，经济学忽略了自然资源在生产活动中的重要作用。然而，自然资源并不是取之不尽、用之不竭的，它们会随着人类的使用而逐渐减少，尤其是 20 世纪初期随着技术水平的提高，人类对自然资源的索求开始迅速增长，客观上产生了自然资源对人类经济发展的限制和约束问题，自然资源愈发不能满足人类社会经济发展的需求，其稀缺性开始显现。然而，令人遗憾的是，由于受到英国工业革命的影响，传统经济学过于重视技术在经济活动中的作用，而对自然资源做出了错误的判断，认为技术进步完全可以突破各种自然资源对经济活动的限制。在这种错误的观念下，对自然资源需求缺乏节制，不仅对人类生产活动产生了巨大影响，甚至开始逐渐威胁到人类的生存。直至 20 世纪 40 年代，经济学开始以全新的视角重新审视自然资源与人类经济社会发展之间的内在联系，自然资源开始成为经济学研究中的重要因素。可以说，资源与人类经济社会的演进是紧密联系在一起的，了解和揭示资源的内涵，我们的研究视角必须基于这种历史演进。

随着科技水平的提高和社会经济的发展，人类对生产要素的认识也更为深入、更为广泛①。要素是生产活动的客观基础，因稀缺性而制约经济活动的所有因素都属于要素范畴。从现实的生产活动看，有些生产要素是有形的、是实物的，而有些生产要素则是无形的、抽象的。实物形式的生产要素，它们以有形的状态参与了生产活动，如劳动、土地；而有些要素是无形的，虽然看不见、摸不着，但这些要素依旧是生产要素，它们参与到生产过程中，并对生产起着至关重要的作用，如环境条件、生态特征。无形要素也是稀缺的，并且其稀缺性会随着人类社会经济的发展而愈发凸显。尽管，人们无法在最终产品中看到环境和生态的痕迹，但由于生产必须在特定空间和环境中进行，因此生产必然就与其空间和环境进行着有形和无形的转换。这种转换必然使得环境发生着变化，而最终产品或服务中也包含着环境的消耗，这是客观存在的，并不以人的意志为转移。相对于有形要素，这些无形的要素是虚拟的。虚拟要素与实物要素同样具有稀缺性，在生产过程中占有同等的地位。事实上，正是过往经济理论忽略了生产活动中虚拟要素的存在和作用，传统经济学才做出环境条件和生态特征等自然资源对经济增长不设限这样错误的结论。

3.1.2　主体功能区理论的要素价值

任何生产活动都需要有形的实物要素和无形的虚拟要素的共同投入和使用，虽然虚拟要素与实物要素在生产过程中的作用形式不同，但是二者共同决定了生产的性质和内容。通常来说，在生产过程中实物要素会被消耗一部分或是全部，而虚拟要素则不会有表征上的具体表现。抽象地描述虚拟要素的生产损耗是难以理解的，因此本书采用价值分析方法，通过生产要素的直接使用价值和间接使用价值分析来揭示生产要素的有形损耗和无形损耗。

传统经济学一直认为生产活动由经济自身规律所支配，经济系统内部物质资料在经济活动中的规律与特征就成为经济问题研究的核心问题。在这种观点下，

① 需要注意的是，单就经济活动过程本身而言，本书认为“资源”和“要素”属于同义。正如赫帝（E.O.Heady）所说，资源与要素都是生产活动得以进行的重要条件，因此资源与要素是相同的概念。

有形的生产要素就成为经济活动的物质基础，生产要素的直接使用价值也成为生产要素价值的唯一存在形式。然而，有些要素是有形的、实物的，而有些要素则是无形的、抽象的。无论是有形的生产要素，还是无形的虚拟生产要素都是生产活动的物质基础；生产要素除具有直接使用价值之外，还具有间接使用价值。只是传统经济学理论很长一段时间内，忽略了生产要素的间接使用价值。

1. 生产要素的直接使用价值

生产要素的直接使用价值，顾名思义就是指要素在生产活动中由于直接消耗而被提取的价值。对于生产活动来说，生产要素是物质基础，没有任何生产活动可以在不依赖要素投入的情况下进行。要素的直接使用价值是通过生产过程来体现的，主要表现为要素自身形态的直接提取、消耗及转移。如在林业生产中，木材是森林资源的实物形态，当木材因生产活动而被直接提取、消耗，而转换成其他最终产品时，其表现的就是森林的直接使用价值。可以说，生产要素在生产活动中直接使用价值的实现形式决定了生产活动的内容和性质。

2. 生产要素的间接使用价值

生产要素的间接使用价值，是指生产要素不从自身形态直接提取、转移的价值。我们仍以林业生产为例来说明生产要素的间接使用价值。在林业生产中，森林资源所提供的木材可以作为生产活动的原材料，因此林业生产的对象就是林木资源，当我们获得由林木生产而产出的全新最终产品时，这一生产过程体现的是森林资源直接使用价值的转移和提取。但同时，森林资源也具有重要的间接使用价值。森林资源对空气的净化，对水土的涵养，以及对生态环境的支撑，这些都构成了森林资源的间接使用价值。随着生产技术的提高和经济的不断发展，人们愈发意识到，森林资源对于人类的价值，并不仅仅在于其直接使用价值，更重要的是，森林对于人类的价值体现在其不可替代的间接使用价值上。没有了森林的间接使用价值，人类的生产活动甚至生存都面临着严峻的挑战。即便是在微观的生产或生活领域，森林资源的间接使用价值也表现得非常明显。例如，一些科技产品对生产环境有极为严格的要求，就是森林资源间接价值的具体表现；而洁净的水资源以及清洁的空气，无疑也是森林资源间接使用价值的一种表现。

实物性和虚拟性要素，以及要素的直接价值和间接价值，虽然这些概念属于不同的范畴，但是它们之间的关系错综复杂。理论上讲，它们并不是简单的对应关系，并不是实物要素对应着直接使用价值，虚拟要素体现间接使用价值。事实上，在生产过程中实物性要素既有直接使用价值又有间接使用价值。例如，林业生产过程体现的是森林资源直接使用价值的转移和提取；另外，森林资源的一些功能性价值也在生产过程中表现出来，森林资源的水土保持、空气净化，这些都为林业生产提供了环境保证，这种森林资源的间接使用价值无法直接提取，却在林业生产中发挥着重要作用。因此，就林业生产而言，作为实物性要素，森林资源在生产过程中转移和提取的价值既有直接使用价值也有间接使用价值。可见，实物性要素和虚拟性要素，直接使用价值及间接使用价值，四者之间既有显著区别，同时又有紧密联系。

如果任何生产活动都需要实物要素和虚拟要素的共同投入，并且生产要素的直接使用价值和间接使用价值构成了最终产品或劳务的总价值，那么长期忽略虚拟要素和要素间接使用价值的经济学理论，自然存在着产品总价值被低估的现象。我们可以借助严谨的数学模型来对此进行解释和说明。由于任何生产活动都同时需要实物要素和虚拟要素的投入，因此设定生产函数 $Q(\bar{X},\bar{R})$，其中 $\bar{X}$ 表示生产过程中的实物性要素投入集，即 $\bar{X}=(x_1,x_2,\cdots,x_n)$；$\bar{R}$ 表示生产过程中投入的虚拟性生产要素集，即 $\bar{R}=(r_1,r_2,\cdots,r_n)$。并且，假设 $\bar{P}$ 是实物性生产要素市场价格，$\bar{\Phi}$ 是虚拟性生产要素市场价格。不失一般性，本书假设这种包含了实物和虚拟要素的生产函数符合稻田条件，那么在产量与要素价格给定的条件下，成本目标函数可以表示为

$$C(\bar{P},\bar{\Phi},\bar{R},\hat{Q})=\min\left\{\overline{XP}+\bar{R}\bar{\Phi}\,|\,Q(\bar{X},\bar{R})=\hat{Q}\right\} \tag{3-1}$$

根据成本目标函数的定义，$C(\bullet)$ 是产量水平为 $\hat{Q}$ 时的最小成本支出。如果 $\bar{R}_1$ 和 $\bar{R}_2$ 分别表示两种虚拟要素的投入数量，且 $\bar{R}_2>\bar{R}_1$、$Q(R_2)>Q(R_1)$。那么，当虚拟性要素由 $\bar{R}_1$ 变成 $\bar{R}_2$ 时，成本目标函数为

$$\text{TV}=C(\bar{P},\bar{\Phi},\bar{R}_2,\hat{Q})-C(\bar{P},\bar{\Phi},\bar{R}_1,\hat{Q}) \tag{3-2}$$

式中，TV 表示成本变化的总价值。从 TV 的表达式中，我们不难得出这样的结论，即在相同的产量水平下，虚拟要素投入的数量决定了最终成本的水平。一定意义上说，没有充分意识到最终产品或劳务的总价值包含生产要素（实物要素和虚拟要素）的直接使用价值和间接使用价值，这是传统经济学低估产品总价值，并且长期忽略自然环境、生态特征等自然性生产要素在生产过程中起着重要作用的根源所在。

3.1.3　主体功能区理论的要素流动

在现实经济中，生产要素必须配合使用才能完成特定的生产活动，并实现特定的生产目的。单独或少数几种生产要素并不能完成生产活动。然而，生产要素在现实的经济空间中并不是均匀分布的，拥有生产活动所需全部要素的区域并不存在，这就导致了生产要素必须在区域之间进行流动。一般而言，要素必然从充

足地区向匮乏地区流动。这是因为，一个地区某种要素数量供过于求，那么其价格就会较低，而另一区域如果该要素供不应求，那么其价格就会较高。所以生产要素从资源丰富地区流向资源不足地区，这是市场机制决定的要素流动方向。不同区域间的要素转移，使得不同地区间的优势得以形成互补，要素在不同区域间进行重新调整和布局，可以提高要素的生产效率，从而生产活动会获得更多的经济效益。从这个角度上说，特定地区的要素禀赋可以通过要素流动而有所改变，要素流动是提高生产效率的客观要求。

从生产要素的流动性来看，有些要素是可以在不同区域间进行流动的，而另外一些要素则不具有区域间流动的可能性，或者在区域间进行流动的成本很高，前者是不同区域都可以具备的要素，具有普遍的存在性，后者是只有特定区域才具有的要素，具有显著的地域性特征。在本书研究中，我们将可以在不同区域间进行自由流动的要素称为非区域性要素，而将那些不能在区域间自由流动或区域间流动成本很高的要素称为区域性要素。非流动性、不可替代性、排他性、不可复制性是区域性要素显著区别于非区域性要素的重要特征。需要注意的是，区域性要素与非区域性要素的划分标准具有双重视角，既有空间的视角，又有流动性的视角。能否在区域间进行自由流动是要素区域性划分的重要标准。假设给定两个区域（A 区域和 B 区域），在这两个区域分别存在某些要素，其中 A 区域有 L_A 和 K_A 两种要素，B 区域有 L_B 和 K_B 两种要素。那么从要素的流动性视角来说，如果 L_A 和 L_B 可以在两个区域间进行自由流动，那么对于 A 区域和 B 区域来说 L_A 和 L_B 两种要素就是非区域性要素；如果 K_A 和 K_B 不能在两个区域之间进行流动，那么 K_A 和 K_B 就属于区域性要素范畴，并且 K_A 是区域 A 的区域性要素，K_B 是区域 B 的区域性要素。然而，进一步从空间的视角来分析，如果我们对空间的研究尺度进行调整，将 A 区域和 B 区域整合为更大的 C 区域，那么 K_A 和 K_B 就属于 C 区域中的区域性要素范畴，而如果 L_A 和 L_B 两种要素并不能在 C 区域外自由流动，那么 L_A 和 L_B 两种要素也就变为 C 区域的区域性要素。

不同地区的要素禀赋存在差异，这是客观存在的，是导致区域经济发展产生差异的重要原因，也是区域分工和贸易的根本动力所在。然而从要素的区域性观点来看，区域的要素禀赋存在差异，其根本原因在于要素的流动性差异。正是从这个角度上说，我们认为，主体功能区理论突出强调资源禀赋与环境特征对经济活动的影响，其本质就在于如何认识和理解要素或要素禀赋的空间分布，其逻辑起点就是要素的流动性。

决定要素流动性的因素有很多。首先，要素流动载体的丰富和完善影响着要素流动性。一般来讲，要素自身不能流动，要素流动需要载体。载体可以帮助要素实现区域间的快速流动，是要素在生产活动中实现最优配置的重要保证。要素流动所依托的载体越丰富，发展得越完善，要素流动性就越好，对要素流动的限制就越少。其次，是自然资源与自然条件的不可移动性。正如本书之前所述，自然资源与自然条件是重要的区域性要素，对经济活动有着决定性作用。然而，自然资源和自然条件却有着苛刻的空间依赖性，它们几乎不具备空间流动性。最后，是行政区划的限制。行政区划是一种人为划分的过渡性区划，以区域经济分割为特征，与区域经济一体化相悖，对区域经济的发展具有刚性约束。在实践中，生产要素很难进行跨行政区流动，生产要素的流动在行政区划的辖区经济中强烈受阻，生产要素的配置效率和生产效率很难达到最优。总体而言，要素载体的丰富和完善性、自然资源和自然条件的不可移动性以及行政区划的限制性，这些因素很大程度上成为要素流动性的制约障碍。

3.2　主体功能区的形成机理

任何生产活动都是区域性要素和非区域性要素共同作用的过程。然而在过往的经济问题研究中，多数学者对劳动、资本等非区域性要素给予了更多的研究，而忽视了区域性要素在经济活动中的重要作用①。这主要是由于在人类经济社会发展的初期阶段，受技术和生产力发展水平的限制和约束，人类社会对资源、环境等区域性要素的需求并不强烈，资源、环境等区域性要素在这一阶段的人类经济发展中并没有起到约束作用。然而，随着人类的不断开发和利用，区域性要素开始愈发不能满足人类社会经济发展的需求，区域性要素禀赋的稀缺性开始不断凸显，并日益成为制约经济活动的重要因素。这种区域性要素与经济发展需求的矛盾愈演愈烈，迫使经济学开始重视区域性要素在经济活动中的重要作用，而如何科学合理地开发和使用区域性要素，并形成区域性要素与非区域性要素的有效配置，就成为经济学研究新的核心内容。我国目前提出的主体功能区建设，其本质就是要形成一个新的经济秩序，在这个新的经济秩序中，各地区的区域性要素与非区域性要素应该相互适宜并且区域性要素条件与其经济发展阶段能够相互匹配。要素的区域性划分，以及区域性要素和非区域性要素之间的匹配问题，是解读主体功能区形成机理的重要理论基础。区域性要素与非区域性要素的共同投入是经济活动的客观需求。那么，区域性要素条件，以及区域性与非区域性要素的

① 区域间的流动性是划分区域性要素和非区域性要素的唯一标准。因此，如果特定的劳动、资本等要素不能在区域间进行流动，那么这些劳动和资本按其空间属性也属于区域性要素的范畴。此处正文中的劳动、资本泛指那些可以在区域间自由流动的要素。

配置效率就成为经济活动的两个重要方面，它们决定着区域经济的运行效率和区域经济的发展水平。

区域性要素条件对经济活动的匹配是指特定地区在一定的社会经济发展条件下，该地区区域性要素禀赋是否得到了科学合理的开发和利用，其经济发展成果是否逾越了该地区区域性要素的承载阈值。区域性与非区域性要素的配置效率则有两个方面含义：一是指在相同的经济发展成果下，区域性要素与非区域性要素投入数量的多少；二是指区域性要素与非区域性要素配置的机会成本。一般来说，不同的区域性要素与不同的非区域性要素的匹配可以产生不同的生产效率，即便相同的区域性要素在与不同的非区域性要素匹配时，也会产生不同的生产效率。这是由生产要素的边际转换率决定的。这就意味着，特定地区的区域性要素必须选择更加匹配的非区域性要素进行生产。

区域性要素条件与其承载的经济活动相互匹配是特定地区经济发展的前提和基础。如果某地区的区域性要素禀赋没有得到合理、科学的开发利用，其经济发展成果逾越了该地区区域性要素禀赋条件所能承受的最大经济容量，那么该地区的经济发展就是不可持续的。短暂的经济增长之后必然面临着无以为继的发展窘境。甚至某些区域性要素往往还具有消耗的不可逆性，过度开发和不合理利用一旦造成这些区域性要素禀赋的损耗，那么这个地区还将面临未来发展潜力丧失的严峻问题。同样，即便特定地区的经济发展成果没有逾越该地区区域性要素承载阈值，但区域性要素与非区域性要素的配置并没有实现帕累托最优，那么该地区的经济发展也不是理想状态。现实经济中，我们经常会遇见这种情况。以我国黑龙江省为例，黑龙江省区域性要素禀赋条件优越，其经济发展水平也未对其区域性要素禀赋产生过大压力，然而由于黑龙江省区域性要素与非区域性要素的配置效率没有达到最优，黑龙江省经济发展远没有达到理想状态。从整体上看，通过提高区域性要素与非区域性要素配置效率，黑龙江省经济仍可以有很大的提升空间，这也是我国主体功能区划中将“哈长城市群”确定为重点开区发的原因所在。

3.2.1 主体功能区发展的要素条件

区域性要素条件对经济活动的匹配是指特定地区在一定的社会经济发展条件下，该地区区域性要素禀赋得到科学、合理的开发和利用时，其经济发展可以达到的总量。区域性要素的赋存状况是特定地区区域性要素条件的重要基础和前提。一般来说，当我们研究区域的视角或尺度发生变化时，区域性要素条件也会发生变化。区域越大，其要素条件越好，区域越小，其要素条件就越差。这是因为，在较大的区域中，其赋存的各种区域性要素资源，无论是在种类上还是在数量上都会是较大的范畴；而在较小的区域中，受自然条件的约束，其区域性要素的种类和存量都会相对匮乏。

我们可以借用更加严谨的数学公式来解释区域性要素条件的含义及其在生产中的作用机理。给定特定的经济区域，我们假设存在区域性要素 R 和非区域性要素 N 。为分析准确，我们采用分段的固定比例生产函数 $Y=f(R,N)$ 进行表述：

$$Y=f(R,N)=\begin{cases}\min\left\{\dfrac{R}{v},\dfrac{[N-(R-\beta)]}{u}\right\}, & \pi\leqslant N, 0<R<\pi \\ \min\left\{\dfrac{R}{v},\dfrac{N}{u}\right\}, & N\leqslant\pi, 0<R<\pi\end{cases}$$

在生产函数中，v 和 u 是两种生产要素的技术系数。为分析简单，在不失一般性的条件下，我们对 v 和 u 进行标准化处理，即 $v=u=1$ 。考虑到信息水平和现代交通技术的发展，非区域性要素在经济活动中的可获得性较高，因此分段生产函数中，要素 N 的取值区间可设置为 $(-\infty,+\infty)$ 。而鉴于区域性要素的不可流动性以及不可复制性，我们在生产函数中对区域性要素 R 设置取值区间 $(0,\pi)$ ，表明区域性要素是生产函数的重要制约因素。

在区域性要素的取值范围之内，生产函数 $Y=f(R,N)$ 的表现形式为

$$y=\min\left\{\frac{R}{v},\frac{N}{u}\right\}, \quad N\leqslant\pi, 0<R<\pi$$

这说明区域性要素并没有限制生产活动，生产仍处于区域性要素所能承载的范围之内。此时，生产取决于非区域性要素与区域性要素技术匹配，即 $Y=\min(R,N)=R=N$ 。而当生产水平不断提高，即区域性要素投入达到 π 值时，生产函数也相应获得了最大值 π 。然而，如果此时继续单方面提高非区域性要素的投入，那么产出不但不会提高，相反会出现下降问题。模型分析进一步指出，如果区域经济没有超越该地区区域性要素禀赋条件所决定的承载容量，那么我们可以通过调整区域性要素与非区域性要素的配置方式来调整经济的最优水平；而如果区域经济已经对该地区区域性要素禀赋施加了过高压力，那么仅仅依靠调整非区域性要素的投入数量，并不能提高该地区的经济水平，因为此时该地区的区域性要素投入数量是生产的决定性因素。

3.2.2　主体功能区发展的要素配置效率

任何生产活动都需要区域性要素与非区域性要素的共同投入。因此，两种要素的配置效率就成为制约生产效率的关键问题。区域性与非区域性要素的配置效

率是衡量生产效率的一个重要指标。配置效率的提高意味着在区域性要素与非区域性要素配置方式上的帕累托改进。当非区域性要素与区域性要素之间不存在帕累托改进时，两种要素的配置就是最有效率的。

需要注意的是，真正的经济增长必然来源于区域性要素与非区域性要素配置效率的提高。不难想象，在经济的长期发展中，缺乏要素配置效率的经济增长会带来怎样的经济后果。如果忽略要素配置效率，而仅仅试图通过提高非区域性要素在生产过程中的投入数量带来区域经济增长，那么这种增长也是不具竞争力或不可持续的。相反由于区域性要素与非区域性要素不相匹配，区域性要素可能遭到不可逆的损耗，那么这样的地区在短暂的经济增长之后，必然面临难以为继的局面。

区域经济发展的要素条件以及要素配置效率分析，为我国主体功能区建设提供了重要的理论依据。我国“十一五”规划明确提出，要根据不同区域的资源环境承载能力以及现有区域的空间开发密度和发展潜力等，将国土空间分为优化开发主体功能区、重点开发主体功能区、限制开发主体功能区以及禁止开发主体功能区等四类，并逐步形成主体功能区内以及主体功能区间人口、经济、资源、环境相协调的空间开发格局。其中，资源环境承载能力即是指不同区域所拥有的区域性要素禀赋条件。国家推进主体功能区建设，其本质就是要求各地区必须基于区域性要素禀赋的合理、科学开发和利用，确定各地区可持续的经济发展模式。而《全国主体功能区规划》中提到的，依据现有区域的空间开发密度和发展潜力，逐步形成主体功能区内以及主体功能区间人口、经济、资源、环境相协调的空间开发格局，则是区域性要素与非区域性要素配置效率的说明和体现，从根本上杜绝缺乏要素配置效率的片面经济增长。从这个角度上说，要素条件以及不同区域中非区域性要素与区域性要素配置效率分析，深刻地揭示了主体功能区的形成机理。

3.3 主体功能区的演进动力

事物的发展离不开各种力量的相互作用和影响，动力机制就是指事物运动的内在动力及其作用过程和联系。在区域经济发展过程中，主体功能区演进的动力机制就表现为要素配置效率对区域经济长期变动的作用规律。那么，区域性要素与非区域性要素的配置及其效率又在多大程度上可以揭示主体功能区的演进规律呢？

3.3.1　主体功能区的形成动力

经济发展通常伴随着生产方式的革新，而专业化分工正是生产方式变革的主要特征。专业化分工能够提高生产效率、降低成本，从而促进经济增长。一般认为，分工和专业化是解释近代世界经济增长的重要线索，抛开分工和专业化，研究经济长期变动就会失去其主要内容和动力基础。因此，本书关于要素配置效率与主体功能区形成机制的研究也从专业化和分工开始。

基于生产要素非流动性假设前提，古典经济学家认为，比较优势的存在必然会导致区域间形成分工和专业化。如李嘉图在其比较优势理论论述时，突出强调“区域间要素流动会受到各种阻碍的限制，要素所有者会在要素脱离其自身控制而流入其他区域时产生某种焦虑，而且即便对于要素拥有者而言，要背井离乡和适应异国政府和新法律的管理也并非那么容易[60]”；然而，随着信息技术和现代运输工具的发展，诸如劳动、资本、信息和技术等生产要素已开始逐渐摆脱地域空间的限制，实现了区际的自由流动，这就使得区域间传统的比较优势开始消失。在这种要素流动的背景下，古典经济学关于分工和专业化产生原因的解释便不再具有任何说服力。对此，经济学家只能另外着眼，试图在生产环节中找到分工和专业化更为合理的解释。正如阿林·杨格所说，生产细化所引起的效率提高是分工和专业化形成的重要原因，分工和专业化使生产环节进一步细化，能够使复杂的生产转化为一系列简单环节，从而提高生产效率。从这个角度上说，不考虑要素禀赋差异而单纯从生产过程中探索有关分工和专业化形成的内在原因确实是一条可行路径，但是这种研究路径却显然无法对区域间的分工和专业化进行合理解释。事实上，古典经济学对分工和专业化的研究陷入窘境，其根源在于古典经济学的要素不能自由流动假设与现实经济的冲突。这是因为，如果要素完全自由流动，必然使得分工和专业化不会受到地域限制而可以在任意地点进行；反之，若生产要素不能自由流动，那么根据比较优势理论，分工和专业化能够产生，但是这种前提却与现实相距甚远。

事实上，区域性要素禀赋差异是分工和专业化产生的重要基础。不同区域拥有不同的区域性要素禀赋，这些区域性要素是其他区域难以拥有和复制的。可以说，经济活动的空间维度正是通过不同区域间差别化的要素禀赋得以体现的。由于现实经济活动必然是在一定的空间中产生的，那么不同空间内的区域性要素禀赋差异必然是分工和专业化产生的直接因素。我们可以用古典经济学的观点来进一步解释，即如果不同地域生产出的产品都能与其区位条件、气候环境等自然因素相协调，并且能够将产品与其他国家或地区进行无成本交换，那么这种经济活动就能够提高所有国家或地区的社会福利水平。古典经济学基于比较优势理论，对专业化分工和商品流通在经济中的作用进行了系统阐述，并认为区位条件、气候环境等自然因素是导致不同区域出现比较优势的重要原因。事实上，古典经济学家所说的这些对分工起决定性作用的自然因素就是区域性要素。需要说明的是，我们是基于全局视角对区域性要素与区域间分工的关系展开研究的。对于具体区域而言，区域经济增长离不开主导产业的发展，主导产业的选择又受到该区域内区域性要素禀赋的影响，可以说区域性要素禀赋的差异决定了不同区域间分工形式的差别。另外，特定区域内的区域性要素禀赋并非一成不变，一方面它会在时间维度上实现自我积累；而另一方面，非区域性要素也会随着其在特定区域内累积程度的不断加深而向区域性要素转变，区域性要素禀赋可以实现外生累积。这就造成特定地区不同时期的区域性要素禀赋可以发生改变，受其影响，区域经济结构和区域间分工也是动态变化的。

区域间的专业化和分工也形成于要素的配置效率。要素配置效率越高，对生产经营活动的有利影响就越大，要素配置效率较高区域的生产效率就会超过要素配置效率较低区域的生产效率。若所有地区都基于这种生产效率的比较优势进行生产，并进行商品流通，那么资源配置将达到最优，所有地区都将受益。因此，若某些地区初始要素禀赋较为丰富并且要素配置效率较高，那么该类地区就相对于其他地区具有明显的经济效率，这是区域间分工和专业化形成的根本原因。

3.3.2　主体功能区的发展动力

主体功能区要求各地区必须在区域性要素禀赋合理、科学的开发和利用基础上，确定各地区可持续的经济发展模式。而在这一过程中，基于区域性要素对非区域性要素效率选择的聚集及其外部性，正是主体功能区长期发展的重要动力。

1. 区域性要素禀赋与聚集

分工和专业化必然表现为生产要素在空间上的不断流动与集中，其结果是经济活动的聚集。任何聚集都包括聚集的空间和聚集的内容，两者之间也必然存在着内在联系。其含义是：经济聚集必然依托于特定的空间，脱离了空间维度，聚集便毫无意义；经济聚集也必然要有聚集的内容，即何种要素参与了聚集，这些要素又为何进行聚集。聚集空间和聚集内容之间的内在联系则是聚集过程得以有序发展的客观条件。对此，Weber 的观点是，只有具备内在关联的工业企业空间聚集，才能为企业实现成本的节约，而那种偶然性、无关联的聚集则将导致区域经济的恶性发展[61]。

由于区域性要素难以实现不同地域间的转移，因此本书所指的聚集对象只能是可以在区域内部和区域之间进行自由流动的非区域性要素。任何生产活动都是区域性要素和非区域性要素共同作用的过程。不同的区域性要素与不同的非区域性要素的匹配可以产生不同的生产效率。这种要素匹配会对聚集过程产生重要影响。不难想象，试图仅增加非区域性要素而带动经济增长，那么这种聚集虽然在短期内可以促进地区经济发展，但在长期中必定会对该地区经济造成无法弥补的严重破坏。因此，生产要素的聚集必定发生在既定的条件下，即区域性要素对非区域性要素的效率选择上，只有非区域性要素与区域性要素之间相互匹配的聚集才会对区域经济产生有利的影响。

非区域性要素在区域内部或不同区域间是不断流动的，这种非区域性要素的区域内或区域间流动会导致特定空间下要素的聚集程度和聚集性质发生变化。然而即便如此，影响特定地区聚集的根本原因仍是区域性要素。需要指出的是，外生积累和内生积累都会使区域性要素发生变化。受之影响，特定区域的要素聚集性质和内容也会产生变动。例如，区位是重要的区域性要素之一，对经济聚集产生着决定性影响。在海洋运输业较为落后的时代，南非沿海城市德班的主要产业为农业，非区域性要素的聚集仅仅表现为第一产业的特征。但随着航海技术的不断提升，德班由于其特殊的地理环境特点而逐渐展现出了其重要的港口集散功能，此时德班的聚集性质和内容发生了改变，变成现代加工业地区。可见，影响特定地区生产要素聚集的根源依然是区域性要素禀赋，但是区域性要素禀赋外生积累和内生积累会使该区域的要素聚集产生动态变化。

2. 要素配置效率提升与聚集外部性

外部性是指由于要素聚集给区域经济主体带来的外部经济利益。区域性要素与非区域性要素配置效率对区域经济增长的促进作用正是通过这种要素聚集外部效应而得以实现的。关于聚集外部性的研究，经济学已经有了大量深厚的学术成果，本书在充分肯定前人有关聚集外部性是区域经济增长根源的基础上，想要进一步阐释的是：只有基于区域性要素对非区域性要素的效率选择，并且区域性要素与非区域性要素相互匹配的聚集，其外部性才能推动区域经济发展。

具体而言，区域性要素与非区域性要素配置效率提升所引致的聚集外部性，其推动经济增长的途径有如下几个方面：首先，随着区域内部要素配置效率的提升，要素聚集产生的外部效应能够为区域经济主体提供更加准确的生产信息和更加适应区域经济活动的生产技能。区域经济活动是由不同产业共同作用而产生的，不同产业的生产投入和产出会相互影响，二者之间的内在联系能够促使生产技术创新，这将有利于经济活动的有效进行。准确的生产信息和适应性更强的生产技能产生于要素配置效率提升中的有效经济聚集。其次，有效的聚集外部性能够为区域经济主体带来多重的经济利益。社会化大生产的一个显著特征是消费者、企业和其他社会组织的共同作用与交互影响。如果非区域性要素的聚集与区域性要素禀赋相匹配，那么这将为区域专业化分工提供更深层次的发展条件，会产生更多经济利益。

第 4 章　主体功能区与经济学空间维度演进

任何经济活动必然是在特定的时间和空间两个维度上实现的。脱离时间维度或是舍弃空间维度，经济问题研究就失去了现实意义。然而，尽管 20 世纪 70 年代传统经济学在借助动态优化理论的基础上实现了时间维度上的跨期均衡分析，但在空间维度上，主流经济理论却一直处于不断的探索之中。我国主体功能区建设对区域经济理论的重大创新，其实质就是将资源条件、环境特征等空间要素在区域经济发展中的重要作用内生于主体功能区发展要求之中。因此，深刻揭示主体功能区理论对主流经济学空间维度的创新所在，这不仅是本章研究的重要内容，同时也是本书研究的核心和重点。

4.1　传统经济学空间分析范式的割裂与争辩

关于经济空间属性的认识，目前主流经济学有两种截然不同的理论观点。杜能[62]、勒施[63]、Isard[64]等区域经济学者认为，经济空间是均质的，任何经济活动都是在平坦的经济空间上展开的，环境差异以及生产要素不平衡分布对经济活动的影响，完全可以通过将其转化为距离和运输成本问题而实现解决；而 Starrett [65]、Krugman[66]等经济地理学者则认为，由于地理环境以及生产要素空间分布的差异，经济活动的空间属性本质上是非均质的，空间经济问题不能单纯地转换为距离或运输成本问题。长期以来，这种对经济空间均质化和非均质化的争议，在很大程度上制约着经济问题研究。尤其是，无论是单纯的经济空间均质化假设或是非均质假设，都与经济活动的空间选择及其内容和性质有着严重冲突。如果经济空间是均质的，那么新兴古典经济学和新经济地理学就无法解释分工和专业化的形成；

同样，虽然经济空间非均质假设在解释人地关系等方面取得了较大进展，但是将真实世界的地域空间作为研究对象，过度依赖于地理特征的差异化，这就使得经济空间非均质化假设无法对市场结构、微观组织行为等问题进行经济学分析。从这个角度上说，均质空间分析范式必然是将经济空间作为外生变量，因此对经济活动在何地发生以及是否稳定等问题无法做出令人信服的解释；同样，传统经济地理学过度依赖地理特征和环境条件而对经济活动的解释，无论其做何种程度努力，都只能游离于主流经济学之外。因此，经济问题研究不能偏颇于完全均质或是完全非均质的空间范式，而必须在均质和非均质的有机统一下才能更加准确地揭示经济活动的内在规律和本质属性。

4.1.1 均质空间及其研究范式

坚持均质空间假设的经济学家认为，经济空间是一片平原，在这一均质平原上，要素禀赋的空间分布是均匀的，地理特征的区域差异性并不存在。因此，不同区位进行各种经济活动所产生的运输成本就与区位间的距离呈线性变化。但如果经济活动所发生的空间不是均质平原，那么上述线性关系则不成立，即便不同区位间距离相等，区位间的运输成本也会存在不同。因此，均质空间假设的优势之处在于方便进行技术处理。许多学者的研究都以均质空间为假设条件。比如，勒施在研究市场区时，就把均质空间作为出发点，把复杂的空间变量简化为距离和运输成本变量[63]。杜能最具代表性的同心圆理论也是基于均质空间这一假设前提而提出的[62]。由此可以看出，均质空间的假设使经济活动空间分析的复杂性和难度在很大程度上得到简化和降低，却并没有降低其相关理论结论的说服力。但是，空间均质化的假设在逻辑上却存在着无法避免的内在矛盾。首先，空间均质化假设与比较利益间存在着矛盾和冲突。我们知道，比较利益是在专业化分工基础上产生的。但是如果假定空间是均质化的，那么就不可能形成分工和专业化，因而比较利益理论也就不存在了。其次，非经济性要素的作用在均质空间的假设下被完全忽视了。事实上，资源环境、生态特征等这些非经济性要素在当代经济发展中发挥着越来越重要的作用。但是，大多数经济学家在均质空间假设时都忽视了这些自然性要素的影响。在胡佛和勒施的理论中，他们也只是对经济性要素进行了分析而没有考虑到非经济性要素。此外，在传统经济学中，聚集经济一直被认为是区域经济学的核心概念和理论基础，也是刺激经济增长的内在动力。但如何解释均质空间下的聚集形成机制，就成为均质分析范式不可克服的难题。同样，均质空间假设与现实经济中的规模报酬递增也无法相互兼容。新古典经济学的分析范式是其规模报酬不变，即规模经济不能表现出递增的性质。然而，忽视规模报酬递增的新古典经济学，究竟对现实经济有多大程度上的解释，这一直受到经济学者的质疑。因为，如果现实经济是规模报酬不变的，那么任何经济活动的集聚都不会因此获得益处，反而却不得不面对土地竞争和地价飙升的弊端。上述问题和矛盾表明，在区域经济学研究进程中，空间均质化假设还存在着许多不足，该假设也并不适用我国主体功能区建设的理论研究。

4.1.2　非均质空间及其研究范式

坚持非均质空间假设的经济学家认为，要素禀赋在经济空间上的分布存在区域性差异，是非均匀状态。许多理论都肯定了这种假设，如在斯密的绝对优势理论和李嘉图的比较优势理论中，要素禀赋的非均质分布就是其理论的基本假设前提。但是，虽然经济空间的非均质假设在区际贸易中得到了广泛应用，然而在传统的主流经济学中，非均质空间假设却被排斥在其理论研究之外。这是因为，如同经济空间均质化假设一样，经济空间的非均质化假设在逻辑上也存在着无法避免的内在冲突。首先，在市场结构方面，经济空间的非均质化假设所导致的非完全竞争与传统经济学的完全竞争分析范式不相兼容。如果经济空间是非均质的，区域性要素在不同经济空间中的分布就会不同，这种要素在空间中的分布差异必然导致不同区域中经济活动类型的差异，因此不同区域的生产活动必然会因为分工和专业化而形成非完全竞争市场结构。其次，传统经济学无法兼容非均质空间假设的另一个原因在于，经济空间的非均质假设必然要求经济研究中对于距离和运输成本的非线性处理。正如前文所述，如果经济空间是均质的，那么经济研究中复杂的空间变量就可以替代为距离和运输成本变量。但是，如果经济空间是非均质的，那么现实经济中的空间距离以及运输成本就必然是非线性的，因此如何构建空间密度函数就成为以线性分析为优势的传统经济学无法克服的困难，而这正是传统经济学舍弃空间维度的重要原因之一。

需要说明的是，新经济地理学在非均质空间分析范式中取得了令人瞩目的成果。然而，综述新经济地理学的相关文献，我们不难发现，即便新经济地理学在经济学空间向度的回归过程中取得了很大进展，但是其仍然存在着一些无法解释的难题。首先，新经济地理学缺乏经济区域形成机理的解释。经济学研究的根本目的之一，就是深刻揭示经济区域的形成过程和演化规律。然而，要准确厘清复杂地理特征条件下的经济规律，就需要对那些与解释区域形成机理无关紧要的外在因素进行科学舍弃。在这种需求下，传统经济学舍弃掉了地理特征的存在，而构建出抽象意义上的空间，并在抽象的经济空间中完成了经济区域形成和演化规律的一般均衡分析。然而，地理经济学是以地域为研究对象的，这种传统经济学高度抽象的研究方式完全脱离了地理经济学的研究范畴，因此如何在异质经济空间中完成区域形成问题的理论揭示，就成为新经济地理学不可规避的问题。其次，新经济地理学在进行微观经济主体行为分析时也面临着难以逾越的障碍。具体而言，新经济地理学以地域空间为研究对象，却缺少微观经济主体行为分析，这是新经济地理学无法与主流经济学相互兼容的重要原因。可以说，新经济地理学最大的缺陷就是没有阐明市场结构，并缺乏市场组织间的交互影响分析，从而新经济地理学长于宏观分析，而弱于微观经济组织机理问题研究。

4.2　主体功能区的经济空间分析范式重构

资源禀赋，即要素禀赋，是指特定区域客观存在的各种生产资源状况。要素禀赋作为区域经济发展的客观条件和制约因素，长期影响着所在区域的经济发展状况，并且随着科技的进步，对区域内经济活动的生产效率、增长速度和周期变动产生着重要作用。然而，经济学对要素空间流动性等问题的认识，却是一个不断探索与发现的过程。尤其是经济全球化发展为要素的区域间自由流动创造了可能，特定区域可以与其他区域通过要素的输入输出实现互补与共享，要素的空间流动性大大增强。但是，在这种经济相互融合的背景下，我们也注意到这样一种现象：有些要素是完全不可能流动的，这些要素在经济活动中的特殊作用也是其他要素根本无法代替的，这种要素的非流动性在一定程度上加速了区域间发展的不平衡。针对这一现象，许多学者试图通过技术进步来进行解释，但取得的成效却微乎其微。无论是在理论研究方面，还是在实践操作环节，即使技术水平再高，也无法解决这些要素的流动性问题。有些要素是可以在不同区域间进行流动的，而另外一些要素则不具有区域间流动的可能性，或者在区域间进行流动的成本很高，前者是不同区域都可以具备的要素，具有普遍的存在性，后者是只有特定区域才具有的要素，具有显著的地域性特征。在本书前文研究中，我们将可以在不同区域间进行自由流动的要素称为非区域性要素，而将那些不能在区域间自由流动或区域间流动空间成本很高的要素称为区域性要素。非流动性、不可替代性、排他性、不可复制性是区域性要素的重要空间特征。如果要素有区域性和非区域性之分，而任何生产活动的进行都离不开区域性和非区域性要素的投入，那么经济活动的空间维度必然是以区域性要素为其载体。

4.2.1　区域性要素与均质空间

不同地区的区域性要素在进行区际流动时，其空间流动成本非常高甚至根本不能移动，这是区域性要素具有的显著空间特征。正是这种区域性要素的空间特征刻画了经济空间的非均质性。然而，区域性要素的空间特征是有尺度性的。如果我们将所研究的区域空间尺度缩小到一定程度，以至于在该区域中，区域性要素成为区域内共有的要素时，该区域的经济空间就表现为均质空间。从这个角度看，我们可以进一步阐述区域性要素的空间含义：区域性要素是特定区域空间所存在的要素禀赋，这种要素禀赋在区域空间中相对均匀分布，并成为刻画该区域显著区别于其他区域并具备独特空间特征的重要经济因素。

要素的区域性与非区域性划分，也在一定程度上解释了为什么传统经济学在数百年的发展历史中选择了均质空间作为其经典分析范式。正如前文所述，是否稀缺是人类认识资源的一个重要标准。由于资源涵盖内容的多样性和复杂性，尤其是受技术水平和生产力发展水平影响，人们在社会生活和经济发展中对资源的认识是一个长期的、动态的过程。在最初的人类社会中人口稀少且生产活动较为简单，人类生产活动对自然资源的压力较小，人们所利用的经济空间也相对较小，因此在很长的一个历史阶段中，自然资源、生态特征以及区域气候条件等区域性要素并没有限制和约束人们的生产活动，以至于传统经济学在经济问题研究时完全可以舍弃这些经济活动所不可或缺的区域性要素，进而构建了一个完全均质的抽象空间。

4.2.2　区域性要素与非均质空间

当区域性要素禀赋的空间分布存在差异，并且累积变化也是不均衡时，经济空间就表现为非均质空间，反之则为均质空间，二者是对立统一的。但是，经济空间的均质和非均质属性不是固定不变的，随着空间范围和研究尺度的扩大，其性质也会有所变化。当我们以更大尺度进行空间问题研究时，区域内包含的区域性要素禀赋的种类和数量都会发生变化，该空间内的区域性要素将不再是均匀分布的，此时的空间呈现出非均质的特性。也就是说，区域性要素既是均质空间产生的原因，也是非均质空间产生的原因。不同区域内所拥有的要素有其自身的独特性，必然存在着分布差异，这种差异正是区域经济学研究的理论价值所在。因此，如果经济空间被抽象成均质的，那么必然会导致理论研究脱离要素禀赋区间差异这一现实基础，而对区域内各种复杂多样的经济问题难以做出科学合理的解释。从这个角度上说，要素的区域性和非区域性划分，实现了经济空间均质和非均质的有机统一。

4.3 主体功能区的空间经济竞争均衡

如果经济活动的空间维度以区域性要素为其载体，而任何生产活动的进行又都是区域性和非区域性要素共同作用的结果，那么涉及区域性要素与非区域性要素的主体功能区理论就应该属于空间经济的研究范畴，而基于一般均衡分析的传统经济学就必然无法兼容主体功能区理论研究。因此，主体功能区对传统经济学空间维度演进的理论贡献，必然应该通过建立异质空间竞争均衡分析框架来实现。

4.3.1 要素的区域性与规模报酬递增

传统经济学的基本分析范式是 Arrow 和 Debreu 的一般均衡理论[67]。虽然基于一般均衡理论，传统经济学构建了主流经济学的基本分析框架，但这种分析范式与现实经济存在严重的逻辑冲突。首先，一般均衡理论的消费者偏好凸性前提假设就与消费者真实偏好行为相悖。消费者偏好的凸性假设意味着消费者在相同区位上的消费行为，其边际效用呈现递减规律，因此为了追求效用最大化，消费者应该在现实经济空间中的每一个位置进行消费。然而在现实经济中，考虑到空间成本的存在，消费者会在空间成本和产品成本中进行选择，并最终选择在其成本最为节约的空间区位上进行消费。因此，现实经济中消费者的偏好并不完全是凸性的。其次，生产集合的凸性假设也与现实经济不相符合。生产集合的凸性假设意味着，随着生产要素投入规模的扩大，生产效率表现为规模报酬不变。然而，在现实经济中这个凸性假设也是不完全成立的。Mills 就曾利用非线性分析方法得出了现实经济中规模报酬递增的结论。Mills 认为，如果生产规模的改变不影响生产效率，那么在竞争均衡时生产就可选择任意规模。这种状态下，城市将不会存在，因为任何经济聚集都会引致地价成本的上升，从而使得聚集所带来的外部经济因聚集成本增加而消失。聚集无论是对生产者来说还是对消费者来说都是不利的，这样世界将是一个“无城市的世界”[68]。

阿罗和德布鲁的一般均衡理论舍弃了现实经济中的规模报酬递增，其原因是一般均衡理论无法解决规模报酬递增与价格接受行为的兼容问题。事实上，很多学者为了弥补阿罗和德布鲁一般均衡理论的缺陷，试图将规模报酬递增引入其理论构架，但最终都因不能解释何种程度上报酬递增与价格接受行为相互兼容，而无法得出令人信服的结果。我们知道，如果生产的规模报酬递增，那么企业为了追求更高的利润必然不断扩大生产规模。而与此同时，市场规模是一定的，因此在追求规模经济的竞争中，市场组织必然表现为垄断竞争性质，价格接受行为也就无法实现。若要消除价格接受行为与规模报酬递增的冲突，必须要求市场规模相对于企业的生产能力是无穷大的。但即便能够证明市场规模大到可以容纳任何数量厂商，也依然存在着另一个难以调和的制约因素，即消费行为的地理选择性。Fujita 和 Krugman 研究认为，在现实经济中，考虑到空间成本的存在，消费者会在空间成本和产品成本中进行选择，并最终选择在其成本最为节约的空间区位上进行消费。临近消费区位的厂商，必然相对于那些远离消费区位的厂商而存在着市场垄断性质[69]。因此，市场规模可以规避厂商规模经济的假设也就难以成立。

阿罗和德布鲁的一般均衡理论无法兼容现实经济中的规模报酬递增，根本原因在于忽略了经济活动的空间维度。正如本书前文所述，不同区域的区域性要素赋存差异深刻地刻画了不同区域的空间特征，要素必然是经济活动空间维度的载体。而任何生产活动的进行都离不开区域性和非区域性要素的投入，因此经济空间中生产活动的规模报酬递增属性，应该是区域性要素与非区域性要素相互作用的结果，现实的经济增长必然来源于要素配置效率的提高。不难想象，在经济的长期发展中，缺乏要素配置效率的经济增长会带来怎样的经济后果。如果忽略要素配置效率，而仅仅试图通过提高非区域性要素在生产过程中的投入数量带来区域经济增长，那么这种增长也是不具竞争力或不可持续的。因此，区域性要素和非区域性要素的配置效率越高，对生产经营活动的有利影响就越大。这种有利影响，其实质就是生产规模报酬递增的表现。而如果区域性要素和非区域性要素缺乏配置效率，那么此时生产活动就表现为规模报酬递减。因此，舍弃了经济活动所必须依赖的空间维度，并且忽略了生产要素的区域性和非区域性划分，这是阿罗和德布鲁一般均衡理论陷入困境的重要原因。

4.3.2　要素的区域性与竞争均衡

上一节分析表明，一般均衡理论分析框架对规模报酬不变的错误判断导致了其在一定程度上脱离了现实经济。那么，在规模报酬递增之外，一般均衡理论的基本分析范式是否仍存在其他与空间经济相互冲突的问题呢？对此，许多经济学家试图从不同的角度来进行研究。在此过程中，Koopmans 和 Beckmann 首先提出了二次分配问题，并建立了二次分配模型[70]。在二次分配模型中，竞争均衡条件下正的运输成本与价格接受行为必然存在冲突，无法兼容。也就是说，在二次分配问题中，任何厂商的区位模式选择都不能成为竞争的均衡状态。随后，Starrett从均质空间和竞争均衡的角度对竞争均衡和运输成本进行了更深入的研究，并做出了空间不可能定理的一般性描述[65]。通过分析均质空间与竞争均衡的相互关系，Starrett 提出如果消费者所在空间是均质的，并且该空间产品供给不能满足消费者所有需求，消费者必须在不同区位进行消费，那么竞争均衡就不存在。这种否定性结论随之成为其后经济学空间问题研究几乎不可克服的困难。

阿罗和德布鲁一般均衡理论分析框架与现实经济存在冲突的根本原因就在于一般均衡理论在研究经济问题时将均质空间和非均质空间进行了完全割裂。尽管一般均衡理论的经济空间均质化假设可以使得传统经济学在解释区域经济形成以及微观经济主体行为决策方面有着令人瞩目的贡献，但同时这种假设方法也使得传统经济学在解释经济增长的非连续性以及区域经济发展不平衡等问题上表现出了内在的逻辑冲突。因此，在分析空间经济活动时，必须将空间的均质性和非均质性进行有机结合并纳入一个统一的分析框架中。只有这样，才能更科学、准确、真实地揭示区域经济的本质和发展规律。事实上，本书已经证明要素的区域性与非区域性划分体现了经济空间均质性与非均质的有机统一，而这种空间经济分析范式使得我们也可以再次重新审视空间不可能定理。

要素的区域性分析是解释经济空间均质和非均质特征的重要逻辑主线，那么在这种逻辑中区域性要素在区域经济增长中又有怎样的作用机制？换句话说，在经济空间均质和非均质的有机统一下，我们能否以规模报酬递增与非完全竞争为分析范式克服空间不可能定理的否定结论，并解释主体功能区的形成与演进呢？

4.4 主体功能区与空间经济演进模型

4.4.1 空间演进模型构建

1. 前提和假设

（1）假设存在两个不同区域（$j=1,2$），每个区域都有其固有的区域性要素。在两个不同区域中同时存在可以在区域间自由流动的非区域性要素（$i=1,2$）。正如前文所述，由于不同区域间区域性要素与非区域性要素配置效率不同，每个区域都有其非区域性要素的不同收益率，因此这就导致了非区域性要素在区域间的流动。

（2）假设每个区域在其生产过程中，其特定的生产要素的需求函数为

$$Q(q_1,q_2)=\alpha(q_1+q_2)-(\beta/2)(q_1^2+q_2^2)-\delta q_1q_2+z \tag{4-1}$$

在需求函数中，下角标 i 是不同区域的代码，$q_i(i=1,2)$ 是该区域所生产出来的产品数量，z 表示生产单位的数量。设定 $\alpha>0$，且 $0\leqslant\delta<\beta$，则区域生产活动的预算约束线可表示为

$$y=p_1q_1+p_2q_2+z \tag{4-2}$$

（3）我们通过求要素需求函数的极值，可得到最优条件下的反需求函数 $P_i=\alpha-\beta q_i-\delta q_j$。当 $\delta\neq\beta$ 时，区域 i 中的要素需求函数如下：

$$q_i=a-bp_i+\mu(p_j-p_i) \tag{4-3}$$

式中，$a=\alpha/(\beta+\delta), b=1/(\beta+\delta), \mu=\delta/[(\beta-\delta)(\beta+\delta)]$。$\mu$ 是表明不同区域中区域性要素与非区域性要素配置效率变化的逆测量。$\mu=0$ 意味着要素配置结构变化很大；而 $\mu=\infty$ 时，区域性与非区域性要素配置没有结构性变化[①]。

（4）最终产品在区际流动为 ε，同时非区域性要素的生产成本做如下假设：①当非区域性要素的生产活动分散在不同区域时，其边际成本固定为 $c(c>0)$。②当非区域性要素在同一区域集聚时会有正的外部性。这说明，非区域性要素的边际生产成本会减少。换句话说，若非区域性要素集聚在同一区域时 $r(r=A,B)$，其成本为 $c-\varphi_r$。

2. 区域间的价格竞争

（1）模型根据非区域性要素集聚在同一区域，或非区域性要素的生产活动并不在相同区域分别进行讨论，并且无论是哪种情况，我们假设市场是完全分割的，即每个区域所生产的最终产品都有其特定价格指数。

（2）若两种非区域性要素的生产活动都集聚在区域 r，且 p_{ir} 是该区域中由非区域性要素 i 生产出来的最终产品的价格，q_{ir} 是该区域中由非区域性要素 i 生产出来的最终产品的数量。那么非区域性要素实现的利润函数为

$$\pi_i=[p_{ir}-(c-\varphi_r)][a-bp_{ir}+\mu(p_{jr}-p_{ir})]+[p_{is}-(c-\varphi_r)-\varepsilon][a-bp_{is}+\mu(p_{js}-p_{is})] \tag{4-4}$$

（3）显然，我们不难得出上述博弈有唯一的纳什均衡。通过一阶求解，我们

① 当各个区域的产品具有同样价格时，其产品需求函数 $2(\alpha-bp)$，并不取决于 μ，这说明式（4-3）具有较好的市场属性。换句话说，当 μ 存在变化时，各个区域内的市场规模不会随之发生变化。因此，当参数 α 和 b 不变时，我们可以借助于调整函数 Q 的参数 δ 来调整 μ 的取值。

可以得到均衡价格为[①]

$$p_{ir} = p_{jr} = [a + (b + \mu)(c - \varphi_r)] / (2b + \mu) = p_r^h \quad (4\text{-}5)$$

$$p_{is} = p_{js} = [a + (b + \mu)(c - \varphi_r + \varepsilon)] / (2b + \mu) = p_r^f$$

（4）通过均衡价格，我们可进一步得到均衡数量公式为

$$q_{ir} = q_{jr} = (b + \mu)[a + b(c - \varphi_r)] / (2b + \mu) = q_r^h \quad (4\text{-}6)$$

$$q_{is} = q_{js} = (b + \mu)[a - b(c - \varphi_r + \varepsilon)] / (2b + \mu) = q_r^f$$

可以证明：$q_r^h = (b + \mu)(p_r^h - c + \varphi_r), q_r^f = (b + \mu)(p_r^f - c + \varphi_r - \varepsilon)$。因而，均衡数量及毛收益都是特定的正值：

$$\varepsilon < [(a - bc) / b] - \varphi_r \quad (4\text{-}7)$$

（5）若分别将式(4-5)和式(4-6)带入式(4-4)，非区域性要素的收益就可以用如下公式表示：

$$\pi_r = (b + \mu)\{[a - b(c - \varphi_r)]^2 + [a - b(c - \varphi_r + \varepsilon)]^2\} / (2b + \mu)^2 \quad (4\text{-}8)$$

（6）如果非区域性要素 i 的生产活动在区域 r，而非区域性要素 j 的生产活动位于区域 $s(s \neq r)$。那么，我们可以推导出厂商 i 的利润函数为

$$\pi_i = (p_{ir} - c)[a - bp_{ir} + \mu(p_{jr} - p_{ir})] + (p_{is} - c - \varepsilon)[a - bp_{is} + \mu(p_{js} - p_{is})] \quad (4\text{-}9)$$

（7）同样，对式（4-9）进行一阶求解，不难得出均衡价格如下[②]：

$$p_{ir} = p_{js} = \{[a + (b + \mu)c] / (2b + \mu)\} + \{[(b + \mu)\mu\varepsilon] / [(2b + \mu)(2b + 3\mu)]\} = P_s^h$$

$$p_{is} = p_{jr} = \{[a + (b + \mu)c] / (2b + \mu)\} + \{[2(b + \mu)^2\varepsilon] / [(2b + \mu)(2b + 3\mu)]\} = P_s^f$$

此时，本地市场和外地市场中具有不同的价格差异，如下所示：

$$p_{is} - p_{ir} = p_{jr} - p_{js} = (b + \mu)\varepsilon / (2b + 3\mu) < \varepsilon$$

因此，当非区域性要素的生产活动并不在相同区域时，此时行业内贸易就会产生，均衡数量为

$$q_{ir} = q_{js} = [(b + \mu)(a - bc) / (2b + \mu)] + \{[(b + \mu)^2\mu\varepsilon] / [(2b + \mu)(2b + 3\mu)]\} = q_s^h$$

$$q_{is} = q_{jr} = [(b + \mu)(a - bc) / (2b + \mu)] - \{[(b + \mu)(2b^2 + 4b\mu + \mu^2)\varepsilon] / [(2b + \mu)(2b + 3\mu)]\} = q_s^f$$

我们可以进一步得出：

$q_s^h = (b + \mu)(p_s^h - c)$，$q_s^f = (b + \mu)(p_s^f - c - \varepsilon)$。

（8）因此，均衡的实现条件为

$$\varepsilon < \varepsilon_{\text{trade}} = (2b + 3\mu)(a - bc) / (2b^2 + 4b\mu + \mu^2) \quad (4\text{-}10)$$

如果式（4-10）的条件是成立的，那么当非区域性要素的生产活动不在同一

① 下标 r 表明两种非区域性要素的生产活动集聚在区域 r，h 和 f 分别为与当地市场或外地市场相关的变量。

② 下标 s 表明非区域性要素的生产活动分布在不同区域。

区域进行时，均衡利润就可以表示为

$$\pi_s = \frac{b+\mu}{(2b+\mu)^2}\left\{\left[a-bc+\frac{(b+\mu)\mu\varepsilon}{2b+3\mu}\right]^2+\left[a-bc-\frac{(2b^2+4b\mu+\mu^2)\varepsilon}{2b+3}\right]^2\right\} \quad (4\text{-}11)$$

3. 空间博弈均衡

在第一阶段，两种非区域性要素（A 和 B）之间的博弈可用表 4-1 表示。

表4-1　第一阶段博弈

要素	A	B
A	$\prod_A,\prod_B$	$\prod_S,\prod_S$
B	$\prod_S,\prod_S$	$\prod_B,\prod_B$

通过对比式和式（4-11），我们不难得出：当且仅当$\varphi_r > \varphi_p(\varepsilon)$时，$\pi_r > \pi_s$。并且：$\varphi_p(\varepsilon) \equiv \frac{\varepsilon}{2} - (\frac{a-bc}{b}) + \sqrt{\frac{(a-bc)(a-bc-b\varepsilon)}{b^2} + \frac{(b+2\mu)^2(2b+\mu)^2}{4b^2(2b+3\mu)^2}\varepsilon^2}$。

不难推出$\varphi_p(\varepsilon)$是关于ε和μ递增的。当$\varphi_A > \varphi_B$时，对于$(\varphi_A,\varphi_B,\varepsilon)$三变量而言，博弈结果如下：

（1）若$\varphi_A < \varphi_p(\varepsilon)$，则$\pi_S > \pi_A > \pi_B$，且均衡是唯一的，表现为离散趋势。

（2）若$\varphi_B < \varphi_p(\varepsilon) < \varphi_A$，则$\pi_A > \pi_S > \pi_B$，且在区域$A$出现唯一均衡集聚。

（3）若$\varphi_p(\varepsilon) < \varphi_B < \varphi_A$，则$\pi_A > \pi_B > \pi_S$，$A$或$B$区域都可能形成集聚①。

4. 结论推导

（1）当要素流动成本ε较大时，要素配置的结构型优化对该区域会产生至关重要的影响。从结果中可以看出，变量μ直接影响$\varphi_p(\varepsilon)$，因此当区域性与非区域性要素之间配置效率提升时，即逆向变量μ变小时，非区域性要素在追求效益最大的条件下而出现区域内的聚集现象，这进一步证明了经济集聚的根本动力是区域性要素与非区域性要素之间的配置效率。

（2）当要素流动成本ε较小时，区域性与非区域性要素之间的配置优化则是市场选择的结果，即对非区域性要素在不同区域之间的流动成本来说，要素配置效率优化所带来的收益可以有效弥补要素集聚所导致的成本上升。

① 若$\varphi_A = \varphi_B$，则第二种情况不会产生，仅会有两种均衡。

4.4.2 空间演进的实证检验

要素的区域性划分不仅实现了主体功能区理论对主流经济学空间维度的创新，同时也揭示了主体功能区形成的内在机制和长期演进动力。因此，本节进一步结合我国经济发展实践，实证分析区域性要素对非区域性要素的选择及其配置效率与区域经济发展之间的动态关系，从而进一步检验上述理论判断。

1. 变量选取和数据说明

在主体功能区的空间演进模型中，我们知道经济增长必然源于区域性要素与非区域性要素配置效率的提高。区域性要素和非区域性要素的配置效率越高，对生产经营活动的有利影响就越大，生产活动表现为配置效率最优，各种资源消耗也较低，因此本节选择能源消耗替代要素配置效率。由于区域性要素对非区域性要素的效率选择，在区域经济发展过程中表现为经济活动的集聚，因此本节选择城镇化水平作为要素流动的替代变量。

在上述假设的基础上，本节运用 VaR(value at risk，风险价值）模型分析我国要素流动、配置效率与区域经济增长三者之间的关系。同时，为规避不同统计变量单位差异可能带来的异方差问题，本节对变量进行对数处理。其中，$\ln U$ 表示城镇人口与总人口比值的对数时间序列，反映城镇化水平，作为要素流动性的状态变量；$\ln E$ 是发电标准煤耗指标的对数时间序列，反映区域性要素与非区域性要素的匹配水平，作为要素配置效率的状态变量；lnPGDP 是人均国内生产总值的时间序列，作为区域经济增长的状态变量。同时，本节的控制变量将选用资本存量、人力资本、对外贸易总量三个指标[①]。本节相关数据来源于 1981 年至 2012 年《中国城市统计年鉴》《中国统计年鉴》。

2. 平稳性与协整关系检验

本节通过单位根检验确定各变量平稳性，检验结果见表 4-2。

表4-2 时间序列平稳性的单位根检验结果

选择变量	检验变量	ADF	临界值	是否通过检验
$\ln K_t$	$(C,N,2)$	3.012	-2.857^{**}	否
$\Delta\ln K_t$	$(C,T,1)$	−4.477	-4.209^{*}	是
$\ln E_t$	$(C,N,2)$	0.400	-2.857^{**}	否

① 资本存量根据当年投资总额按价格指数平减计算，历年资本总量以 8%折旧率核算；人力资本用普通高等学校在校生人数计算；对外贸易总量用进出口总额的国内生产总值占比进行计算。

续表

选择变量	检验变量	ADF	临界值	是否通过检验
$\Delta\ln E_t$	$(C,N,2)$	−2.852	−2.514***	是
$\ln T_t$	$(C,N,0)$	−2.280	−2.859**	否
$\Delta\ln T_t$	$(C,N,0)$	−3.569	−2.829**	是
$\ln \mathrm{PGDP}_t$	$(C,T,1)$	−2.629	−3.457**	否
$\Delta\ln \mathrm{PGDP}_t$	$(C,T,3)$	−4.447	−4.228*	是
$\ln H_t$	$(C,N,2)$	0.529	−2.857**	否
$\Delta\ln H_t$	$(C,N,1)$	−2.687	−2.512***	是
$\ln U_t$	$(C,N,1)$	0.156	−2.853**	否
$\Delta\ln U_t$	$(C,N,0)$	−4.020	−3.569*	是

注：检验变量为检验方程的截距、时间趋势及滞后阶数；ADF（augmented Dickey-Fuller test）为增广迪基–富勒检验

*、**、***分别代表在 1%、5%、10%水平上显著

通过单位根检验结果可以看出，$\ln \mathrm{PGDP}_t$、$\ln U_t$、$\ln E_t$、$\ln H_t$、$\ln K_t$、$\ln T_t$ 等时间序列并不平稳；因此，本节对上述时间序列进行一阶差分处理。上述时间序列经过一阶差分处理后表现平稳。在此基础上，本节使用 VaR 模型进行协整检验，滞后阶数选择过程如表 4-3 所示。

表4-3　阶数检验

滞后阶数	FPE 检验	AIC 检验	SC 检验	HQ 检验
0	$3.65\times e^{-12}$	−9.20	−9.12	−9.11
1	$7.19\times e^{-17}$	−21.40	−21.41	−20.77
2	$1.91\times e^{-17}$	−23.07	−21.40	−22.12
3	$1.89\times e^{-18*}$	−26.52*	−21.15*	−24.84*

* 为可确定滞后阶数

本节采用 Johansen 极大似然检验法进行协整检验（滞后期确定为二期）。根据 Johansen 多元协整检验向量，建立协整方程如下：

$$\ln \mathrm{PGDP}_t = 1.21\ln U_t + 1.87\ln E_t - 0.57\ln T_t + 0.03\ln K_t - 0.38\ln H_t \quad (4\text{-}12)$$

$$\ln U_t = -0.38\ln E_t + 0.18\ln T_t + 0.19\ln K_t + 0.14\ln H_t \quad (4\text{-}13)$$

在协整方程式（4-12）中，非区域性要素流动性（$\ln U_t$）、区域性要素与非区域性要素的匹配水平（$\ln E_t$）与经济增长（$\ln \mathrm{PGDP}_t$）存在正向关系，即非区域性要素流动性水平每提高 1%，则经济会增长 1.21%；非区域性要素与区域性要素的匹配水平每提高 1%，经济会有 1.87%的增长幅度。而在协整方程式（4-13）中，要素流动、要素匹配水平与经济增长存在负向关系。

3. 误差修正模型

上文利用 Johansen 极大似然检验法进行的协整检验，仅仅反映了要素流动、配置效率与区域经济增长三者之间的关系，却并不能揭示均衡偏离时的修正问题。因此，本书构建误差修正模型来进一步说明稳定状态如果偏离长期均衡时的问题。

根据研究需要，本书构建如下误差修正模型：

$$\begin{bmatrix}\Delta\ln \mathrm{PGDP}_t\\ \Delta\ln E_t\\ \Delta\ln U_t\end{bmatrix}=\begin{bmatrix}0.05\\ 0.29^*\\ 0.08^*\end{bmatrix}\mathrm{ecm}_{t-1}+\begin{bmatrix}0.21^* & 0.01\\ 0.76^* & -0.36^*\\ -0.009 & -0.011\end{bmatrix}\begin{bmatrix}\Delta\ln E_{t-1}\\ \Delta\ln E_{t-2}\end{bmatrix}$$

$$+\begin{bmatrix}0.41^* & -0.22\\ -0.20^* & -0.07\\ -0.07 & -0.004\end{bmatrix}\begin{bmatrix}\Delta\ln \mathrm{PGDP}_{t-1}\\ \Delta\ln \mathrm{PGDP}_{t-2}\end{bmatrix}+\begin{bmatrix}0.29 & -1.08^*\\ 0.37 & -0.52^*\\ 0.30^* & 0.44^*\end{bmatrix}\begin{bmatrix}\Delta\ln U_{t-1}\\ \Delta\ln U_{t-2}\end{bmatrix}$$

$$+\begin{bmatrix}0.34^* & -0.36^*\\ 0.11 & -0.22^*\\ 0.03 & -0.12^*\end{bmatrix}\begin{bmatrix}\Delta\ln K_{t-1}\\ \Delta\ln K_{t-2}\end{bmatrix}+\begin{bmatrix}-0.01 & 0.006\\ 0.008 & -0.05\\ -0.04^* & 0.02\end{bmatrix}\begin{bmatrix}\Delta\ln T_{t-1}\\ \Delta\ln T_{t-2}\end{bmatrix}$$

$$+\begin{bmatrix}0.12^* & -0.09\\ 0.03 & -0.20^*\\ 0.05^* & -0.13^*\end{bmatrix}\begin{bmatrix}\Delta\ln H_{t-1}\\ \Delta\ln H_{t-2}\end{bmatrix}+\begin{bmatrix}0.08^*\\ 0.09^*\\ 0.04^*\end{bmatrix}$$

ecm_{t-1} 为误差修正项，并且：

$$\mathrm{ecm}_{t-1}=\ln \mathrm{PGDP}_{t-1}-0.03\ln K_{t-1}-1.21\ln U_{t-1}-1.87\ln E_{t-1}+0.57\ln T_{t-1}+0.38\ln H_{t-1}+15.02$$

ecm_{t-1} 在稳定状态偏离长期均衡时将起到修正作用。ecm_{t-1} 系数大于零意味着要素流动、配置效率与区域经济增长三者存在正向修正机制。本书中，要素配置效率调整速度较快，经济增长速度调整最为缓慢。具体如下。

（1）关于经济增长误差修正方程。滞后二期的非区域性要素流动调整对经济增长的影响为负；滞后一期的非区域性要素与区域性要素匹配水平调整对经济增长的影响为正；滞后一期的固定资本与人力资本调整对经济增长影响为正。通过经济增长误差修正方程可以看出，在短期内，非区域性要素与区域性要素匹配水平的提高对于经济增长具有明显的促进作用，而非区域性要素的流动性对经济增长的促进作用不大。

（2）关于非区域性要素与区域性要素匹配水平的误差修正方程。滞后一期的经济增长速度的调整对要素配置效率有较强负向影响；要素流动对要素匹配的影响并不确定。但是从短期来看，非区域性要素流动性调整对区域性要素与非区域性要素匹配的负向影响较大。此外，固定资本和人力资本的调整对区域性要素与非区域性要素配置效率有反向作用。

（3）关于要素流动性误差修正方程。经济增长速度以及要素配置效率的调整对非区域性要素流动性有着显著的负向影响。这意味着，在要素流动过程中，经济增长、要素匹配效率并不是主要因素。相反，经济增长速度、要素配置效率限制了要素的区域间流动。

4. 脉冲响应与方差分解

本书基于 VaR 模型的非区域性要素流动、区域性要素与非区域性要素匹配水平以及经济增长的脉冲响应函数曲线来进一步研究要素流动、配置效率与区域经济增长三者之间的关系。

首先，研究结果显示经济增长对要素匹配的标准差冲击响应呈现递减趋势。这表明，区域性要素与非区域性要素匹配水平的提高确实对经济增长起到了促进作用。另外，经济增长受要素流动性的冲击响应是正向的，并且每期响应呈现递增趋势。

其次，非区域性要素流动性对于经济增长的标准差冲击也呈现正向关系，并且响应呈现递增趋势。非区域性要素流动性对于区域性要素与非区域性要素匹配水平的一个标准差冲击，其脉冲响应呈现为明显的负向关系。这说明，区域性要素与非区域性要素匹配水平确实对非区域性要素的流动性产生了重要影响。非区域性要素趋向于要素配置效率较高、增长速度较快的地区。

最后，在要素配置效率对要素流动性的标准差冲击中，非区域性要素流动性的响应较为复杂。前两期响应呈现为负向冲击，然而在第三期后非区域性要素的响应表现为正向冲击，并且呈现为每期递增趋势。这种非区域性要素的响应结果，进一步说明非区域性要素的区际流动可以有效提高区域性要素对非区域性要素的选择效率，从而提高区域性要素与非区域性要素的匹配水平。

在脉冲响应函数基础上，本书对各变量时滞效应进行分析，结果如下。

（1）短期内，要素配置效率、要素流动性对经济增长并没有较大的影响。经济增长受其自身冲击影响较大；在中期，非区域性要素的流动性、要素配置效率对经济增长有较大影响，区域性要素与非区域性要素的匹配水平对经济增长的影响作用低于非区域性要素流动性对经济增长的影响作用；在长期内，与误差修正模型和脉冲响应曲线研究结果一致，区域性要素与非区域性要素匹配水平对经济增长具有显著的影响作用。

（2）对非区域性要素流动性的预测均方误差进行分解分析。经济增长对非区域性要素流动性产生着重要的影响作用，并且呈现每期递增状态；与误差修正模型和脉冲响应曲线研究结果一致，区域性要素与非区域性要素匹配水平对非区域性要素的流动性并不存在显著的影响作用，呈现出先递增后递减状态。

（3）对区域性要素与非区域性要素配置效率的预测均方误差进行分解分析。在中期内，区域性要素与非区域性要素匹配水平受到非区域性要素流动性影响，而经济增长对要素配置效率的影响程度较弱；在长期内，非区域性要素流动性对于要素匹配的影响减弱，此时经济增长对要素匹配水平的影响开始逐期增强。

通过对我国经济增长、非区域性要素流动、区域性要素与非区域性要素匹配水平的实践检验，其结论进一步验证了本书结论，即区域性要素条件以及区域性要素与非区域性要素的配置效率是经济活动的两个重要方面，决定着区域经济的运行效率和区域经济的发展水平。

第 5 章　主体功能区与新型区域经济协调

主体功能区是区域经济发展观的重大创新，其核心是对区域“协调”的全新揭示。传统经济学将“区域协调”理解为通过某些市场调节或政策干预来实现不同区域间经济活动的同步发展。然而，本章从时间维度上的区域经济发展，以及空间维度上的区域间经济不平衡增长，对主体功能区协调标准和水平测度进行了系统分析。其结论表明，由于不同地区的区域性要素禀赋的不同，以及区域性要素与非区域性要素配置效率不同，不同区域间的经济发展水平必然会存在差异。在主体功能区建设中，区域协调发展绝不是片面追求经济增长，或是苛求不同要素禀赋条件下的各区域间实现平衡发展，而应该是各地区区域性要素与非区域性要素配置效率不断优化过程中的可持续发展。

5.1　主体功能区与时间维度上的经济发展

5.1.1　区域经济演进的再认识

本书已经论述，不同区域都具有其显著区别于其他地区的特定的区域性要素禀赋，这些区域性要素与非区域性要素相互匹配、相互作用是生产正常进行的基本条件和重要前提。因此，区域经济的增长原因，实际上来源于两个方面：首先是区域性要素与非区域性要素配置的更加优化，进而通过两种要素配置效率的提高带来生产效率的提升；其次是区域性要素或非区域性要素在既定生产过程中各自效率的提升，从而带来生产效率的提升。从整体上看，两种变化都对区域经济发展起着至关重要的作用，前者是导致区域经济结构发生变化的重要原因，而后者则促进了区域经济的增长。为了更好地揭示主体功能区演进规律，本书将从区域性要素与非区域性要素的配置优化，以及区域性和非区域性两种要素各自生产效率提升两个方面，对区域经济的结构型增长和非结构型增长进行详细阐述。为分析简便，并结合要素的区域性和非区域性划分进而客观反映区域经济长期演进中的基本规律，本书将由区域性要素与非区域性要素配置方式优化而引起的区域经济生产效率的提升，称为结构型效率提升；而将区域性要素或非区域性要素在既定生产活动中由各自生产技术水平变动而引起的整体生产活动效率的提升，称为技术型效率提升。为更好地说明结构型效率提升与技术型效率提升相互之间的区别与联系，我们可以借助等产量线来进一步说明。假定某区域经济体的生产活动需要区域性要素和非区域性要素两种生产要素，并且区域性和非区域性要素的共同作用、相互匹配是生产的重要条件和基础，则生产函数表示为：$Q=f(R,N)$。其中，R 表示为生产过程中投入的区域性要素数量，N 表示为生产过程中所投入的非区域性要素数量。不失一般性，我们假设函数 $f(\cdot)$ 具有连续且可导性质。通过构建函数 $Q=f(R,N)$ 在三维空间中的要素投入与产量曲面，并进行水平分切，我们可以得到二维平面中的区域性要素 R 与非区域性要素 N 的投入组合等产量线，见图 5-1 和图 5-2。

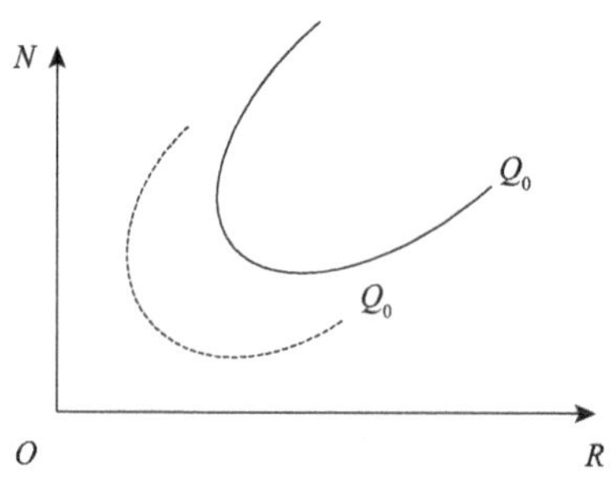

图 5-1　技术型效率提升

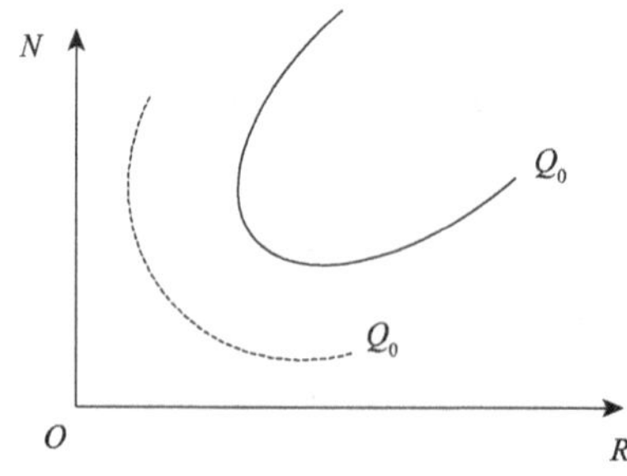

图 5-2　结构型效率提升

图 5-1 反映的是技术型效率提升。正如前文所述，技术型生产效率提升是由

于区域性要素或非区域性要素在既定生产活动中由各自生产技术水平变动而引起的整体生产活动效率的提升，因此图 5-1 中等产量线 Q_0 表现为向左平移（至虚线位置）。这说明，由于生产技术的提高，区域性要素和非区域性要素的生产效率都得到了提升，在仍然实现产量 Q_0 水平时，两种生产要素的投入数量都实现了节约。需要注意的是，在技术型效率提升的过程中，等产量线（Q_0）的形状是不发生变化的，两种生产要素的边际技术替代率没有发生改变，换句话说，两种生产要素的配置方式没有发生改变。图 5-2 反映的是结构型效率提升，结构型效率提升是由区域性要素与非区域性要素配置方式优化而引起的区域经济生产效率的提升，因此图 5-2 中等产量线 Q_0 表现为向左平移（至虚线位置）。这说明，由于区域性要素和非区域性要素的配置得到了进一步的优化，从而生产效率得到了提升，在仍然实现产量 Q_0 水平时，两种生产要素的投入都实现了节约。在这种变化中，等产量线（Q_0）的形状发生了变化，这意味着两种生产要素的边际技术替代率发生了改变，换句话说，图 5-2 中所示的结构型效率提升的根本原因在于区域性和非区域性生产要素配置得到了优化。需要注意的是，区域性与非区域性要素配置方式改变不都会引起结构型效率提升。结构型效率提升应该是区域性和非区域性两种生产要素配置方式发生根本性改变所引起的，而那些由区域性和非区域性生产要素配置方式微小改进而带来的生产效率提升并不是真正意义上的结构型效率提升。例如，在现实生产活动当中，很多生产环节都可以通过熟能生巧促进新的要素配置方式产生，但是这种配置方式的变化并不是本书所阐述的配置方式的改变。显然，由熟能生巧所引起的要素配置方式的变化，其对生产效率的提升作用实际上仍属于技术型效率提升。相反，如因生产技术提高而出现生产活动的进一步分工和专业化，那么这种变化就是要素配置方式的改变，其对生产效率的提升作用实际上就属于结构型效率提升的过程。换句话说，结构型效率提升在区域经济的发展过程中必然是以间断的方式出现的，而不可能是以连续的形式出现的。

关于技术型效率提升和结构型效率提升两种区域经济演进方式的联系和区别，本书还指出，技术型效率提升和结构型效率提升并不是完全割裂、互不相关的两个过程。事实上，区域经济的演进往往是两种效率提升共同作用的一个复杂过程。在结构型效率提升过程中，一般会伴随着技术型效率提升；而技术型效率提升的不断积累和沉淀必然会最终引起结构型效率提升，两者是相互联系、互为统一的。

5.1.2　区域经济演进中的结构型效率与技术型效率

区域性要素与非区域性要素之间配置优化，以及两种生产要素各自效率的提高引起的结构型效率提升和技术型效率提升是区域经济演进的两个重要原因。由于结构型效率提升是区域性要素与非区域性要素配置方式优化而引起的区域经济生产效率的提升，因此，这种要素投入数量和配置方式的改变一般会带来新的产品；而技术型效率提升是由技术进步引起的区域性和非区域性要素各自生产效率的提高，因而生产的结果是要素投入的节约，以及现有产品数量的增加。在技术型效率提升过程中，并没有出现新的产品。因此，结构型效率提升和技术型效率提升虽然是区域经济演进的两个重要原因，但从经济效果来看，两种效率提升对区域经济的影响是不同的。技术型效率提升引起了区域经济总量的变动，是区域经济增长的重要动力；而结构型效率提升引起区域经济总量变动的同时，也会引致经济结构变化，是区域经济结构优化升级的内在动力。

事实上,结构型效率提升对区域经济总量和结构的影响也有两种不同的形式。区域性要素与非区域性要素配置优化可以有两种经济效果：一方面，两种要素配置的全新变化可以使得原有区域经济中出现新的产品或行业，原有区域经济结构发生了质的变化；另一方面，区域性和非区域性要素配置的变化，也可能并没有产生新的产品或行业，而是通过区域性和非区域性要素配置的优化，使得原有区域经济结构中不同产品或行业所占的比重发生了变化，这对于原有区域经济结构来说，只是各产品或行业之间相对比重更加合理的调整和变化。结合现有经济增长理论和经济发展理论观点，我们也可以这样认为：结构型效率提升推动了区域经济的发展，包括经济结构的优化升级和经济总量的增加；技术型效率提升推动了区域经济的增长，表现为区域经济总量的增加。

区域性要素与非区域性要素配置优化所引起的区域经济结构升级和优化并不是相互孤立、互为割裂的。事实上，结构型效率提升所带来的区域经济结构升级和优化是密切相关的。首先，区域性要素与非区域性要素配置效率提升所带来的区域经济结构升级和区域经济结构优化都是区域经济结构演进过程中的客观表现，是同一过程中的不同角度。这就意味着，区域经济结构升级的过程中必然包含着经济结构的优化；而经济结构的持续优化必然引起结构的升级。其次，区域性与非区域性要素配置效率提升会推动区域经济结构的升级，而这种经济结构的升级也决定着区域经济结构的优化内容和性质。因区域性和非区域性要素配置改变而产生的新产品或新行业的出现，必然需要原有区域经济中的各种资源进行重新调整和配置从而产生区域经济结构的优化。这是因为，新产品或新行业往往相对于原有产品或行业而具有更高的生产效率和市场收益，因此在市场机制的调节下，各种资源会在追逐利润最大的动力下，自发进行流动，从而推动区域经济结构的优化。

5.1.3　主体功能区理论与经济增长理论、经济发展理论的内在统一

传统经济增长理论和经济发展理论都以特定地区经济的长期演进机理为其研究对象，但长久以来传统的经济增长理论和经济发展理论却始终相互割裂，难以融合。多数学者认为，经济增长理论侧重特定国家（地区）人均收入或产出的增加研究，而经济发展理论则致力于特定国家（地区）经济结构的调整和变动研究。并且在实践应用过程中，多数学者认为鉴于发达国家已经完成了三次产业的升级和改造，因此发达国家的经济问题研究更适合应用经济增长理论，而发展中国家由于其经济发展仍处于起步阶段，因此发展中国家的问题应该选择经济发展理论来进行解释和分析。除此之外，经济增长理论和经济发展理论就很难再有共同之处，两大理论体系各自发展，却难以机制相连。

事实上，基于要素的区域性划分，我们可以知道，任何区域经济的长期演进都是生产要素结构型效率提升和技术型效率提升的过程。技术型效率和结构型效率的提升推动了经济发展。从这个角度上说，本书为主体功能区奠定理论基础时，其结构型效率和技术型效率分析却有效地将经济增长和经济发展统一纳入主体功能区的理论框架当中。区域性要素与非区域性要素之间配置优化，以及两种生产要素各自效率提高所引起的结构型效率提升和技术型效率提升是区域经济演进过程中的两个重要原因。任何区域经济的长期变动都是结构型效率提升和技术型效率提升的统一过程。技术型效率提升引起了区域经济总量的变动，是区域经济增长的重要动力，因此是传统经济增长理论研究的范畴；而结构型效率提升在引起区域经济总量变动的同时，也引致经济结构发生变动，是经济发展的重要动力，因此属于经济发展理论范畴。

一定意义上说，本书主体功能区的理论研究将区域经济长期变动研究纳入一个统一框架当中，而过往关于发达国家和发展中国家的理论适用性之争，也只不过是其对结构型效率提升和技术型效率提升各自的片面强调而已。

5.2　主体功能区与空间维度上的不平衡增长

我们在主体功能区形成机理中已经阐述，区域性要素是区域经济形成和发展

的重要决定因素。因此，主体功能区在空间维度上的不平衡增长问题研究，其逻辑起点也应该是从区域性要素禀赋在不同区域之间的差异性分布开始。

5.2.1 传统经济学对区域经济不均衡增长的认识与分歧

现实经济的空间格局演进规律一直是经济学研究的核心问题。关于区域经济是否能够均衡增长，理论经济学有均衡增长和非均衡增长两种观点。Nurkse、Rosenstein-Rodan 是均衡增长的代表人物。Nurkse[71]和 Rosenstein-Rodan[72]等经济学者认为，均衡增长是发展中国家走出经济恶性循环的重要战略，只有对所有产业和各个部门同时进行均衡投资，发展中国家才能突破经济发展的瓶颈。应该说，均衡增长对于落后国家来说更具有实际的操作性。这是因为，在几乎所有产业均需发展时，落后国家很难科学合理地在相互联系、彼此制约的众多产业中寻找出特定的一些产业，这些产业在经济增长中起着决定性的作用，并可以作为主导产业，成为带动国民经济发展的引擎。均衡发展战略无须落后国家做出上述选择。然而，尽管均衡增长理论具有较强的实践操作性，但是其成立的条件却是令人怀疑的。事实上，均衡增长理论属于新古典经济增长理论范畴，其理论基石是生产要素的边际报酬递减规律，即在技术水平既定的条件下连续等量的投入生产要素，其要素的边际报酬是递减的。边际报酬递减规律在新古典经济增长理论中起着至关重要的作用，是新古典经济学推论长期经济增长会实现均衡收敛的必要前提和重要假设。如果生产要素存在边际报酬递减，那么随着发达国家或地区生产投入要素的增加，发达国家或地区生产要素的边际报酬会出现递减现象，经济增长速度会下降；而虽然发展中国家或地区初始时处于落后阶段，但其生产投入要素的边际报酬较高，落后国家会具有较高的经济增长速度。因此长期来看，发达国家和落后国家将达到相同的发展结果。

由于均衡增长理论以新古典经济学为其基本分析范式，因此在理论研究中，均衡增长理论得到了广泛的认可。然而令人意外的是，均衡增长理论的实践效果却并不令人满意。多数选择均衡发展战略的国家并未能因其战略选择而走出贫困的循环陷阱，相反却在世界经济一体化的进程中被进一步边缘化了。正如 Myrdal 所说“实践的效果证明均衡增长理论是与实践脱节的……，这在很大程度上源于资本的边际报酬规律并未出现递减现象[73]”。尽管，均衡增长理论随后试图借助技术进步来解释报酬递减规律失效的原因，以期维护均衡增长理论科学的表征，但是即便边际报酬递减规律未曾失效，新古典经济学的要素完全流动以及运输成本为零的基本假设仍然会令均衡增长理论受到质疑。正如本书第 4 章所述，从生产要素的流动性来看，有些生产要素是可以在不同区域间进行自由流动的，而另外一些生产要素则不具有区域间流动的可能性，或者在区域间进行流动的成本很高，前者称为非区域性要素，而后者称为区域性要素。可见，新古典经济学要素的自由流动性假设是不成立的。要素的区域性和非区域性特征与新古典经济学以及均衡增长理论的前提具有不可调和的冲突。

在均衡增长理论发展的同时，很多经济学者也提出了非均衡增长理论假设。如 Myrdal 的循环累积因果理论，以及 Hirschman 的增长极理论。Myrdal 认为，现实经济活动存在很多产业和部门，这些产业或部门之间虽然相互联系、彼此制约，但是其内在联系却是非线性的。在制约经济活动的众多产业中，存在特定的一些产业，它们在经济增长中起着决定性的作用。因此，落后国家要想实现经济快速增长，必须要率先发展具有决定性作用的产业部门，在其形成发展优势后再带动关联产业发展，最终实现落后国家的全面发展[73]。同样，Hirschman 也强调经济的非均衡增长。Hirschman 认为，生产需要劳动、资本、技术等众多生产要素。由于现实经济中生产要素不是均匀分布的，很多国家和地区并不能具备生产所需的所有要素，尤其对于落后国家而言，由于资本的短缺，落后国家不能像富裕国家那样可以通过交换和进口等形式取得本国需要的短缺要素，因此落后国家应该重点依靠现有要素禀赋，通过形成比较优势带动经济增长[74]。一旦在特定区域形成优势产业或经济增长极之后，经济增长极会通过渗透效应带动周边地区的发展。与 Myrdal 一样，Hirschman 也认为非均衡增长只是落后国家采用的手段，其根本目的还是实现国家的全面、均衡增长。相对于均衡增长理论来说，非均衡增长理论更符合落后国家资本短缺的客观情况。在资本短缺的条件下，率先投资优势产业也比较符合国民经济的运行规律。然而非均衡增长理论也存在着无法令人满意的缺陷，即无论是增长极理论还是循环因果理论，这些理论都没有对经济增长集聚中心或者是主导产业的选择进行解释。这就导致了非均衡增长理论无法对区域经济长期变动做出更深层次的指导。

需要指出的是，虽然非均衡理论与均衡理论在增长方式和内容上大相径庭，但是非均衡增长理论却仍然是以要素自由流动为基本前提的。在增长极理论中，渗透效应必须依赖要素自由流动才能实现；而 Myrdal 的循环累积因果理论中，要素的自由流动是主导性产业部门带动其他产业发展的重要条件。可见，非均衡增长理论的前提与要素的区域性和非区域性特征仍然具有不可调和的冲突。

对于均衡理论和非均衡理论两大理论体系与现实经济的冲突和困境，本书认为根源在于其“要素自由流动”的基本假设。正如本书所论述的那样，要素的自由流动性假设是不成立的，现实的经济活动必然是区域性要素和非区域性要素共同作用的结果，而区域性要素不具有区域间流动的可能性，或者在区域间进行流动的成本很高。可见，探索经济空间的均衡或不均衡演进规律，我们的逻辑起点并不应该是要素的完全自由流动，而应该是区域性要素的非流动性以及非区域性要素的流动性的有机统一。

5.2.2 要素初始禀赋与不平衡发展的起点

如果在特定区域中，其固有的区域性要素禀赋显著区别于其他区域，并且区域性要素并不能在区域之间进行流动，那么不同区域之间的经济发展模式及其速度就必然不会相同。特定区域所固有的区域性要素禀赋决定了该区域经济发展的模式，也决定了区域经济的内容和性质特征。拥有丰富区域性要素禀赋的区域，它的经济模式选择就会更加多样化；相反，区域性要素禀赋贫乏区域，它的经济模式就会较为单一，由于区域性要素对非区域性要素的选择效率较为严格，因此区域经济发展就会有更多的限制和约束。尽管，我们也可以通过增加或调整非区域性要素投入带动经济增长，但是从整体而言，区域经济发展的起点，归根结底还是取决于区域性要素的赋存状况。因此，区域性要素禀赋的区域差异性分布必然是区域之间不平衡发展的起点，这是客观存在的，也是经济学研究的基本前提和重要约束。

区域性要素禀赋的空间分布差异决定了区域之间的经济格局和经济特征，各个区域选择哪种发展模式必须依赖于其区域性要素禀赋的优势。不同区域对其经济发展模式的选择，其判断标准应该是，该地区区域性要素禀赋是否得到了合理、科学的开发和利用，其经济发展成果是否逾越了该地区区域性要素禀赋条件所能承受的最大经济容量。在一定的社会经济发展条件下，只有选择与其区域性要素禀赋相匹配的发展模式，区域经济才能可持续地快速发展。

5.2.3 要素配置效率的动态变化与经济不平衡发展的强化

区域性要素禀赋空间分布差异决定了区域之间的经济格局和特征，也决定了区域经济发展的起点。然而，区域性要素与非区域性要素之间配置效率的变动却是区域内经济结构变动和调整，以及区域间不平衡发展进一步强化的决定性因素，如图 5-3 所示。

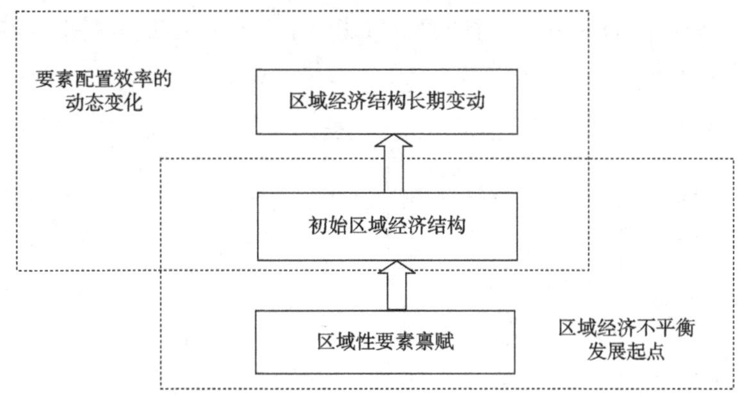

图 5-3　要素配置与区域经济长期变动的两阶段划分

一般认为，生产要素相对成本的变化是引致区域经济结构调整和变动的重要因素。事实上，区域性要素与非区域性要素配置效率提高必然会导致区域内各生产要素之间相对成本发生变化。这是因为，要素配置效率的提高可以使得该区域相对于其他区域获得比较优势，这种比较优势主要表现在要素收益的区域间差异上，因此其他区域中的非区域性要素在追求收益最大的动力下开始进行区域间流动。这种要素流动最终会影响该区域内要素市场的供求平衡，并导致生产要素之间相对成本的变动①。另外，区域性要素与非区域性要素之间配置效率所导致的经济聚集及其外部性也是引致区域经济结构调整变动的重要原因。这是因为，随着区域内部要素配置效率的提高，要素聚集产生的外部效应能够为区域经济主体提供更加准确的生产信息、更多重的经济利益，从而提高区域经济的市场效率。这种市场效率提升最终也会推动非区域性要素在追求收益最大的动力下进行区域间流动，并最终通过要素之间相对成本变动，引致区域经济结构的调整和变动。

要素配置效率是特定区域在一定的发展条件下，其区域性要素与非区域性要素之间的相互匹配程度。需要注意的是，要素配置效率是不断变化的。要素禀赋变动与要素配置效率变化，两者之间是互为因果、共同作用的过程。随着区域性与非区域性要素配置效率的变化，特定区域的长期经济结构也必然表现为一种演进过程。这种区域经济结构的演进过程，仅取决于特定区域要素条件以及不同要素之间的配置效率，每个区域的发展模式以及发展路径都是不同的，不同区域之间发展模式和路径既没有纵向可比性，也没有横向的可比性。即便两个不同区域具有完全相同的区域性要素禀赋，但是由于其各自区域内的要素配置效率不同，两个区域也不一定存在完全相同的发展路径；并且，即便两个区域具有相同要素

① 需要说明的是，非区域性要素在区域间的流动会进一步导致该区域中区域性要素和非区域性要素配置效率的变化。因此，要素流动与要素配置效率之间是互为因果、共同作用的过程。

配置效率，但两个区域在同一时期内也可能处于不同发展阶段（图 5-4）。

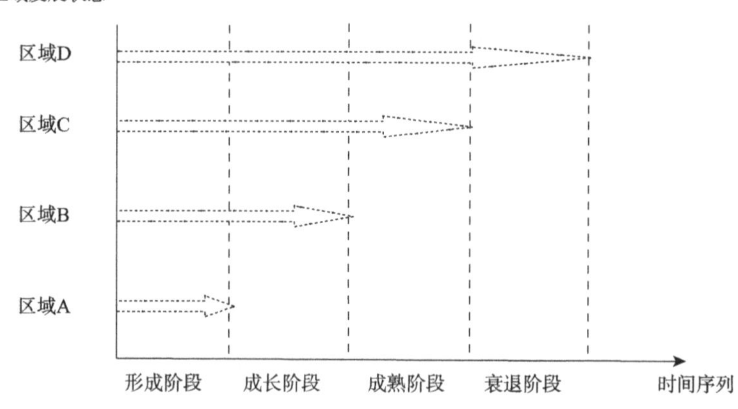

图 5-4　区域经济发展时间与发展状态对比分析

在图 5-4 所示的案例中，假设给定四个区域，不失一般性，我们假设每个区域都具有完全相同的区域性要素禀赋条件。因此，在任何一个时间节点中，四个区域可能处于不同的阶段。如 A 区域处于形成阶段，B 区域则处于成长阶段，C 区域处于成熟阶段，而 D 区域则处于衰退阶段。所以，即便不考虑区域经济在其发展过程中往往会受到或然性因素或者是偶然性因素干扰，而仅仅由于各个区域经济发展的初始起点不同，不同区域在任一时间节点上也会表现出不同的发展模式和路径。

5.2.4　要素禀赋、配置效率与不平衡增长的再认识

由于要素条件不同，区域性要素与非区域性要素的配置效率也不完全相同，因此不同区域之间的发展模式和发展路径都不完全相同。这种情况必然导致不同区域之间的发展表现为不平衡状态，这是客观存在的，并不以人的意志为转移。正如前文所述，片面地通过增加非区域性要素的投入，虽然可以在短期内提高或促进区域经济的增长，但从长期来看，非区域性要素过度投入所带来的经济增长必然会对区域性要素产生不可逆的损害，也会使得该区域丧失未来进一步发展的空间。因此，不同区域的发展模式必然要适宜于其区域性要素禀赋条件，其区域性要素也必然要与非区域性要素相互匹配。即便科学技术可以一定程度上改变区域经济发展的模式，调整区域经济发展的速度，但是从本质上说，区域经济发展的客观规律仍然决定于要素禀赋及其要素配置效率。因此，从这个角度上说，不同区域间经济的不平衡发展是客观存在的，人类对于区域经济的调整，其范畴只

能是基于区域性要素禀赋条件，不断地优化其区域性要素和非区域性要素之间的配置效率，从而实现区域经济的可持续发展。需要注意的是，虽然本书揭示了不同区域之间经济发展必然的不平衡规律，但是本书的研究目的绝不是要放弃区域性要素禀赋匮乏地区的发展或舍弃该地区人民生活福利水平的提高。可以说，本书基于要素禀赋和要素配置效率视角揭示主体功能区空间经济增长本质规律的同时，又进一步提出了主体功能区之间的协调问题。其中，对于协调水平的测度和方法，我们将在 5.3 节进行探讨；而对于协调的政策选择，将在第 9 章进行说明。

5.3　主体功能区与我国不平衡不充分发展的空间经济解释

党的十九大报告明确指出："中国特色社会主义进入新时代，我国社会主要矛盾已经转化为人民日益增长的美好生活需要和不平衡不充分的发展之间的矛盾。""必须认识到，我国社会主要矛盾的变化是关系全局的历史性变化，对党和国家工作提出了许多新要求。"[①]准确揭示我国不平衡不充分发展问题的根源，正确处理和解决这种矛盾是习近平新时代中国特色社会主义理论研究不可规避的时代命题。事实上，经济学一直重视发展的平衡性问题，尤其是对决定区域平衡发展的资源优化配置以及经济结构变迁等问题进行了广泛而深刻的研究，并逐渐形成较为系统的经济发展理论。然而，在面临中国发展实践问题时，传统发展理论却很难做出有力的理论阐释并提出明确的发展方案。这是因为，改革开放以来我国已经成为中高收入国家，全面转变发展模式、优化经济结构、实现高质量发展是我国当前经济发展阶段的主要特征。显然这与仍然以落后发展中国家摆脱低下生活水平、提高生产效率、解决结构失衡问题为研究对象的传统发展理论，无论是在研究背景、研究目标还是在研究内容上都有着巨大差异。从这个角度上说，传统经济发展理论也正面临着发展问题。因此，基于中国发展实践，进一步完善和深化发展理论中的后发展阶段问题研究，这不仅是中国发展实践的迫切需求，同时也是发展理论中国化贡献的重要体现。

① 习近平在中国共产党第十九次全国代表大会上的报告 http://cpc.people.com.cn/n1/2017/1028/c64094-29613660.html，2017 年 10 月 28 日。

5.3.1 经济发展理论研究述评

经济学一直重视发展问题研究。从重商主义的幼年工业保护，到马歇尔突出强调社会发展本身即是经济利益逐步分配到社会全体的渐进过程，这都反映着发展思想在经济学中的重要地位。事实上，发展理论是随着生产力的提高而出现的，正是由于生产力水平的不断提高，财富如何增进、经济结构如何调整、收入分配如何改善等发展问题才逐渐成为经济学研究的核心问题。可以说，发展理论研究本身即是对发展问题认知不断深化以及学科不断交叉融合的一种动态过程。在此过程中，从朴素的发展思想演进成为系统的发展理论，其重要标志是从古典经济学对要素累积作用的动态研究，转变为新古典主义对既定资源静态配置的特别关注。也正是从新古典经济学开始，发展理论研究重心开始聚焦经济发展的实现机制和路径选择问题，并在此基础上形成和刻画了不同发展学派的理论思路。

关于经济发展的实现机制，新古典发展理论认为，从边际分析上看，生产活动所需的各种生产要素、产品与劳务之间都存在着替代性。这种替代性意味着市场价格的变动必然会敏锐地引起产品供给数量、需求数量以及要素配置比例的相应变化，经济发展得以实现，而价格机制则是这种调节过程的原动力。这种资源配置过程也决定了经济的发展是一个渐进过程。新古典发展理论认为，随着经济的发展必然会出现纵向的涓流效应和横向的扩散效应，两种效应会自发促使经济发展利益得到普及，并最终形成帕累托最优状态，因此（古典经济学所顾虑的）经济发展将导致部门间利益冲突是无须担心的。然而，新古典发展理论将价格导向的竞争反应机制视为任何经济部门、任何国家都适用的一般性经济原理，这种“单一经济学”的分析范式受到了结构主义发展学者的质疑和反对。结构主义学者认为，新古典发展理论的核心是市场价格机制的运行，但在市场体系不健全或者是非渐进式的发展条件下，新古典发展理论的边际分析方法就是不适用的。结构主义发展理论认为，现实经济由众多部门组成，在复杂的经济环境中各部门对价格刺激的反应快慢和机制是不同的，这就决定了不同经济部门及其产品的供给弹性、需求弹性以及收入弹性都存在着显著差异。这种差异使得价格相对变动对各部门资源的累积配置将形成结构性矛盾，不可避免地会出现总供给与总需求的错配。这种部门间的结构性利益冲突，在市场价格机制中会愈发加剧和失衡。事实上，这种价格刺激反应机制差异所导致的工业部门对农业部门的挤出效应在很多学者的研究中也得到了经验证实。因此，结构主义发展理论倾向于将经济发展进行结构性分解，通过系统研究结构刚性对经济发展的制约作用，从而不断进行经济结构的改进和在此基础上的增量调整。值得指出的是，基于中国发展实践以及对传统结构主义理论的反思，我国学者针对要素禀赋结构变化对经济结构的变迁影响进行了细致研究，并逐渐形成了新结构主义理论。新结构主义同样批评了新古典发展理论研究中的结构缺失，并突出强调经济发展本质是一个持续不断的结构变迁过程，经济发展由结构变迁所驱动。新结构主义认为，从经济发展与转型的本质上看，结构变迁是一个禀赋结构升级驱动生产结构升级、生产结构升级反过来再驱动禀赋结构升级的持续不断过程。由于不同发展阶段的经济结构内生决定于其要素禀赋结构，因此可持续发展的最优方式是按照该时点给定的要素禀赋结构所决定的比较优势来选择所要发展的产业。

关于经济发展路径问题，Rosenstein-Rodan 等学者认为，由于资本供给、储蓄和市场需求具有“不完全可分”特性，只有在各产业部门全面进行投资，各经济部门才能彼此提供市场，互相创造需求，因此平衡发展是实现经济发展的必然路径[72]。同样，Nurkse 在系统分析市场容量对经济增长限制作用的基础上，也支持了经济发展的平衡路径选择[71]。Nurkse 认为，大幅扩大市场容量对经济增长具有决定性作用，只有同时投资各个国民经济部门，才能形成广大而充足的市场，这是经济发展的重要条件。但与前者主张各部门按同一比率发展观点不同，Nurkse 认为应以各部门产品的需求和收入弹性来确定不同的投资比率。价格、收入弹性大的部门具有较大的扩张潜力，因此对这些部门的先期投资可以最终带动其他部门的平衡发展。然而需要指出的是，尽管平衡发展路径直接指向全面平衡发展的终极目标，并在调整投资结构、优化资源配置方面为政府提供了简单明确且方便易行的政策指导，但是世界各国经济发展实践却未能为平衡发展理论提供充足的实证检验；相反，选择平衡发展路径的发展中国家却多数表现为资源配置不合理、缺少国际竞争能力、经济低效运转、福利水平提高较慢等共性特征。因此，通过对平衡发展理论进行反思，Hirschman 等学者提出了不平衡发展理论[74]。不平衡发展理论认为，资源稀缺、资本不足以及政府调控能力有限，这些都是平衡发展难以施行的现实障碍，现实经济发展必须采用不平衡发展路径。与平衡发展理论聚焦于资本配置研究不同，不平衡发展理论更加关注如何使资本实现最大效率的调节。在这一方面，Hirschman 提出了“引致投资最大化”定理，即投资应倾向于那些关联效应较大的支柱产业。这些支柱产业的发展不仅可以有效带动其前向、后向产业发展，而且产业发展的扩散效应也会使得所有横向关联产业得到发展，从而实现所有关联产业的均衡发展。值得提出的是，虽然不平衡发展路径是针对平衡发展路径提出的，两者固然相互对立，但也有必然的内在联系。“在经济发展的高级阶段，引起平衡发展可能性的正是过去不平衡发展的过程”。可见，不平衡发展的目的还是要实现更高层次和更高水平的平衡发展，只不过平衡发展是目标，不平衡发展是手段。

通过理论回顾可以看出，尽管经济学重视发展问题并形成了丰富的理论成果。

但是，无论是从广度上还是从深度上，现有理论成果仍远远不能满足经济发展的现实需求。尤其是传统发展理论虽以特定地区的发展规律为研究对象，但其研究成果却更多的是通过研究静态层面上的资源配置来探索经济发展的实现机制和路径，而对现实经济中资源动态优化配置与协调发展的本质内容和内在规律缺乏系统、深刻揭示。事实上，越来越多的发展学家也开始意识到，以静态的视角研究动态的发展问题，其代价是高昂的。这种理论困境，不仅使得传统发展理论难以准确把握现实经济的非连续性、结构性以及发展路径差异等特征，同时在面对复杂现实经济发展过程的阶段性问题及其演进规律时，也越来越难以提供令人信服的解释和理论指导。

5.3.2 新古典发展理论的逻辑冲突和困境

“通过一个原理性和逻辑性的分析框架，新古典发展理论已使经济学成为一门卓越的社会科学。放弃新古典发展理论无异于放弃作为一门科学的经济学。”① 在经济发展问题研究领域，尽管新古典发展理论“单一经济学”的分析方法受到了结构主义学派的质疑和反对，但是结构主义因其自身立论的简单化弊端始终未形成完整的理论体系。即便是 20 世纪末兴起的新结构经济学，也仍是对传统经济学以给定不变的生产函数求解最优资源配置的一种逻辑顺序逆转。从本质上看，新结构经济学仍是以新古典的现代经济学方法来研究经济发展过程中经济结构及其变迁的决定因素。因此，在研究发展问题的内在本质及其规律上，继续沿袭并拓展新古典发展理论基本范式仍是一条主要思路。然而正如本书所述，发展问题是随着生产力的提高而出现的，20 世纪中期才成为经济学研究的核心内容。而在这之前的半个世纪，新古典经济学家就完整构建了一般均衡理论分析框架，并使得经济学成为一门完整的独立学科。显然，新古典发展理论先贤不可能超越时代而对其后期的经济发展问题本质和内在规律有着先见之明。因此，新古典发展理论的一般均衡分析，在多大程度上适用于发展问题研究，或者说，传统的新古典发展理论基本分析范式是否兼容经济发展的内在本质及其规律研究？显然，这是继续沿袭新古典发展理论进行发展问题深化研究必须厘清的重要前提。

1. 新古典发展理论对经济发展路径的内在否定

新古典发展理论认为经济发展的本质是一个渐进的均衡过程，在充分竞争条件下，边际收益递减规律及其边际收益调节功能是经济均衡发展的内在推力。这

① 引自 D. C North 1994 年在 American Economic Review 上发表的文章 Economic performance through time.

是因为，即便不同地区或产业存在着不平衡初始状态，但生产要素为获得最大收益往往会流动到边际收益率最高的产业。在市场机制作用下，随着生产要素不断向产业内流入，特定产业的边际收益率会逐渐下降，直至处于与其他产业一致而均衡的水平，此时要素产业间流动就会停止，各产业最终实现均衡发展状态。同样，即便存在规模报酬递增的非完全竞争市场，Arrow 和 Debreu 也通过“不动点定理”对这种均衡的存在性做出了肯定证明。其结论表明，即便没有政府对投资产业的刻意选择，只要生产要素可以自由流动到边际收益率较高产业，那么任何非均衡初始状态都可以通过边际收益的自动调节而实现最终均衡。从这个角度上说，新古典发展理论是内在否定经济发展路径设计的。尽管，新古典发展理论在静态层面上的资源配置研究中，形成了平衡发展和不平衡发展两种理论观点，但从本质上说，两种学派都是以实现更高层次和更高水平的平衡发展为理论归宿，其对立和不同的仅是对经济发展阶段的不同认知及其方式选择。也正是从这个角度上说，尽管新古典发展理论承认政府在均衡发展上的可为之处，通过引导资本投资关联效应较强产业来促进均衡发展，但是，这种政府有限干预的观点，从本质上说并没有突破新古典发展理论偏重市场对均衡发展的决定性作用，而忽视和排斥政府调节作用的认识局限。

2. 新古典发展理论对发展的非渐进和非连续的内在否定

新古典发展理论的分析前提和研究方法都是基于经济活动的连续性和渐进性的。正如熊彼特所说新古典发展理论以一种水晶般明澈的思路，构建了一个可与理论物理学成就相媲美的经济学理论体系。这种水晶般的思路是指新古典发展理论的边际分析方法。然而需要说明的是，新古典发展理论的边际分析方法是以经济变量的连续性为前提的。这就表明，如果推动经济发展的现实力量是依照连续、渐进的方式发挥作用，那么新古典发展理论是成立的；但如果决定经济发展的力量是以非连续、非渐进的方式产生作用，那么新古典发展理论的基本假设就不能成立。这就在事实上解释了为什么新古典发展理论仅仅研究生产过程中劳动、资本等连续、渐进性投入要素的作用，而刻意舍弃了文化、制度等非连续但对经济发展起至关重要作用的要素研究，最终成为“超越时空”的纯经济分析。同样，新古典发展理论的消费偏好、生产函数凸性假定也排斥了非连续性的存在。本书前文已经详细论述了，这种消费者偏好和生产函数凸性假设所导致的生产活动规模报酬不变假设开始受到越来越多经济学者的质疑。因此，无论是消费偏好的凸性假设还是生产函数的凸性假设都与现实经济存在着不可调和的矛盾。现实经济活动必然存在一定的非凸性，这就意味着推动经济发展的力量不仅以连续、渐进的方式产生影响，同时也必然以某种特定的非连续、非渐进方式发挥作用。

3. 新古典发展理论对经济结构问题研究的缺失

经济学是重视经济结构演进问题研究的。从斯密对要素累积作用的差异性分析，到李嘉图对要素收益优化配置对国民财富影响作用的突出强调，这都反映着经济学对结构问题的关注。然而，新古典经济理论却通过突出强调市场机制对产业均衡的调整，从而将结构问题研究推向了经济学边缘，并形成了一道经济学关于结构问题研究的分水岭。新古典发展理论认为，在充分竞争条件下，发展不足的产业因市场供不应求必然表现为较高的边际收益率，在市场机制的调节作用下生产要素会不断流入这些产业，进而促进产业较快发展直到其边际收益率收敛至全产业均衡水平。因此，市场机制对产业边际收益率的有效调整，可以最终实现产业之间的均衡发展。从这个角度上说，新古典发展理论内在否定了结构问题研究。然而，新古典发展理论的这种判断与现实经济是存在矛盾和冲突的。首先，新古典发展理论的产业边际收益调节机制是以要素具有完全流动性为条件的，只有要素具备产业间的完全自由流动，产业间的边际收益差异才能逐渐收敛，并最终实现产业结构的优化与均衡发展。然而，现实经济中要素的流动性是不完全的。虽然有些生产要素可以自由流动，但是有些生产要素则完全不能流动，或者是流动的空间成本很高。如果生产要素失去了空间流动性，那么市场机制对产业边际收益的收敛作用就难以实现。其次，产业间的价格弹性刚性也阻滞了产业均衡的实现。市场机制调节产业均衡的重要前提是各产业对价格变化的反应是敏锐的。只有敏锐的价格反应，市场机制才能对产业均衡发展进行调节。然而，如果市场机制不健全或者产业的价格反应不敏感，市场机制产业边际收益收敛的调节作用就可能失效，产业均衡发展就无法实现。事实上，现实经济中不同产业间的价格刺激反应快慢和反应机制确实不同，甚至相同产业在不同成长周期中，其对价格刺激的敏感性也不相同。这就决定了，在产业价格弹性存在刚性的情况下，新古典发展理论的产业均衡发展推论也很难成立。

应该说，新古典发展理论凭借严谨的数理分析工具，系统而又富有逻辑地对经济发展机制进行了理论分析，但是这种连续性的非结构分析范式却使得新古典发展理论局限于既定资源的静态配置研究，并成为一种静态的经济发展理论。在面对现实经济发展所必然引致的发展环境累积变化时，新古典发展理论只能选择外生化处理模式。显然这也就是目前发展经济学缺乏发展中国家“后发展阶段问题研究”的根本原因。而与此同时，由于新古典发展理论分析范式也无法兼容经济结构分析，因此在面临现实经济发展中是否能够实现发展动力的动态转换问题时，新古典发展理论也同样无法做出有力解释。

5.3.3　发展理论的要素向度回归：我国社会主要矛盾的空间经济解释

经济学是研究资源配置的学科。作为经济学研究的重要领域，发展理论更侧重于资源配置调整所产生的非连续性、结构性以及演进路径问题的研究，这实际上就是要素配置结构性变化对社会经济的动态影响及其效应研究。然而从理论体系上看，新古典发展理论却很大程度上忽视了要素分析。严格而言，新古典发展理论研究的逻辑起点并非要素的配置及其变化，而是古典经济学和新古典经济学对“一元化增长”与“二元化结构”问题的研究分野。因此，新古典发展理论在面对现实经济所表现出来的非渐进性、结构转换以及不平衡等发展问题时，就难以做出系统性的有力阐释，强于对策之力而弱于指导之功。

1. 要素的深化与经济发展的非连续性

正如本书前述，要素是经济学研究的逻辑起点，是生产过程不可或缺的重要投入。经济学中关于要素的定义及其作用是没有认知歧义的。然而需要指出的是，由于经济学以解决要素相对稀缺与需求无限性的矛盾为其根本任务，因此很多经济理论并非以要素定义为标准选择要素研究范围，而是以某种要素的稀缺性是否制约了生产活动为标准选择要素进行研究。这就导致了很长一段时间内，劳动、资本等要素因其稀缺性制约着生产而成为经济学研究的核心内容；相反，受科学技术、生产力水平以及经济发展阶段限制，很多生产中不可或缺但尚未起制约作用的要素在经济学研究中却被忽视了。如本书前文所述，生产所需的所有因素都属于要素范畴，有些要素是有形的、实物的，而有些要素则是无形的、抽象的。实物形式的生产要素，它们以有形的状态参与了生产活动，如劳动、土地、资本；而有些要素是无形的，虽然看不见、摸不着，但这些要素依旧是生产要素，它们参与到生产过程中并对生产起着至关重要的作用，如历史、文化、制度以及创新和环境等。无形要素与有形要素同样具有稀缺性，在生产过程中占有同等重要地位。生产的最终产品或服务中包含着无形要素的消耗，这是客观存在的，不以人的意志为转移。这种无形要素的生产参与对经济活动的模式选择和效率产生着深刻影响。如果无形要素的间接生产价值与经济发展模式激励相容，那么这种无形的耦合就会促进经济的发展，经济效率表现为报酬递增；相反，如果无形要素的间接生产价值与经济发展模式不相适宜，那么这种冲突必然会对发展带来效率损失。由于无形要素的生产价值是以无形的消耗和转换为作用形式，其在生产过程中的价值参与难以像有形要素那样进行量化，因此传统经济学以狭隘的研究视角长期“忽略了”历史、文化、创新等无形要素的存在和作用，也因此成为“超越时空”的纯经济的分析。事实上，即便新古典发展理论为我国20世纪70年代纠正政策偏向和改革开放在理论上铺平了道路，但在改革开放过程中，我国学者也从中国改革发展实践出发，开始深刻反思新古典发展理论的这种局限性，逐渐认识到中国的改革发展绝不是超越历史、超越社会、超越政治、超越生态的纯经济问题，由此从更广泛、更贴近现实的视野深思中国特色社会主义改革理论区分西方发展理论的重大理论和现实意义。尤其是党的十八大报告基于中国发展实践和理论创新，正式提出了“全面落实经济建设、政治建设、文化建设、社会建设、生态文明建设五位一体总体布局”①的发展理念，这事实上是进一步深化了生产要素的科学内涵，同时也为中国特色社会主义发展理论研究明确了研究方向。

需要指出的是，从空间特征上看，无形要素具有显著的空间差异性，不同空间会形成不同的无形要素。非流动性、不可替代性、不可复制性是无形要素显著区别于有形要素的重要特征。因此，如果生产活动需要有形要素和无形要素的共同投入和使用，那么无形要素的差异性投入和作用必然会使生产表现为不同的内容和效率。这就意味着：一方面，不同地区即便可以组织相同形式的生产，但由于无形要素的差异性投入，其生产效率和水平是难以完全相同的；而另一方面，即便对同一地区生产而言，由于生产本身即是对无形要素的不断转换和消耗，因此随着生产的进行，该地区无形要素自身也不断发生着累积变化。这种无形要素的累积变化，既可以从更高水平和层次上利于地区生产活动，同时也可能会因要素损耗而限制和影响生产活动。因此，从时间维度上看，即便同一地区在不同时间内也不能复制完全相同的生产活动。这就意味着，现实经济中，生产活动必然表现为非连续性特征。

2. *要素流动性与区域不平衡发展*

现实经济中，生产要素必须相互配合使用才能完成特定生产活动。然而，生产要素在现实经济空间中并不是均匀分布的，尤其是拥有现代生产活动所需全部要素的区域并不存在，这就导致了生产要素必须在区域之间进行流动。然而从流动性来看，并不是所有生产要素都具有流动性，尤其是生产活动所必需的无形要素，其对生产的参与往往具有苛刻的空间依赖性，几乎不具备空间流动的可能性。因此，在现实经济活动中，有些要素可以在不同区域间进行流动，而有些要素则不能在区域间流动。前者是非区域性的要素，后者则是只有特定区域才具有的要素，具有显著的地域性特征，是区域性的要素。从生产活动的要素投入看，虽然区域性要素与非区域性要素可以在一定程度上进行替代，但是这种替代性是有限

① 胡锦涛在中国共产党第十八次全国代表大会上的报告，http://theory.people.com.cn/n/2013/0403/c359820-21013407.html，2012年11月8日。

的，非区域性要素不可能完全替代区域性要素，因此区域经济发展的基础，归根结底还是区域性要素的赋存状况。区域性要素禀赋刻画了特定区域经济发展的格局和特征，同时也决定了该区域经济发展的模式选择。不同区域具有不同的区域性要素禀赋，因此不同区域的发展模式选择也必然不同。但是无论是哪种模式，其选择标准必须是保障其区域性要素禀赋得到合理、科学的开发和利用，必须保障其区域性要素与非区域性要素得到最有效率的配置。只有选择与其区域性要素禀赋相匹配的发展模式，并在此基础上实现区域性要素与非区域性要素最优配置，区域经济才能实现可持续的发展。从这个角度上说，区域性要素禀赋的空间差异不仅决定了区域间不平衡发展的基础，同时也决定了区域间不同的发展模式和差异化的发展道路。忽视要素禀赋、要素配置及其变化对经济结构的影响，这在很大程度上使得新古典发展理论否定了经济发展路径的选择问题。新古典发展理论认为，要素间可以相互替代，某种生产要素的投入不足完全可以通过其他要素的投入来替代调节。在这种替代分析中，区域性要素对经济发展的决定和限制性作用被弱化了，现实经济的发展问题也变成了非区域性要素的投入产出问题，增加非区域性要素的投入自然会带来持续的经济增长。但是从现实经济实践上看，这种以非区域性要素过度投入带动经济增长的模式越来越受到人们的质疑。这是因为，区域性要素是生产过程中不可或缺的要素，具有不可替代性，生产过程中的区域性要素和非区域性要素配置必然表现为线性关系。这就决定了，非区域性要素的单向投入并不能实现区域的可持续发展，无论是对发达区域还是欠发达地区来说都会形成结构性问题。对于欠发达地区而言，非市场调节的非区域性要素过度投入必然会使得区域性要素边际报酬过高。从短期来看，虽然地区经济表现为快速增长，但是从长期来看，过高的边际报酬必然导致市场机制无法作为区域性要素配置的有效手段而形成供求错配。这种供求错配不仅会进一步加剧欠发达地区的经济结构失衡，同时由过度需求所导致的区域性要素禀赋过度损耗无疑也会对地区未来发展潜力产生不可逆的破坏性影响。同样，非市场调节的非区域性要素过度流出，也不利于发达地区的经济发展。由于区域性要素和非区域性要素在生产中的线性配置，非区域性要素的过度流出必然导致发达地区区域性要素的生产效率无法处于生产可能性边界，生产效率和经济结构都存在着失衡。可见，非市场调节的非区域性要素流动，并不能实现地区经济的可持续发展，反而强化了区域间的发展差异以及结构性矛盾。这进一步论证了区域间的不平衡发展是客观存在的，是不以人的意志为转移的必然结果，试图追求各区域间经济的绝对平衡发展是不现实的，也难以实现。

区域发展的本质是各区域经济自身的可持续发展以及发展成果的最大化，这为我们进一步理解新时代社会主要矛盾提供了有力依据。党的十九大明确提出“中国特色社会主义进入新时代，我国社会主要矛盾已经转化为人民日益增长的美好生活需要和不平衡不充分的发展之间的矛盾”[①]。这种社会主要矛盾转变的重大论断，不仅是对我国现阶段具体国情和发展阶段特征的综合论断，同时也对我国区域不平衡发展问题进行了高度的问题总结和概括。因此，如何解决我国区域发展差异，实现区域平衡和充分发展，也正成为我国学者关注的核心问题。然而，从平衡发展问题研究的思路和对策上看，目前国内部分相关研究都是旨在缩小区域发展差异，进而以最终实现不同区域间发展水平的一致性和均衡性为目标展开相关研究。显然，这与区域发展的本质是冲突的。事实上，区域经济发展的本质是以区域性要素禀赋为基础，充分考虑区域性要素与非区域性要素的相互匹配，从而形成科学合理的经济秩序，这实际上也是区域平衡发展的标准。从这个角度上说，我国社会主要矛盾在区域发展上的不平衡，并不是指我国各地区经济增长总量的绝对不平衡，而是目前我国各地区在发展过程中科学开发利用其区域性要素禀赋的水平和能力的不平衡，以及区域发展模式与其区域性要素禀赋适配程度的不平衡；而我国社会主要矛盾在区域发展上的不充分，则是指我国各地区经济增长的来源更多是要素的粗放式投入，其增长空间已经在不断缩小，亟待依托以区域性要素与非区域性要素配置效率改善为核心的整体经济结构转型，进而充分提高各地区要素配置效率，实现可持续的高质量内生发展。任何脱离区域发展本质规律的区域间“经济总量一致性”的平衡发展，必然会恶化地区间的经济结构失衡现状以及过度损耗地区未来的发展潜力。

3. 要素禀赋变化与经济结构转换

正如本书前述，区域经济发展的本质以区域性要素禀赋为基础，充分考虑区域性要素与非区域性要素的相互匹配，从而形成科学、合理的经济秩序。在这种经济秩序下，经济发展的内在动力实际上就源于区域性要素与非区域性要素配置效率的提升。这种配置效率提升，既形成于特定生产过程中区域性要素与非区域性要素各自生产效率的提升，同时也形成于区域性要素与非区域性要素配置的调整和优化。前者是技术型效率变化，主要表现为区域经济总量的增加，是区域经济增长的重要动力；后者则是结构型效率变化，不仅带来经济总量的增长，同时也会引致经济结构变化，是区域经济发展的重要动力。这进一步证明，区域性要素以其非流动性、不可替代性特征成为区域经济发展的重要条件和客观基础。然而需要指出的是，特定区域的区域性要素禀赋并非固定不变的。一方面，区域性要素会在生产活动中不断地实现自我变化、自我累积，尤其是随着人们对要素认识的不断深化，区域性要素的内容和形式在不断地丰富和发展；而另一方面，随着现代科学技术和高速运输工具的发展，越来越多的区域性要素也逐渐具备了空

① 习近平在中国共产党第十九次全国代表大会上的报告，http://cpc.people.com.cn/n1/2017/1028/c64094-29613660.html，2017年10月28日。

间流动性。这既有借助现代运输工具实现的区域性要素在空间中的现实转移，同时也有借助科学技术实现的空间虚拟转移（如互联网技术下的要素跨空间共享）。这些都表明，区域性要素的种类和数量是不断变化的。从这个角度上说，社会生产活动对要素禀赋产生着深刻影响，而这种影响对经济活动又会形成新的条件和基础。因此，区域经济发展的基础不是既定不变的，区域性要素与非区域性要素的配置优化本身是一种动态过程。即便特定时期内，区域性要素与非区域性要素通过优化其配置而对经济发展起到了积极促进作用，但是时过境迁，如果特定区域不因禀赋变化而进行资源再配置、发展模式再调整，那么先前有效的经济发展模式或道路也可能走向经济的反面，成为区域经济发展的严重阻碍。可以说，区域性要素禀赋的空间差异性决定了不同区域间不存在单一的成功发展模式；而区域性要素禀赋的动态累积变化决定了现实经济发展实践中不存在一成不变的成功发展模式，即便这种模式曾经对该区域发展有过积极的促进作用。这种理论判断也为破解“东亚经济现象”提供了一种全新解释。一般认为，“亚洲四小龙”是发展经济理论需要解释的一个十分独特的现象。然而在过往研究中，无论是强调市场配置机制的新古典主义学说，还是强调东亚地理集聚性的地理主义思路，都无法有效解释“亚洲四小龙”现象。这是因为，由于“经济奇迹”期间东亚国家（地区）全要素生产率迅速升至世界全要素生产率上升最快级别，其对经济增长贡献远远超过资本累积的经济增长贡献。针对东亚经济的这种增长特征，新古典主义要素累积理论的解释力十分有限。另外，东亚国家（地区）经济发展参差不齐，如“亚洲四小龙”与马来西亚、印度尼西亚、菲律宾等国家相比，不仅在增长速度上，而且在经济结构、收入水平、社会福利等各方面都有很大差距，这就使得地理主义的东亚经济集聚解释显然不具有普遍性。事实上，即便新古典主义学说或是地理主义思路能够解释东亚经济的起飞，但是面对 1997 年金融风暴下东亚经济的迅速下滑，这些理论仍旧无法做出有力解释。结构型要素配置效率提升是区域经济发展的重要动力，这一判断可以为解释东亚经济现象提供重要思路和线索。从东亚发展实践上看，在第三次产业转移初始阶段，“亚洲四小龙”依托自身要素禀赋优势，积极融入国际贸易和分工体系，构建了以劳动密集型和资本密集型产业为主的经济体系，这种经济结构和要素配置与东亚经济起飞时的要素禀赋需求是相一致的。然而，随着全球化进程加快以及国际分工体系的日益深化，东亚国家（地区）的区位优势、产业基础、人力资本等区域发展条件都发生了巨大变化，要素再配置对经济结构调整升级的要求开始愈加强烈。然而，东亚经济却忽视了这种要素禀赋条件的变化，对结构变革要求反应迟滞，最终其固化的经济发展模式限制了结构升级和国际竞争力的增强，直至金融风暴引发为系统性的经济结构危机。可见，要素配置调整对经济结构的转型升级作用分析是系统揭示“东亚经济现象”的一条可行思路和线索。

要素配置调整是经济发展的动力，这种调整是一种动态过程。这也为我国深化改革提供了有力的理论支撑。事实上，20 世纪 70 年代末，我国审慎评估国内外经济形势进而提出改革开放政策。实践证明，中国的改革是成功的，中国的经济发展也只有在改革开放中才能得以实现。在这场改革大潮中，我国也形成了极具特色的中国发展模式。这种发展模式，无论是对发展经济学理论本身，还是对落后国家成功发展实践而言都提供了新经验、新道路，日益成为发展经济学关注和研究的热点。事实上，中国发展模式的成功，究其本质是这种模式符合了中国发展实际，充分考虑了当时我国资源禀赋比较优势以及产业发展基础，优化了要素配置，从而形成了科学、合理的经济秩序，保证了我国要素技术型配置和结构型配置效率的提升。改革开放 40 多年来，我国各地区都实现了经济的较快增长，发展质量明显提升，这不仅是我国优化资源配置的结果，同时也是深度影响我国要素禀赋赋存形式和状态的过程。在这种高速发展过程中，我国要素禀赋条件、比较优势、发展基础、发展环境都发生了巨大变化，生产要素配置的结构性矛盾日益凸显，客观上需要我国必须要依据新的禀赋条件，重新调整发展模式，重新优化资源配置，并在新一轮的高质量要素配置过程中，培育经济增长的新动力，实现经济高质量的新发展。这就要求我们“必须继续坚持全面深化改革，积极应变”。因此，区域经济发展动力的本质分析以及要素配置动态优化的判断，为我国“在新时代继续把改革开放推向前进”提供了有力的理论支撑。

5.4 “一带一路”建设与我国主体功能区建设

2013 年，习近平主席提出建设“丝绸之路经济带”和“21 世纪海上丝绸之路”的合作倡议以来，我国先后与亚非欧 100 多个国家和地区组织进行了广泛的区域合作。“一带一路”倡议的不断深入实施和建设，深刻影响了世界贸易秩序，也塑造了全新的国际区域协调发展的空间经济地理格局。事实上，“一带一路”倡议与我国主体功能区建设具有内在的逻辑统一性。主体功能区战略的制定和实施，其目的在于使各地区根据资源环境承载能力和发展潜力，明确本区域的功能定位，逐步形成各具特色的区域发展格局；而“一带一路”倡议是实现沿线各国多元、自主、平衡、可持续发展的重要战略，其核心在于沿线国家根据各自资源禀赋和优势条件，通过产业联动，实现各国间的区域协调发展。可以说，主体功能区理论是“一带一路”建设的重要标准和原则，而“一带一路”则是更宽视角的主体功能区建设。因此，我国不断实施和深化的主体功能区建设必然要嵌入到“一带一路”倡议之中，进而从更广阔的视角，更高质量地推进我国主体功能区建设。

5.4.1　“一带一路”与区域协调发展的研究述评

国内目前关于“一带一路”倡议研究主要集中在以下两方面：①关于“一带一路”的性质与意义。由于“一带一路”倡议是我国 21 世纪首次提出的，因此对其性质界定目前国内尚有不同观点。如部分学者研究认为，“一带一路”不仅会对我国经济产生深远影响，而且也会对沿线国家产生积极作用，因此“一带一路”本质上是一种国际经济合作模式，因此目前“一带一路”建设迫切需要一个综合性的国际经济合作新机制。在应对策略方面，国内学者研究认为，加强政治互信、积极创设地区机制、提高中企竞争力是中国破解“一带一路”背后利益角逐冲突的应对之策；同样，着力于处理好政府与企业、现有比较优势与开发新优势、经济合作与非经济合作等方面关系是应对挑战的重要内容。②关于“一带一路”的推进措施。国内学者主要从两个视角展开研究：一是国家视角，如金碚[75]从经济全球化 3.0，丁任重和陈姝兴[76]从协调化定位、差异化规划以及区域政策等视角分别对“一带一路”的差异化推进提出了各自主张；二是省际视角，如陈文玲对重庆在“一带一路”中的建设思路与关键举措研究[77]。需要指出的是，随着“一带一路”建设的不断深入，国内学者也开始从实证视角对“一带一路”的推进进行了研究。如韩永辉等关于我国与西亚地区的贸易合作研究[78]，以及吴新生和梁琦关于“一带一路”沿线国家双边贸易的影响因素研究[79]，这些实证研究注重运用数学和统计学形式，更精确地揭示了产业结构、投资结构、贸易结构在“一带一路”建设中的内在作用机制和路径。

可以说，国内现有研究成果对“一带一路”建设起到了积极推动作用，然而目前国内尚没有从区域协调发展视角对我国与“一带一路”沿线国家之间如何形成合理的产业分工体系、实现各国协同发展进行系统性研究。事实上，“一带一路”倡议是实现沿线各国多元、自主、平衡、可持续发展的重要举措，其核心在于沿线国家根据各自资源禀赋和优势条件，通过产业联动，实现各国间的区域协调发展。其实就是主体功能区建设从更广阔的国际视角展开的实践探索。因此，进一步从主体功能区视角，对我国与沿线国家进行产业联动分析，揭示我国与沿线国家在“一带一路”规划下的区域协调发展机理、内容和模式，进而提出以优化区域协调发展格局促进“一带一路”沿线国家协调发展的对策和建议，就具有重要的理论价值和现实意义。

事实上，经济学一直重视国际视角的区域协调发展问题研究，尤其将依据要素禀赋和比较优势进行的跨国产业联动分工作为区域协调的重要载体，国际产业联动成为国际区域协调发展的重要研究支撑。如 Kiyoshi Kojima 从技术差距视角揭示产业关联效应对产业转移一般性规律的解释；Akamatsu 借助“雁行模式”解释发展中国家产业梯度转移的内在规律；以及后期围绕产业关联效应衍生出的国际生产折中理论、全球技术链和全球价值链理论。这些学术成果都反映了产业联动在区域协调问题研究中的重要地位。尤其是在实证分析方面，国外学者主要集中在两个方向展开了丰富研究：①基于产业关联效应的区域产业转移问题研究。如 Baldwin 通过构建资本创造模型探讨了内生性资本积累与产业转移之间的关系[80]；Forslid 和 Ottavlano 通过构建自由产业迁移模型验证了产业空间关联效应对市场需求规模的影响[81]。②基于产业关联效应的区域产业集聚问题研究。如 Toshihiro 和 Baldwin 对产业空间集聚机制、内容和模式进行的详尽分析[82]，以及 Brülhart 和 Sbergami[83]、Ellison 和 Glaeser[84]对产业集聚在空间经济格局形成中的动态演进作用进行的检验。可以说，这些理论探讨和实证研究为本书基于产业联动视角进行区域协调发展问题研究奠定了坚实的理论基础。

同样，国内学者也从产业联动视角对我国区域协调发展问题进行了丰富研究。尤其是产业转移作为产业联动的重要内容和形式，其对空间结构的优化效应一直是国内学界研究的热点，并成为目前国内产业联动与区域协调发展问题研究的核心内容，主要成果集中在：①关于我国产业区域转移的特征与趋势研究。国内学者普遍认为，我国产业转移呈现出从东部地区向中西部转移的趋势并且表现为逐渐强化的特征；而在此过程中，我国也存在着东部地区内部的产业转移，低端产业正从东部向中西部地区转移，高端产业仍集中在东部地区。②关于我国产业区域转移的动因。国内学者主要从全球价值链和转移成本两个视角展开研究，如国内学者研究认为全球价值链作为目前全球产业的重要组织方式，已经深刻改变了全球产业地域分工格局，我国全球价值链（global value chain）模式的产业转移，其驱动力量是要素特征、竞争优势、技术进步和市场环境等内在要求；另外，生产成本也是产业转移的重要动因，区际产业转移的主要动力源自地区间的成本差异，这种成本差异也是产业转移过程中实现升级的市场机制动力基础。③关于区域产业转移的障碍。刘友金和吕政研究认为，产业发展的路径依赖和锁定效应使得产业迁移沉没成本过大，因此产业结构是产业转移的主要障碍[85]；而范剑勇和谢强强则认为运输费用会对产业转移产生重大影响，高额运输成本会抵减产业转移对企业的吸引力[86]；此外，虽然产业转移可以实现政府的社会公平和稳定目标，但地方政府对产业转移的拦截以及承接地区配套条件不足仍给产业转移带来了阻碍。④产业转移对区域经济的影响效应。关于产业转移对区域经济的影响，国内学者主要从两个视角展开研究：一是产业转移的区域间影响效应研究。如国内学者研究认为，我国区际产业转移能够深化东中西部地区经济分工与互动，促进不同梯度产业结构之间相互接纳、吸收，这是实现区域协调发展的重要途径。二是产业转移的区域内影响效应研究。如国内学者研究认为，东部地区建立的产业转移倒逼机制，可以将有效生产要素转移到优势产业中去，进而实现东部地区产业结构优化升级。这种观点在国内学者的产业转移和区域产业结构调整关系研究中得到了进一步检验证实。

5.4.2 “一带一路”建设下我国区域协调发展面临的问题及解决思路

国内外学者已经对产业联动的区域协调作用进行了较为深刻的揭示，并为我国区域协调发展研究奠定了充分理论准备。然而，从现有研究成果来看，我国目前以产业联动视角进行的区域协调相关研究仍存在两大问题：首先，目前国内外尚没有从产业跨空间（国家和地区）联动视角对“一带一路”沿线国家如何形成合理的产业分工体系，进而实现产业协同发展进行系统性研究。这种研究缺失，导致目前多数“一带一路”相关理论研究和政策举措仅局限于从中国视角对“一带一路”进行理解和推进，而对沿线国家如何积极嵌入“一带一路”建设，并在开放合作过程中实现其本国产业结构调整、能级提升缺乏研究。因此，从产业联动视角，将空间离散的各国产业链环依据其资源禀赋和优势条件，通过产业间存在的耦合关联进行联动分析，揭示我国与沿线各国在“一带一路”格局下产业联动的机理、模式及其推进政策，进而实现我国与“一带一路”沿线国家协同发展，这既是对产业联动理论的发展与完善，同时也是对“一带一路”推进政策的进一步细化和扩展，因此相关研究具有重要理论价值和现实意义。其次，一直以来我国区域协调发展问题研究都是基于国内视角的区域间互补、合作和升级。但是，随着“一带一路”基础设施的互联互通以及沿线国家参与程度的不断提高，我国东中西部以及东北地区的区位条件、要素优势、市场规模以及区域功能都发生了巨大变化，我国区域协调发展必然要从更开放的国际视角参与产业结构和经济空间结构的调整升级。因此，如何准确判断我国东中西部及东北地区在“一带一路”格局下产业分工的地位和作用，如何在与“一带一路”沿线国家的产业联动中促进我国区域产业结构转型升级，并在此过程中，如何利用国际产业联动的空间优化效应实现我国区域间的协调、均衡发展，对这些问题的探索与解答无疑是本领域研究的重要内容，其作用机理、内在规律以及政策分析，必然会为“一带一路”建设格局下我国开放型区域协调发展提供重要理论支撑和实践指导。

从解决思路上看：首先，要重构产业联动与区域协调发展理论研究范式。在第一性决定力量基础上，进一步将要素流动、市场规模、基础设施、产业价值链升级、区位条件和区域功能等第二性决定力量纳入产业联动问题研究中，系统揭示跨空间产业联动机理、内容和模式，为产业联动与区域协调发展构建一个内在统一的分析框架。其次，要系统、翔实地对沿线代表性国家资源禀赋、产业特征、市场规模及其发展阶段进行实践调研，并重新审视和分析我国东中西部及东北地区在“一带一路”格局中形成的新的区位条件、要素优势以及市场规模，揭示沿线国家与我国各经济区域产业联动生成机理、推进模式，进而为我国各地区在“一带一路”格局下的产业选择、结构优化、空间布局以及价值链升级提供理论支撑和路径选择。最后，要破解我国区域经济发展不平衡难题，实现东中西部及东北地区的协调发展。在系统研究“一带一路”沿线国家与我国东中西部及东北地区产业联动内容、模式基础上，构建基于产业联动以及价值链传导的区域协调发展机制，最终为构建我国开放型区域协调发展战略提供路径选择和政策建议。

5.5 主体功能区协调发展水平测度模型

5.5.1 主体功能区协调发展水平的测度原则

通过主体功能区在时间维度上的发展以及空间维度上的不平衡增长机理分析，我们知道，由于不同地区的区域性要素禀赋不同，以及区域性要素与非区域性要素配置效率不同，不同地区间的经济发展水平必然会存在差异。在主体功能区建设中，区域协调发展绝不是片面追求经济增长或是苛求不同要素禀赋条件下的各区域间实现平衡发展，而应该是各地区区域性要素与非区域性要素配置效率不断优化过程中的可持续发展。从这个角度上说，主体功能区的协调发展，更应该是在区域性要素禀赋条件基础上的区域性要素与非区域性要素配置的优化与提升。

从主体功能区形成机理的阐述中，我们知道主体功能区协调发展水平测度包括两个方面：首先是区域性要素条件，即特定地区在一定的社会经济发展条件下，其区域性要素禀赋得到了合理、科学的开发和利用；其次是区域性要素与非区域性要素的配置是否达到了最优。由于主体功能区协调发展涉及很多因素，包括人口、经济、资源、环境四个方面相互之间的协调。因此，主体功能区协调发展测度模型构建则具有其特定原则，明显区别于其他测度模型。

1. 信息处理的多样性与统一性原则

测度模型必须反映特定区域要素条件，以及各要素之间的配置状态，各种信息更加复杂和多样。因此，如何将这些纷繁复杂的信息纳入一个统一的测度模型中，并且科学反映各个信息之间的支撑和约束作用，这是主体功能区协调发展水平测度模型显著区别于其他模型的重要特征，同样也是构建主体功能区协调发展水平测度模型的重要原则。

2. 模型测度的客观性与抽象性原则

模型测度的客观性是指依据测度内容而构建的主体功能区协调发展水平测度模型必须能够真实、客观地反映特定主体功能区协调发展的真实水平，可以较为准确地预测主体功能区后继发展方向，并为主体功能区的科学管理提供依据。然而，客观性并不等同于与现实经济完全一致。我国主体功能区规划包括优化开发、重点开发、限制开发和禁止开发四种类型，现实经济中各种类型的主体功能区之间也存在着巨大差异，因此期望构建一个统一的模型并且完全真实地反映各类型主体功能区的协调水平差异，这是不现实的，也是不可能的。构建主体功能区协调发展水平测度模型应该遵循客观性与抽象性相结合的原则，尽可能客观反映特定主体功能区协调发展的真实水平。

3. 测度模型的模块性和功能性原则

随着主体功能区认识的不断深入，以及主体功能区基础理论的不断完善，主体功能区协调发展水平测度模型也必然是一个不断改进和调整的过程。在这个过程中，我们构建的测度模型必须有扩充的余地，其涵盖的指标体系可以进行相应调整和增减，其结构也可以根据测度内容的变化而随时调整，这就要求测度模型具有灵活的模块性特征，不同的模块具有不同的功能指向，反映着主体功能区协调发展的特定内涵，因此通过模块的调整就可以实现测度模型功能的扩充。

5.5.2　基于数据包络分析的主体功能区协调测度模型

1. 数据包络分析及其应用

数据包络分析（data envelopment analysis，DEA）是一种科学的相对效率评价方法。生产效率核算一直是经济学研究的重要内容。在生产效率研究中，有效地估计生产前沿面是核算生产是否具有效率的重要条件和基础。过往的经济研究经常会使用统计回归的方法来估计生产前沿面，但是统计回归方法不能严格地区分有效目标单元与非有效目标单元，因此统计回归所获得的生产前沿面也并非有效的。相对而言，作为一种非参数评价方法，数据包络分析仅依靠输入数据和输出数据，通过数学规划模型即可完成对评判区域是否在生产前沿面上的相对有效性分析。数据包络分析作为系统分析的有效方法，自 1973 年首次被提出以来就在很多研究领域得到了广泛应用，并受到了较高的评价。

通常来说，经济学者在构建经济系统模式时，倾向于首先确定经济系统运行的内在机理，并在此基础上进行参数估计和验证。然而，现实的经济系统是复杂的，一旦经济学者对经济系统内在机理做出了不正确判断，那么进行参数估计所得出的模型结论也就失去了现实经济的指导作用。而相比之下，数据包络分析方法仅依据输入数据和输出数据即可建立经济系统模型和估计参数。因此，数据指标的准确甄别相对于复杂机理厘定的优势，就使得数据包络分析具有了更强的现实应用性。这也是本书选择数据包络分析作为主体功能区协调发展测度模型的重要原因所在。

2. 数据包络分析与区域协调测度模型机理分析

主体功能区的协调发展是指在区域性要素禀赋与其经济发展模式相匹配的条件下，通过区域性要素与非区域性要素的配置优化而实现区域经济效益的不断提升。在这一过程中，存在着各种区域性要素与非区域性要素的输入和最终产品和劳务的输出。为了说明本书利用数据包络分析研究主体功能区协调发展的内在机理联系，我们借助图 5-5 来详细说明。在图 5-5 所示的生产过程中，横坐标表示的是生产过程中的区域性要素投入，纵坐标表示的是非区域性要素的生产投入。在生产过程中，我们给定生产前沿面（包络线），并且 A 、B 、C 、D 是生产处于生产前沿面中的四种要素组合。这表明，当区域性要素与非区域性要素在这四种组合状态下，生产是有效率的。而 E 点脱离生产前沿面，表示此时的区域性要素与非区域性要素的配置并不是有效率的。我们假定 E 点和 D 点同处于一条出发于原点的射线之上，这说明 D 点代表的要素组合即可实现 E 点要素组合的产出。换句话说，在相同的产出时，D 点所耗费的要素投入更少，而 E 点处于生产的无效率状态。一般而言，要素组合点距离生产前沿面越远，则两种生产要素的配置效率就越差。

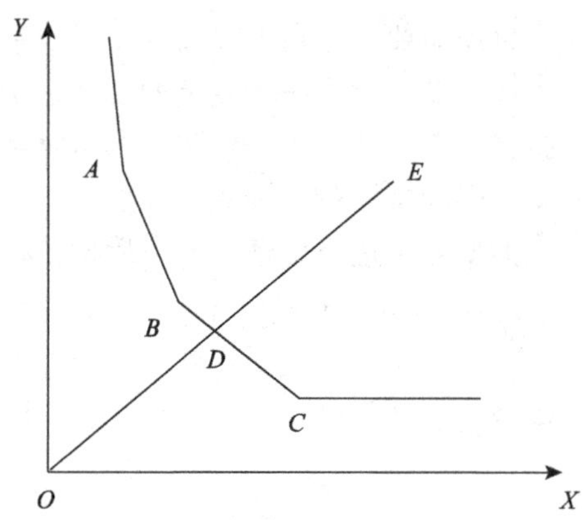

图 5-5　数据包络分析与主体功能区协调测度耦合关系

值得注意的是，在图 5-5 所示的区域性要素与非区域性要素配置效率分析中，我们仅采用了两种生产要素，并且也仅设定了五种要素配置方式，因此，生产前沿面表现为曲线。然而在实践中，主体功能区经济发展中区域性要素与非区域性要素的投入种类很多，且区域性要素与非区域性要素的配置方式也有各种可能，因此本章随后构建的主体功能区协调发展测度模型中的生产前沿面将会是数学分析中的超平面。

3. 主体功能区协调测度模型构建

主体功能区协调发展水平测度的是特定目标区域在特定经济发展阶段时，其各种要素的投入和经济产出。输出指标是区域性要素禀赋条件与其经济发展模式相互匹配时的经济总量，而输入指标是各种要素投入数量。在此基础上，我们构建主体功能区协调测度模型。

我们假设，给定的特定目标区域中各类生产要素输入指标向量是 $\alpha=(\alpha_1,\alpha_2,\cdots,\alpha_p)^{\mathrm{T}}$、目标区域的输出指标向量是 $\beta=(\beta_1,\beta_2,\cdots,\beta_r)$。因此，要素输入和输出向量组 (α,β) 可以表示整体的生产活动细节。

同时，假定测度模型中有 q 个目标区域 $\mathrm{AMR}_j(1\leqslant j\leqslant q)$，各 AMR_j 的要素输入和输出向量组 (α,β) 为

$$\alpha_j=(\alpha_{1j},\alpha_{2j},\cdots,\alpha_{pj})^{\mathrm{T}}>0\ ,\quad j=1,2,\cdots,q$$

$$\beta_j=(\beta_{1j},\beta_{2j},\cdots,\beta_{rj})^{\mathrm{T}}>0\ ,\quad j=1,2,\cdots,q$$

式中，$\alpha_{ij}>0$；$\beta_{sj}>0$；$i=1,2,\cdots,p$；$s=1,2,\cdots,r$。每个 AMR 有 p 种投入要素，r 种经济产出。α_{ij} 是目标区域 j 中第 i 种要素的投入，β_{sj} 是该区域 s 类型产品的产量。α_{ij} 和 β_{sj} 可在统计文献中得到，也可以通过测定得到。

由于区域性要素与非区域性要素在生产过程中的作用和地位并不一样，因此

对目标区域进行总体评价还需要考虑对上述投入要素以及各种经济产出进行适当的权重分配。但是，主体功能区作为一个复杂的经济系统，各种要素之间和各种产出之间相互制约、相互影响，其技术替代率也非常复杂，期望对每种要素和每种产出进行权重赋值就显得异常困难。因此，我们在构建测度模型时，先将各种投入要素和各种产出作为变向量进行处理，而在后期分析时再给定投入要素和产出权重。其中，$x=(x_1,x_2,\cdots,x_p)^{\mathrm{T}}$，$y=(y_1,y_2,\cdots,y_s)^{\mathrm{T}}$ 分别是投入要素和产出要素的权重赋值。

给定 AMR_j 的效率评价指数[①]：

$$k_j=\frac{y^{\mathrm{T}}\beta_j}{x^{\mathrm{T}}\alpha_j}=\frac{\sum_{s=1}^{r}y_s\beta_{sj}}{\sum_{i=1}^{pp}x_i\alpha_{ij}}\,,\quad j=1,2,\cdots,q$$

k_{j_0} 是判断目标区域效率水平的重要标准，k_{j_0} 值越大表示 AMR_{j_0} 效率水平越高，即在区域性要素与非区域性要素投入较少情况下可以获得更多产出。从这个角度上说，AMR_{j_0} 中 k_{j_0} 的极值可以反映 AMR_{j_0} 的效率水平在所有目标区域 AMR 中所处的地位，即各目标区域的 k_j 就成为 AMR_{j_0} 中 k_{j_0} 的约束条件。因此，我们进一步构造模型：

$$\max k_{j_0}=\frac{\sum_{s=1}^{r}y_s\beta_{sj_0}}{\sum_{i=1}^{pr}x_i\alpha_{ij_0}}$$

$$\text{s.t.}\quad \frac{\sum_{s=1}^{r}y_s\beta_{sj}}{\sum_{i=1}^{p}x_i\alpha_{ij}}\leqslant 1\,,\quad j=1,2,\cdots,q$$

$$x=(x_1,x_2,\cdots,x_p)^{\mathrm{T}}\geqslant 0$$

$$y=(y_1,y_2,\cdots,y_r)^{\mathrm{T}}\geqslant 0$$

在模型中，$x\geqslant 0$ 意味着当 $i=1,2,\cdots,p$ 时，$x_i\geqslant 0$，而且必然有一个 $i_0(1\leqslant i_0\leqslant p)$，$x_{i_0}>0$。同样，$y\geqslant 0$ 也有同样规律。

另外，我们进一步对模型进行 Charnes-Cooper 改变，上式分式规划就可以用线性规划表示，即

① 通过调整权系数 x 和 y，使得 $k_j\leqslant 1$。

设定 $t=\frac{1}{x^{\mathrm{T}}\alpha_0}$，$\varepsilon=tx$，$\eta=ty$，则：

$$
(P)\begin{cases}
\max k_{j_0}=\eta^{\mathrm{T}}\beta_0 \\
\text{s.t.}\quad \varepsilon^{\mathrm{T}}\alpha_j-\eta^{\mathrm{T}}\beta_j\geqslant 0,\ j=1,2,\cdots,q \\
\varepsilon^{\mathrm{T}}\alpha_0=1 \\
\varepsilon\geqslant 0,\ \eta\geqslant 0
\end{cases}
$$

此时，上面的线性规划最优解即可以表示 AMR_{j_0} 的有效性。显然，这种有效性是相对效率，它取决于对所有目标区域的选择标准。为进一步揭示模型的经济含义，我们可以列出上述线性规划的对偶规划：

$$
(D')\begin{cases}
\min\theta \\
\text{s.t.}\quad \sum_{j=1}^{q}\lambda_j\alpha_j\leqslant\theta\alpha_0 \\
\sum_{j=1}^{q}\lambda_j\beta_j\geqslant\beta_0 \\
\lambda_j\geqslant 0,\ j=1,2,\cdots,q
\end{cases}
$$

在对偶规划中，θ 是自由的。为了能够使用对偶规划进行目标区域的有效性分析，我们进一步引入自由变量 r^+ 和 r^-，将不等式约束调节成等式约束：

$$
(D)\begin{cases}
\min\theta \\
\text{s.t.}\quad \sum_{j=1}^{q}\lambda_j\alpha_j+r^+=\theta\alpha_0 \\
\sum_{j=1}^{q}\lambda_j\beta_j-r^-=\theta\beta_0 \\
\lambda_j\geqslant 0,\ j=1,2,\cdots,q \\
r^+\geqslant 0,\ r^-\geqslant 0
\end{cases}
$$

假定线性规划（P）的最优值是 $k_{j_0}^*$，规划（D）的最优值是 θ^*，$k_{j_0}^*=\theta^*\leqslant 1$。若规划（$P$）存在特定解 $\varepsilon^*>0$，$\eta^*>0$，且 $k_{j_0}^*=1$，那么 AMR_{j_0} 区域的协调发展水平为最优。而且，AMR_{j_0} 协调发展水平最优的等价条件必然是规划（D）的最优值 $\theta^*=1$。

4. 测度模型有效性与指标特征选择分析

一般而言，测度指标是否存在线性关系直接决定着测度模型的有效性。主体功能区协调发展水平测度模型涉及区域性和非区域性各种要素，指标体系也复杂多样，因此准确厘清本章所建测度模型与指标体系之间的内在关联就具有重要意义，是关系到测度模型应用效果的重要问题。

首先，关于评价指标扩展与主体功能区协调发展水平测度有效性的内在关联判断。我们给定λ个目标区域，$D=\left\{u^1,u^2,\cdots,u^p\mid v^1,v^2,\cdots,v^r\right\}$是各个目标区域的评价指标。$u^i(v^i)$是投入（产出）指标；$u^i_\lambda(v^i_\lambda)$是$\mathrm{AMR}_\lambda$的$u^i(v^i)$赋值；$\theta_\lambda(D)$代表$\mathrm{AMR}_\lambda$在$D$中的有效性指数。

$u_\lambda(D)(u^1_\lambda,u^2_\lambda,\cdots,u^p_\lambda)$；$v_\lambda(D)(v^1_\lambda,v^2_\lambda,\cdots,v^r_\lambda)$，$D_1\supset D_2$意味着$D_1$包含$D_2$，$D_1-D_2$意味着仅在指标集$D_1$中而不在$D_2$中。

若$D_2\supset D_1$，则在指标集D_1的条件下，λ_0的有效性为

$$\max\frac{[\alpha v_{\lambda_0}(D_1)]}{[\beta u_{\lambda_0}(D_1)]}=\theta_{\lambda_0}(D_1)$$

$$\text{s.t.}\quad \frac{[\alpha v_\lambda(D_1)]}{[\beta u_\lambda(D_1)]}\leqslant 1,\quad \lambda=1,2,\cdots,q \tag{5-1}$$

式中，$\alpha,\beta>0$，且维数相同，$[\alpha v_\lambda(D_1)]$是向量内积。

在指标集D_2的条件下，上述模型可调整为

$$\max\frac{[\alpha v_{\lambda_0}(D_1)]+[\alpha_1 v_{\lambda_0}(D_2-D_1)]}{[\beta u_{\lambda_0}(D_1)]+[\beta_1+u_{\lambda_0}(D_2-D_1)]}=\theta_{\lambda_0}(D_2)$$

$$\text{s.t.}\quad \frac{[\alpha v_\lambda(D_1)]+[\alpha_1 v_\lambda(D_2-D_1)]}{[\beta u_\lambda(D_1)]+[\beta_1+u_\lambda(D_2-D_1)]}\leqslant 1,\quad \lambda=1,2,\cdots,q \tag{5-2}$$

若$\alpha=\alpha^0,\beta=\beta^0$是式（5-1）的解，且目标值为$\theta_{\lambda_0}(D_1)$，则令$\alpha=\alpha^0,\beta=\beta^0$，$\alpha_1=0,\beta_1=0$，这也必然是式（5-2）的解，目标值是$\theta_{\lambda_0}(D_1)$，并且$\theta_{\lambda_0}(D_2)>\theta_{\lambda_0}(D_1)$。

这说明，由于指标体系的增加，特定主体功能区协调发展水平测度指标的有效性系数也同样增加，这种情况对于获取不同主体功能区之间的差异信息有很大影响。因此，在主体功能区协调发展测度模型中，指标体系的简洁性是非常重要的。

其次，关于评价指标的连续性与主体功能区协调发展水平测度有效性的内在关联判断。

给定$u(i)=(u^i_1,u^i_2,\cdots,u^i_q)$，$v(i)=(v^i_1,v^i_2,\cdots,v^i_r)$，$D=\left\{u^1,u^2,\cdots,u^{i_0},u^{i_0+1}\mid v^1,v^2,\cdots,\right.$

$v^r\}$，若 $u(i_0+1)=\sum_{i=1}^{i_0} l_i u(i)$，$l_{i\geqslant 0}$，则令 $D_2=D$，将 $u(i_0+1)=\sum_{i=1}^{i_0} l_i u(i)$ 代入式（5-2）得

$$\max \frac{[\alpha v_{\lambda_0}(D_1)]}{[(\beta+\beta_{i_0+1}\rho)u_\lambda(D_1)]}\leqslant 1,\ \lambda=1,2,\cdots,q$$
$$\text{s.t.}\ \frac{[\alpha v_\lambda(D_1)]}{[(\beta+\beta_{i_0+1}\rho)u_\lambda(D_1)]}\leqslant 1,\ \lambda=1,2,\cdots,q \qquad (5\text{-}3)$$

若 α^0，β^0，$\beta_{i_0+1}^0$ 为式（5-2）的解，且 α^0，β^0，$\beta_{i_0+1}^0>0$，则式（5-3）成为指标集 D_1 条件下的评价模型，而 α^0，β^0，$\beta_{i_0+1}^0 l$ 则是式（5-3）的可行解，故而 $\theta_{\lambda_0}(D)=\theta_{\lambda_0}(D_2)\leqslant\theta_{\lambda_0}(D_1)$。同时，根据上述式（5-1）和式（5-2）分析得 $\theta_{\lambda_0}(D)\geqslant\theta_{\lambda_0}(D_1)$，因此必然可得 $\theta_{\lambda_0}(D)=\theta_{\lambda_0}(D_1)$。

从上述分析我们可知，主体功能区协调测度指标体系之间是否存在相关性对测度结果并没有直接影响。

最后，关于要素投入与产品输出数据之间的相关性与主体功能区协调测度有效性的内在关联判断。若指标集 D 中的要素投入与产品输出数据之间线性相关，即 $v(i_0)=ku(j_0)$，主体功能区协调发展测度结果就会过高，即 $\theta_\lambda(D)=1$，$\lambda=1,2,\cdots,q$。这种结果很容易证明。假设 $i_0=j_0=1$，且 $D_1=\{u^1\,|\,v^1\}$。那么若 $v(i_0)=ku(j_0)$，则 $\theta_\lambda(D_1)=1(\lambda=1,2,\cdots,q)$，而由于 $D\supset D_1$，以及上面已经证明的结论，即指标体系的增加会导致特定主体功能区协调发展水平测度指标的有效性系数同样增加，那么必然 $\theta_\lambda(D)\geqslant\theta_\lambda(D_1)=1$，即 $\theta_\lambda(D)=1$。

这意味着：要素投入与产品输出数据之间的相关性会导致主体功能区协调测度有效性过高。这说明，我们在遴选主体功能区协调测度指标体系时，要避免指标体系中输入和输出数据之间线性相关，以免出现无法真实反映主体功能区协调水平的情况发生。

5.5.3　主体功能区协调发展水平测度指标体系

1. 测度模型输入指标体系的确定方法

根据前文主体功能区协调发展内在机理的阐述，本书对我国近年来涉及区域经济协调发展，以及承载力理论的相关文献进行了系统梳理，运用频度分析方法，

最终确定经济、社会、资源、环境四个领域中使用频率较高的指标，构建主体功能区协调发展测度模型的输入指标体系。具体而言，本书构建主体功能区协调发展测度指标体系的流程见图 5-6。

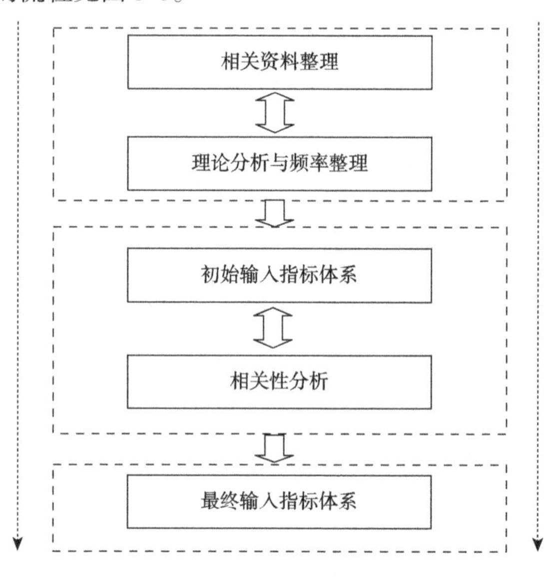

图 5-6　测度指标筛选流程

2. 测度指标体系的框架与内容

选择科学、合理的主体功能区协调发展水平测度指标体系，是正确获得主体功能区发展水平的重要前提和基础。根据前文关于评价指标体系特征与主体功能区协调发展水平测度有效性的关联分析，本书选择了经济、社会、资源、环境四个领域中使用频率较高的 30 个单项指标，最终构建了主体功能区协调发展水平测度输入指标体系，如表 5-1 所示。

需要说明的是，前文关于评价指标体系扩展与主体功能区协调发展水平测度有效性的关联分析表明，由于指标体系的增加会导致特定主体功能区协调发展水平测度指标的有效性系数也同样增加，这种情况对于获取不同主体功能区之间的差异信息有很大影响。因此，我们在保证测度有效性的基础上，仅选择四个方面中的 30 个单项指标构成测度输入指标体系，其目的是避免指标体系中输入和输出数据之间线性相关，以免出现无法真实反映主体功能区协调水平的情况发生。

表5-1　主体功能区协调发展水平测度输入指标体系

约束层	准则层	指标层
X_1：经济禀赋	X_{11}：区域经济总量	X_{111}：人均国内生产总值/（万元/人）
		X_{112}：净出口总额的全国占比
		X_{113}：固定资产投资的全国占比
		X_{114}：单位面积上的经济密度/（万元/亩）
	X_{12}：区域经济结构	X_{121}：第三产业的国内生产总值占比
	X_{13}：区域经济效益	X_{131}：单位国内生产总值能耗
		X_{132}：单位国内生产总值水耗/（吨/万元）
	X_{14}：区域的区位优势	X_{141}：轨道里程的全国占比
		X_{142}：高速公路里程的全国占比
X_2：社会禀赋	X_{21}：人口条件	X_{211}：区域人口总量/万人
		X_{212}：区域人口增长率
		X_{213}：技术人员的人口占比
		X_{214}：高学历人员的人口占比
	X_{22}：资源配置条件	X_{221}：人均水资源的全国占比
		X_{222}：人均生活用电量的全国占比
		X_{223}：人均耕地面积的全国占比
		X_{224}：城市人均住房面积/（米^2/人）
	X_{23}：社会公平	X_{231}：区域恩格尔系数
		X_{232}：区域内人均可支配收入/（万元/人）
		X_{233}：区域内基尼系数
X_3：资源禀赋	X_{31}：资源条件	X_{311}：区域内水资源赋存量的全国占比
		X_{312}：区域内人均绿地面积/（米^2/人）
		X_{313}：区域内人均耕地面积/（米^2/人）
		X_{314}：区域内建成区绿化覆盖率
X_4：环境禀赋	X_{41}：环境承载	X_{411}：区域内废水排放量/（吨/年）
		X_{412}：区域内废气排放量/（吨/年）
		X_{413}：区域内固体废物排放量/（吨/年）
		X_{414}：区域内污水集中处理程度
		X_{415}：区域内废弃物综合利用程度
		X_{416}：区域内垃圾无害化处理程度

3. 测度输入指标体系数据处理

在上述主体功能区协调发展水平测度输入指标体系中，30 个单项指标的量纲、经济含义并不一致，这就要求我们在构建和运行测度模型时，需要对输入指标体系中的各单项指标进行标准化处理，从而使得各单项指标的绝对值变成稳定的相对值。本书采用目前国内外通常所采用的标准化公式，对数据进行标准化处理，公式如下：

$$W_{ij}=\frac{w_{ij}-\min\left(w_j\right)}{\max\left(w_j\right)-\min\left(w_j\right)}$$，当指标为正向时，即对指标越大越好；

$$W_{ij}=\frac{\max\left(w_j\right)-w_{ij}}{\max\left(w_j\right)-\min\left(w_j\right)}$$，当指标为负向时，即对指标越小越好。

5.5.4　主体功能区协调发展水平测度的实例分析

本书构建了我国主体功能区协调发展水平测度模型，并确定了测度模型的输入指标体系，然而如何对我国主体功能区协调发展水平进行实例测度仍然存在较大困难。原因在于，虽然我国 2011 年就公布了《全国主体功能区规划》，并完成了我国国土空间的主体功能区划，但是由于主体功能区划与我国行政区划仍存在较大差异，并且我国国民经济统计口径仍然以行政区划为基本标准，因此要获得我国各类型主体功能区划下的经济、社会、资源与环境项下的 30 个单项指标难度很大。从本书前文对主体功能区协调发展水平测度模型构建原则的阐述中，我们知道主体功能区协调发展水平测度包括两个方面：首先是区域性要素条件，即特定地区在一定的社会经济发展条件下，其区域性要素禀赋是否都得到了合理、科学的开发和利用；其次是区域性要素与非区域性要素的配置是否达到了最优。实际上，这两方面测度内容也是我国各行政区经济面临的重要问题，可以说主体功能区协调发展水平测度模型无论是在其构建机制上，还是在测度输入指标体系选择上，都同样适应我国行政区经济。因此，在主体功能区协调发展水平测度的实例分析中，我们选择行政区经济进行测度模型验证。具体而言，在测度模型的实例检验中，本书选择京津冀地区作为目标区域。

1. 京津冀地区概况

京津冀一体化由京津唐工业基地的概念发展而来，包括北京市、天津市，以及河北省的保定、唐山、石家庄、邯郸、邢台、衡水、沧州、秦皇岛、廊坊、张家口和承德，涉及北京、天津和河北省 11 个城市的 80 多个县（市）。国土面积约为 12 万平方公里，人口总数约为 9000 万人。京津冀地区是我国目前迅速成长起来的大都市区域，也正在成为世界范围内工业、港口最为密集的区域之一。从发展趋势看，京津冀地区正处于经济结构、社会结构迅速变动的历史阶段，其在国家发展战略中占有重要的地位；从发展成果上看，京津冀地区虽然基础工业实力雄厚，发展潜力巨大，但是也逐渐面临经济结构失衡、资源约束严重、经济竞争力减弱等很多现实问题的困扰。因此选择京津冀地区作为主体功能区协调发展水平测度对象，不仅是对本书构建主体功能区协调发展水平测度模型的应用，进而检验本书的理论创新；同时其结论也可以为京津冀地区的社会、经济、资源和环境的协调发展提供理论支持，从而实现本书实例检验的现实应用价值。

2. 京津冀协调发展水平测度分析

根据主体功能区协调发展水平测度模型中输入数据指标体系构成，本书收集、整理了 2005 年至 2013 年，目标区域（京津冀地区）以及约束区域（全国京津冀及港澳台地区之外的其他 28 个省份）的 30 个单项指标的面板数据，来源分别为历年《中国统计年鉴》《中国人口和就业统计年鉴》《中国财政统计年鉴》，以及各省份的年度统计年鉴。参数分析过程采用 EViews 6.0，非参数分析过程采用 EMS 1.3①。通过代入测度输入指标体系，本书得到京津冀地区 2005~2013 年的区域协调发展水平，如表 5-2 所示。

表5-2　京津冀地区2005~2013年区域协调发展水平

年份	2005	2006	2007	2008	2009	2010	2011	2012	2013
区域协调发展水平	0.76	0.87	0.85	0.81	0.85	0.83	0.83	0.82	0.80

注：表中数据由参数分析软件 EMS 1.3 进行归一化数值处理所得

2005~2013 年，京津冀地区各年份区域协调发展水平变化趋势见图 5-7。

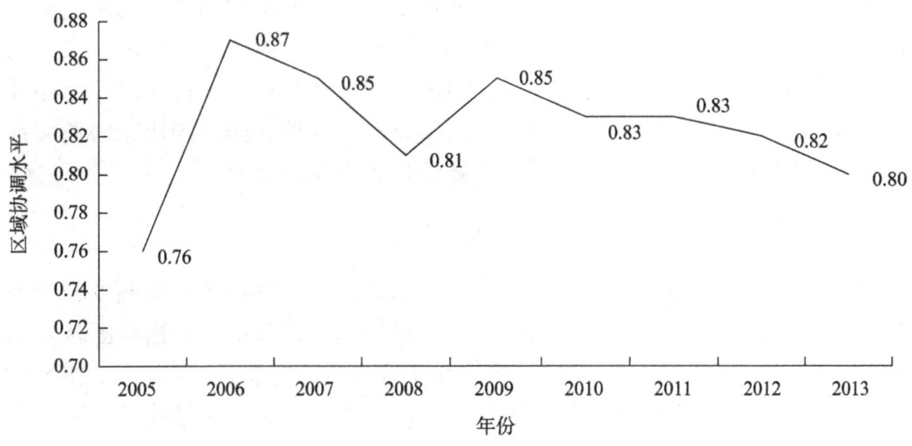

图 5-7　2005~2013 年京津冀地区区域协调发展水平变化趋势

从京津冀地区区域协调发展水平变动趋势看，2005~2006 年京津冀地区的区域协调发展水平呈现不断优化趋势，这说明京津冀地区在这一阶段其区域性要素与非区域性要素配置效率不断提升。2007~2008 年，京津冀地区区域协调发展水

① 本书对采集整理的 30 个单项指标的面板数据进行了标准化处理。

平开始出现下降趋势，但 2009 年反弹上升。但是 2009 年开始，京津冀地区区域协调发展水平出现下降趋势，这说明京津冀地区在此阶段，其区域性要素与非区域性要素之间的配置效率出现下降现象。

整体而言，在京津冀协调发展水平测度过程中，虽然京津冀地区的协调发展水平整体是上升趋势，但在 2006 年出现折点下滑，并且在 2009 年之后一直处于下降趋势。这似乎与同期京津冀地区的经济增长并不一致。正如我们在本章所论述的，区域性要素与非区域性要素之间配置效率提升取决于两个方面。首先是区域性与非区域性要素之间更加合理的配置，其次是两种要素自身效率的提高。前者是结构型效率提升，后者是技术型效率提升。在结构型效率提升过程中，区域性要素与非区域性要素技术比例关系不断调整，区域经济结构整体素质和效率向更高层次不断演进。需要注意的是，单纯依靠市场机制的调节，结构型效率提升需要相对较长的缓慢过程，而在这个过程当中，区域经济仍可表现为增长状态，这种经济增长是技术型效率增加的表现。因此，2005~2013 年，京津冀地区的经济发展是一个较为复杂的过程，在这一过程中既有结构型效率提升，又有技术型效率提升。从整体上看，京津冀地区表现为区域经济协调发展的上升趋势。但是，京津冀协调发展指数在 2009 年出现折点下滑，并且在 2009 年之后一直处于下降趋势，这说明由于京津冀地区经济的不断发展，其区域性要素禀赋也不断进行着积累和相应变化，因此其区域性与非区域性要素之间的配置需要新的调整，京津冀地区处于经济、社会、资源与环境的结构调整阶段，因此这一阶段，京津冀协调发展指数出现了下滑。但与此同时，由于京津冀地区正处于技术型效率提升过程，因此其经济增长表现也较为明显。这就是京津冀地区经济的快速增长和京津冀地区与此同时的区域协调发展水平下降的趋势并存的原因。

3. 京津冀区域协调水平的经济约束弹性分析

弹性是经济学重要的分析工具。弹性表示的是一种变量的变动幅度相对于另一种变量变动幅度的敏感性。所谓区域协调水平的弹性分析，是指当区域协调水平测度输入向量指标变动 1%时区域协调水平变动的百分比。具体而言，在区域协调水平测度模型中，我们可以通过调整数据输入指标来观测区域协调水平的变化规律，从而准确厘定输入向量指标对于区域协调水平的影响作用和规律。区域协调水平测度弹性公式如下：

$$\varepsilon=\lim_{\Delta X\to 0}\frac{\Delta Y}{Y}/\frac{\Delta X}{X}=\lim_{\Delta X\to 0}\frac{\Delta Y}{\Delta X}\frac{X}{Y}=\frac{\mathrm{d}Y}{\mathrm{d}X}\frac{X}{Y}$$

式中，$X=(x_1,x_2,\cdots,x_m)^{\mathrm{T}}$ 为输入向量，既可以是全部输入向量，也可以是部分输入向量；Y 为区域协调水平测度值；ε 为区域协调水平弹性。

在其他参照地区输入数据不变时，本节首先将区域协调水平测度输入指标中的京津冀地区各年份经济约束层变量数据提高 1%来考察京津冀区域协调水平对于经济约束层的弹性。调整输入向量指标之后，京津冀区域协调水平测度值均发生变化（表 5-3）。

表5-3　区域协调水平对经济约束层变量的弹性

协调水平	2005 年	2006 年	2007 年	2008 年	2009 年	2010 年	2011 年	2012 年	2013 年
区域协调水平弹性 ε	2.15	2.57	2.73	−0.18	3.18	3.89	−1.78	−2.14	−2.23
调整前区域协调水平	0.76	0.87	0.85	0.81	0.85	0.83	0.83	0.82	0.80
调整后区域协调水平	0.78	0.89	0.87	0.80	0.88	0.86	0.82	0.81	0.78

调整后的区域协调水平变化趋势与调整前区域协调水平趋势对比如图 5-8 所示。从图 5-8 中数据的变动趋势可以看出，提高经济约束层输入数据后得到的京津冀区域协调水平与实际的区域协调水平变化趋势基本相同，但是各年份京津冀区域协调水平却发生了明显变化。

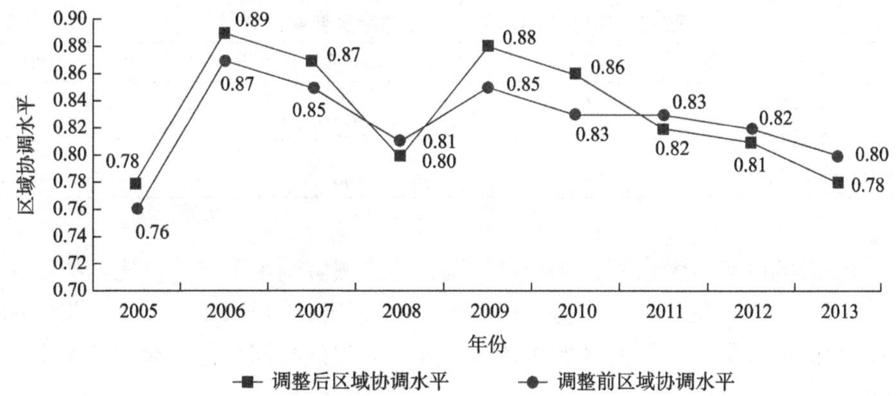

图 5-8　京津冀区域协调水平的经济约束层弹性分析

图 5-8 中，在 2005~2013 年中，提高经济约束层输入数据后得到的京津冀区域协调水平普遍高于实际的京津冀区域协调水平，而在 2011~2013 年中，提高经济约束层输入数据后得到的京津冀区域协调水平低于实际的京津冀区域协调水平。在 2005~2010 年中，调整后的京津冀区域协调水平较高，这说明京津冀地区在此期间区域性要素与非区域性要素的选择效率并不是最优，因此提高经济约束层输入数据后京津冀区域协调水平进一步提高。需要注意的是，从 2009 年开始，提高经济约束层输入数据后得到的京津冀区域协调水平在达到峰值 0.88 后开始下降，并且在 2011 年之后下降幅度大于之前测得的京津冀实际协调水平数值。这种

状况说明，在此阶段经济约束层对京津冀区域协调水平产生了严重束紧作用。京津冀地区的区域性要素与非区域性要素的配置效率出现了明显下降。

综合而言，京津冀区域协调水平的经济约束层弹性分析表明，非区域性要素以及区域性要素间配置效率的提高是京津冀地区 2005~2010 年区域协调水平上升的主要因素，京津冀地区在此阶段属于经济结构合理化的调整过程；从 2010 年开始，提高经济约束层变量所引发的京津冀区域协调水平下降，说明京津冀地区在此阶段属于经济结构高度化的调整过程。这意味着从 2010 年开始，京津冀地区的区域性要素禀赋与非区域性要素的配置效率发生了变化，京津冀地区应该根据其区域性要素条件，进行区域经济结构调整。

4. 京津冀区域协调水平的资源约束弹性分析

同样，在其他参照地区输入数据不变时，本书对区域协调水平测度输入指标中的京津冀地区各年份资源约束层变量数据提高 1%，进而考察京津冀区域协调水平对于资源约束层的弹性。调整输入向量指标之后，京津冀区域协调水平测度值均发生变化（表 5-4）。

表5-4　区域协调水平对资源约束层变量的弹性

协调水平	2005 年	2006 年	2007 年	2008 年	2009 年	2010 年	2011 年	2012 年	2013 年
区域协调水平弹性 ε	1.13	1.76	2.08	−1.09	1.18	1.69	1.50	2.54	3.83
调整前区域协调水平	0.76	0.87	0.85	0.81	0.85	0.83	0.83	0.82	0.80
调整后区域协调水平	0.77	0.89	0.87	0.80	0.86	0.84	0.84	0.84	0.83

调整后的区域协调水平变化趋势与调整前区域协调水平趋势对比如图 5-9 所示。从图 5-9 中数据的变动趋势可以看出，提高资源约束层输入数据后得到的京津冀区域协调水平与实际的区域协调水平其趋势大致相同，但区域协调水平却发生了变化。

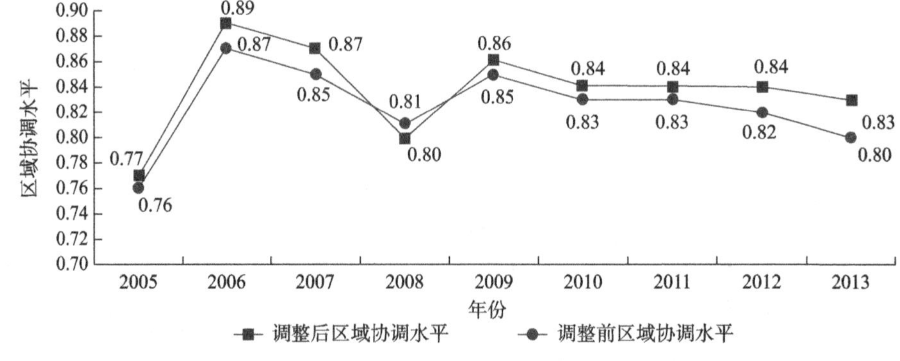

图 5-9　京津冀区域协调水平的资源约束层弹性分析

图 5-9 中，提高资源约束层输入数据后得到的京津冀区域协调水平整体高于实际的京津冀区域协调水平。在 2005 年到 2007 年中，调整后的京津冀区域协调水平高于实际的京津冀区域协调水平，这说明京津冀地区在此期间区域性要素条件对其经济发展模式产生了束紧作用，京津冀地区经济增长主要是由于其区域性要素与非区域性要素配置效率所推动的。从 2009 年开始，提高资源约束层输入数据后得到的京津冀区域协调水平在达到峰值 0.86 后开始下降，调整后的京津冀区域协调水平虽然仍高于实际的京津冀区域协调水平，但其趋势处于下降状态。这说明，资源约束层对区域协调水平产生了一定程度的约束作用。这意味着从 2009 年开始，京津冀地区的区域性要素禀赋与非区域性要素的配置效率发生了变化，京津冀地区应该根据其区域性要素条件进行区域经济结构调整，这与本节京津冀区域协调水平的经济约束层弹性分析结果是相一致的。

5. 京津冀区域协调水平的社会、环境约束层弹性分析

我们用同样的方法，在其他参照地区输入数据不变时，对区域协调水平测度输入指标中的京津冀地区各年份社会和环境约束层变量数据分别提高 1%来考察京津冀区域协调水平对于社会和环境约束层的弹性，此时京津冀区域协调水平测度值均发生了变化（表 5-5 和表 5-6）。

表5-5　区域协调水平对社会约束层变量的弹性

协调水平	2005 年	2006 年	2007 年	2008 年	2009 年	2010 年	2011 年	2012 年	2013 年
区域协调水平弹性 ε	1.05	1.13	−1.07	1.09	1.18	−1.21	1.40	1.14	1.22
调整前区域协调水平	0.76	0.87	0.85	0.81	0.85	0.83	0.83	0.82	0.80
调整后区域协调水平	0.77	0.88	0.84	0.82	0.86	0.82	0.84	0.83	0.81

表5-6　区域协调水平对环境约束层变量的弹性

协调水平	2005 年	2006 年	2007 年	2008 年	2009 年	2010 年	2011 年	2012 年	2013 年
区域协调水平弹性 ε	1.15	1. 74	1.98	−1.04	−1.31	1.54	1.85	2.36	3.91
调整前区域协调水平	0.76	0.87	0.85	0.81	0.85	0.83	0.83	0.82	0.80
调整后区域协调水平	0.77	0.89	0.87	0.80	0.84	0.84	0.85	0.84	0.83

社会约束层变量调整后的京津冀区域协调水平变化趋势与调整前的京津冀区域协调水平趋势对比如图 5-10 所示。从图 5-10 中数据的变动趋势可以看出，提高社会约束层输入数据后得到的京津冀地区区域协调水平与实际的区域协调水平发生了微弱变化，其趋势基本相同。

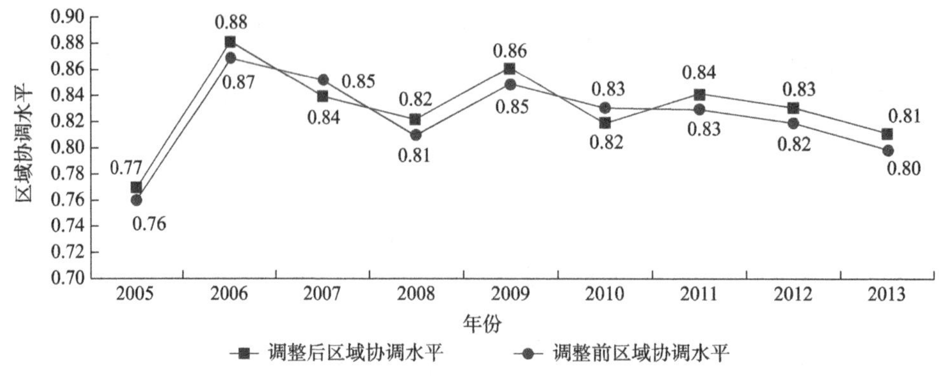

图 5-10　京津冀区域协调水平的社会约束层弹性分析

图 5-10 中，提高社会约束层输入数据后得到的京津冀区域协调水平整体高于实际的京津冀区域协调水平。在 2005 年和 2006 年，调整后的京津冀区域协调水平高于实际的区域协调水平。2007 年，调整后的京津冀区域协调水平低于实际的协调水平。而其他年份中，调整后的京津冀区域协调水平略高于实际的京津冀区域协调水平，仅在 2010 年出现调整后水平低于调整前水平的现象。放松社会约束层输入数据会提高京津冀区域协调水平，这意味着京津冀地区在此期间社会约束层对区域协调水平产生了限制性作用。然而需要注意的是，社会约束层对京津冀区域协调水平的影响程度未及资源约束变量对区域协调水平的影响程度。

同样，当区域协调水平测度输入指标中的京津冀地区各年份环境约束层变量数据提高 1%时，京津冀地区区域协调水平测度值也均发生变化（表 5-6）。

调整后的京津冀区域协调水平变化趋势与调整前的京津冀区域协调水平趋势对比如图 5-11 所示。从图 5-11 中数据的变动趋势可以看出，提高环境约束层输入数据后得到的京津冀区域协调水平与实际的区域协调水平发生明显变化，其变化速度出现阶段性差异。

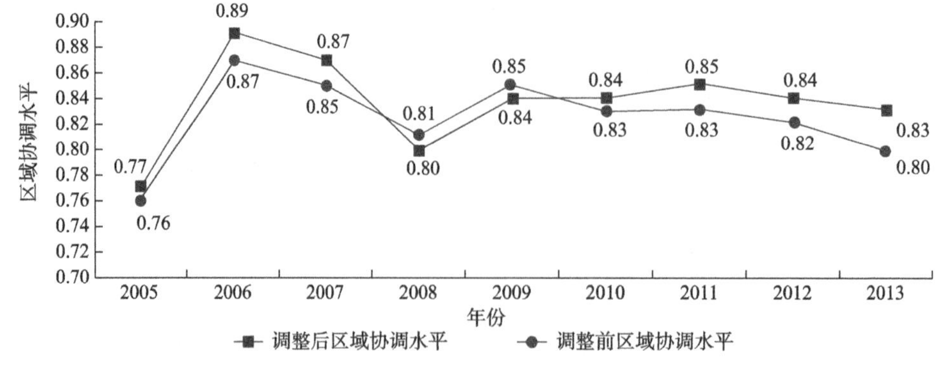

图 5-11　京津冀区域协调水平的环境约束弹性分析

图 5-11 中，2005~2007 年，提高环境约束层输入数据后得到的京津冀区域协调水平高于实际的京津冀区域协调水平。这说明放松环境约束层输入数据可以提高京津冀区域协调水平，京津冀地区在此期间区域性要素条件与其经济发展模式并未能实现较好匹配，环境约束层对区域协调水平产生了限制作用。2008 年和 2009 年，提高环境约束层输入数据后得到的京津冀区域协调水平出现小幅下降，说明在此期间京津冀地区环境约束相对缓和。但从 2010 年开始，调整后的京津冀区域协调水平开始显著高于调整前实际的京津冀区域协调水平，并且差异程度越来越大。这种京津冀区域协调水平环境约束层弹性分析表明，2010~2013 年，环境约束层对京津冀区域协调水平产生了严重约束。因此，京津冀地区在此阶段区域性要素禀赋与非区域性要素的配置效率发生了变化，京津冀地区的区域性要素条件并不适应其发展模式，该阶段应该属于京津冀地区经济结构调整阶段。这意味着从 2010 年开始，京津冀地区应该根据其区域性要素条件，进行区域经济结构调整。

综合而言，通过京津冀地区区域协调水平的系统评价，以及区域协调水平的经济、社会、资源、环境约束层弹性分析，我们可以看出：京津冀地区目前正处于经济结构合理化和高度化的调整阶段。单纯依靠非区域性要素的投入对于京津冀地区的经济发展促进作用有限，京津冀地区只有基于其现有区域性要素条件进行区域经济结构调整，区域协调水平才能得到提高。

第 6 章　宏观经济学的空间向度回归与土地市场均衡

本章通过对主流宏观经济学进行全面回顾和总结，系统阐释了传统宏观经济理论无法对主体功能区形成与调控做出理论引导的根本原因，即传统宏观经济理论空间维度的缺失使其对现实空间经济的宏观调控很难做出合理解释。在此基础上，针对传统宏观经济理论面临的问题，本章重点阐述了异质空间土地市场均衡，不仅厘清了宏观经济理论“空间维度”回归的逻辑主线，同时也为随后系统论证异质空间宏观经济调控理论奠定了分析基础。

6.1　传统宏观经济理论回顾与述评

6.1.1　凯恩斯宏观经济学

进入 19 世纪之后，西方很多国家都实现了工业经济的飞速发展。尤其是 19 世纪初的十年，英国所创造的国内生产总值几乎超越 19 世纪之前世界所生产社会财富的总和。这种世界性的经济增长，很大程度上坚定了古典经济学对于自由竞争在市场经济中起至关重要作用的理论判断。然而，第一次世界大战之后，西方国家经历了短暂的经济繁荣后，很快遭遇了一场空前的经济危机，并在 19 世纪 30 年代陷于经济萧条。这次经济危机几乎席卷了所有国家，不仅对金融市场和资本市场产生了重要影响，而且冲击了传统的工业、农业和商业，严重影响了世界经济的发展。古典经济学的经济自由主义观点不仅对这次经济危机和萧条无法做出合理解释，而且缺乏解决危机的具体对策和手段。这就迫使西方经济学者开始反思古典经济学的经济自由主义，并重新探索古典经济学的理论出路。在此过程之中，凯恩斯摒弃了古典经济学经济自由主义的基本分析范式，以工资、就业以及生产的决定因素为起点，提出了有效需求理论，发表了其经典著作《就业、利率和货币通论》，标志着经济自由主义的终结和现代国家干预主义的开端，为现代宏观经济理论的发展奠定了基础。在《就业、利率和货币通论》中，凯恩斯着重于经济总量变动的研究，并提出在经济萧条时期，继续放任市场自由调节经济是不可取的，必须由政府主动采取措施对经济进行干预[87]。凯恩斯认为政府干预是保证宏观经济运行的必要条件，加大政府投资力度、调整税收、增减货币供应，以及变动利率水平都可以调整经济总量。为此，凯恩斯提出了功能财政、半通货膨胀、国际经济扩张等国家进行宏观调控的政策主张。具体如下。

（1）功能财政。凯恩斯认为，古典经济学所强调的财政平衡主张并不能有效调节宏观经济运行。如果特定国家处于经济萧条或危机阶段，国家财政收入必然减少，而此时如果为了保持财政平衡而减少政府支出，必然不利于经济复苏；同样，如果特定国家处于经济繁荣阶段，国家财政收入增加，若为维持财政平衡而增加政府支出，那么这个国家很可能会面临经济的进一步过热，并出现通货膨胀问题。因此，为实现宏观经济的平稳运行，政府不应该仅仅考虑财政平衡，而应该审时度势，在经济过热阶段使政府财政支出减少，以缓解通货膨胀压力；在经济衰退和萧条时期，增加政府财政支出，以增加就业，摆脱经济危机。在上述财政支出的调节过程中，政府不必考虑财政平衡问题。适当的财政赤字或盈余是政府保证宏观经济稳定运行必须承担的后果。同时，凯恩斯也强调政府出现财政赤字是暂时的，只要能够通过增加政府支出，扩大社会有效需求总量，国民经济必然就会恢复繁荣，税收总量也会随之增加，政府财政就能够重新实现平衡状态。功能财政是凯恩斯政府干预经济的重要主张。

（2）半通货膨胀。凯恩斯认为由于现实经济中存在着价格刚性和工资刚性问题，充分就业并不是宏观经济的常态。而在非充分就业状态下，社会总供给曲线弹性很大，因此政府干预宏观经济，扩大社会有效需求总量时，虽然通货膨胀会出现，但并不会出现过往担心的严重通货膨胀问题。只有在充分就业状态下，政府干预宏观经济导致的需求增加才会产生严重的通货膨胀。同时，考虑到温和的通货膨胀可以一定程度上提高企业收益，刺激生产，带动经济发展，因此，凯恩斯认为只有严重的通货膨胀对于宏观经济来说才是危险的，而半通货膨胀（温和的通货膨胀）状态对宏观经济而言是有利的，可以通过政府干预使得经济处于半通货膨胀状态。

（3）国际经济扩张。与传统国际经济理论强调专业化分工不同，凯恩斯认为出口是总需求的重要组成部分，增加出口可以有效增加总需求，进而刺激经济增长。当特定国家难以通过刺激经济来解决国内有效需求不足问题时，可通过扩大对外贸易和出口规模，消化国内的过剩产能，从而创造新的就业岗位，增加国民收入。因此，凯恩斯认为扩大出口是国家干预经济的重要途径。

6.1.2　新凯恩斯宏观经济学

在 20 世纪 70 年代，西方很多国家出现了严重的滞涨问题。然而，传统的凯恩斯主义经济学却无法对滞涨问题做出合理的解释，相应的政策措施也见效甚微。严峻的经济形势以及理论困境，促使凯恩斯经济学者开始在原凯恩斯宏观经济学基础上进行不断发展和完善，并形成了新凯恩斯宏观经济学。新凯恩斯宏观经济学对原凯恩斯宏观经济学的工资和价格刚性假设进行了深刻反思，认为现实经济中价格和工资实际上是可以调整的，只是调整过程较为缓慢，表现为黏性特征。新凯恩斯宏观经济学从工资和价格黏性假设出发，建立起有微观基础的新凯恩斯主义宏观经济学。值得指出的是，新凯恩斯宏观经济学一定程度上弥补了凯恩斯宏观经济学缺乏微观经济理论支撑的不足。新凯恩斯宏观经济学的理论贡献在于其实现了微观经济学和宏观经济学的统一与兼容。正是这种贡献奠定了现代宏观经济学理论分析的研究方向和主要方法。

新凯恩斯宏观经济学认为，由于价格和工资自身所具有的黏性特征，当国民经济因总需求波动而出现衰退后，其恢复到充分就业状态需要较长的过程，因此政府干预经济是必要的，政府干预是国民经济复苏的重要条件。新凯恩斯宏观经济学认为，斟酌使用的财政政策可以调节社会需求总量，并使得国民经济维持在充分就业水平上。应该说，结合宏观经济学微宏观分析范式，并对原凯恩斯宏观经济学进行系统发展和完善之后，新凯恩斯宏观经济学在当前宏观经济理论中占据了主导地位，并且成为世界各国政府干预宏观经济的重要理论基础。

6.1.3　宏观经济理论面临的问题与空间维度回归

概括而言，无论是凯恩斯宏观经济学还是新凯恩斯宏观经济学，其研究内容主要涉及两大问题：首先，总需求是否与总供给相互匹配，如果总需求和总供给不能平衡，那么宏观经济出现波动的规律是什么；其次，政府是否应干预宏观经济，应该采用什么样的政策来调控宏观经济。可以说，宏观经济学各学派的主要研究内容都是围绕这两大问题展开的，只是不同学派持有不同看法，存在各自的政策见解和主张。

然而，无论是凯恩斯宏观经济学还是新凯恩斯宏观经济学，这些宏观经济理论在面对现实宏观经济问题时仍存在两大困境。首先，无法对区域不平衡发展进行有力解释。凯恩斯宏观经济学和新凯恩斯宏观经济学认为，财政政策和货币政策是调控国民经济运行的有效手段，尤其是在不同地区采用不同的财政政策（税收、转移支付、政府支出等），其效果可以实现不同地区经济的平衡增长。因此，不同区域的宏观经济最终会实现趋同。显然这与现实宏观经济所表现出的区域间不平衡发展现状存在明显的冲突。其次，主流宏观经济理论尚无法解释宏观经济运行是否受环境、生态等自然因素的制约。传统宏观经济学在分析宏观经济问题时，侧重于总供给与总需求的相互平衡以及国民经济的宏观调控，几乎完全舍弃了自然因素对宏观经济运行的影响。这一方面是由于受生产力发展水平的制约，环境、生态等自然因素对过往人类经济运行并没产生严重制约作用，人类经济在很长一段时间内处于自然环境与经济发展阈值范畴之内；另一方面，随着科学技术的迅速发展，"科学技术可以使得人类突破自然的限制[88]"这一观点在 20 世纪 60 年代一直被推崇为主流的资源环境经济学思想。自然资源在传统经济理论体系中不被视为独立的生产要素，几乎没有理论地位。因此在这一观点影响下，传统宏观经济理论忽略了自然因素对于国民经济的影响。然而，随着生产力水平的不断提高，以及人类经济活动内容和范围的不断扩大，各种环境破坏、生态恶化，以及资源的过度开采，严重影响了社会经济发展，人们开始重新审视资源环境对于经济活动的制约影响，并逐渐意识到科学技术所突破的自然因素对经济活动的限制，实际上是以不可持续为代价的。自然资源开始成为经济学研究中的要素。

主流宏观经济学面临现实经济区域间不平衡发展以及社会经济发展与自然的冲突时，既缺乏成熟的理论指导，又缺乏实践中的工具选择。无论是基于宏观经济理论发展的演进还是基于理论与现实冲突的调和，这些都激发着宏观经济学者的研究热情，尤其是国民经济如何可持续发展，以及什么样的调控工具可以有效进行区域经济治理，就成为宏观经济理论不可规避的一个时代命题。

事实上，由于传统宏观经济理论缺乏空间维度，因此其很难对现实世界的空间经济宏观调控做出有力解释。正如本书之前所述，任何经济活动都不能脱离空间而无维度地存在，如何将空间维度纳入主流宏观经济理论，并构建引入空间维度的宏观经济运行模型，进而系统揭示空间经济宏观调控机制，这也是本书主体功能区调控理论研究的主要目标所在。那么，与传统宏观经济调控理论相比，我们在构建宏观经济空间运行模型，并进而探索空间经济调控机制时，我们的空间载体又该怎样体现呢？这正是本章要着力思考的问题。

在主体功能区的经济空间分析范式重构部分，我们依据要素的流动性将要素进行了两种划分，即区域性要素与非区域性要素两种。前者是特定区域所固有的要素，其流动性很弱，或流动的空间成本很高；后者是不同区域都能具有的要素，其在不同区域之间可以自由流动，流动的成本很低。由于任何生产活动的进行都离不开区域性和非区域性要素的投入，因此要素必然成为空间维度的载体，要素的区域性差异也必然成为经济空间本质属性的外在形式。从这个角度上说，本书在构建宏观经济空间运行模型，并进而探索空间经济宏观调控机制时，我们的逻辑起点仍然是要素及其流动性。

事实上，尽管经济学对要素的理解仍处于不断发展和完善的过程中，但是劳动、资本、土地的“三元论”观点仍然是目前主流经济学中的共识。在劳动、资本、土地三要素中，土地要素的空间性最强。尽管劳动、资本等要素若因其空间流动性不足，也可成为区域性要素，但是一般而言，土地要素的空间流动性最弱，土地要素的本质属性就是区域性要素。从这个角度上说，深入研究土地要素的空间不可流动性及其宏观经济作用机理就是我们完善宏观经济调控理论以及探索空间经济宏观调控工具的一条可行路径。

事实上，经济学一直重视土地要素在经济增长中的作用机制研究。如威廉·配第早在其经典著作《赋税论》中就曾提出“劳动是财富之父，土地是财富之母”[89]；Ricardo 也突出强调土地要素的边际报酬递减在区域经济增长问题中的重要性[90]。而新古典经济学派的 Harris 早在 1999 年就通过跨期均衡分析构建了土地因素参与宏观经济的迭代模型，揭示出土地报酬不变是经济动态有效的前提条件和重要基础[91]。然而，尽管经济学者对土地要素与经济增长之间的内在机理进行了深入探索，但是宏观经济学却仍缺乏土地政策参与宏观经济运行的理论分析，尚无正式土地政策参与宏观经济运行的理论分析，土地政策往往仅被视为政府管制土地市场的一种手段而非宏观调控手段。

6.2　土地要素的价格决定

正如前文所述，深入研究土地要素的空间不可流动性及其宏观经济作用机理是我们完善宏观经济调控理论，探索空间经济宏观调控工具的一条可行路径。本节我们就重点构建土地要素市场一般均衡分析框架，准确厘清宏观经济理论“空间维度”回归的逻辑主线，并为随后通过产品市场、货币市场和土地市场的一般均衡分析，进而揭示土地政策参与宏观调控奠定理论基础。

6.2.1　土地要素的分类

土地利用分类是调整土地利用结构、合理开发土地资源、实施动态监控的重要依据。鉴于各国具体国情存在较大差异，本书首先对国外代表性国家的土地利用分类进行梳理，具体分类对比如表 6-1 所示。

表6-1　国外土地利用分类体系对比表

FLUS（英国）	SLUS（英国）	NLUS（英国）	USGS（美国）	US-SLUC（美国）	日本	WLUS（世界）
1.城市或建成区	1.居民点用地	1.农业和渔业用地	1.城市或建成区	1.居住用地	1.水田	1.居住和非农用地
2.草地和永久草地	2.工业用地	2.社区和保健机构用地	2.农用地	2.制造业用地	2.丘陵旱地	2.园艺用地
3.耕地、休耕地、市场园地	3.运输用地	3.国防用地	3.牧用地	3.交通、通信和公共设施用地	3.木本作物地	3.树木及多年生作物用地
4.石荒地、林地、放牧地、起伏丘陵	4.废弃地	4.教育用地	4.林地	4.贸易用地	4.林地	4.农田
5.公园地	5.开阔地	5.娱乐和休闲用地	5.水域	5.服务用地	5.草地	5.改良永久牧地
6.果园	6.牧地	6.加工厂用地	6.湿地	6.文化、娱乐和休闲用地	6.特殊土地	6.未改良的放牧地
7.鱼塘	7.耕地	7.采矿用地	7.未利用土地	7.原材料生产及提取用地	7.城镇用地	7.林地
8.无农业生产力的土地	8. 裸露地	8.办公用地	8.冻土	8.未开发用地和水域	8.交通用地	8.沼泽和湿地
9.坑塘、水库、湖泊	9.果园用地	9.居住用地	9.多年积雪和冰		9.土地改良与保护设施用地	9.非生产性用地
	10.林地	10.零售商业和服务业用地			10.特殊设施用地	
	11.荒地和未耕地	11.仓储用地			11. 其他用地	
	12.水面和沼泽	12.交通用地				
		13.公用设施用地				
		14.批发商用地				
		15.未利用土地、水面及建筑物				

资料来源：自行整理

中华人民共和国成立以来，为适应我国土地利用管理及社会经济发展需要，先后六次制修订了土地利用分类体系①。尤其是随着市场经济的发展、土地使用制度的改革，以及工业和第三产业用地的急剧增加，我国国土资源部于 2001 年制定了一个新的土地分类，并于 2002 年 1 月 1 日开始试行。在该分类体系中，一级地类为三大类，即农用地、建设用地、未利用地；二级地类 15 个，三级地类数量为 71 个，具体分类见表 6-2。

表6-2 2001年《土地分类》试行简表

一级地类	二级地类	三级地类（71 个）
1 农用地	11 耕地	111 水田、112 望天田、113 水浇地、114 旱地、115 菜地
	12 园地	121 果园、122 桑园、123 茶园、124 橡胶园、125 其他园地
	13 林地	131 林地、132 灌木林地、133 疏林地、134 未成林造林地、135 迹地、136 苗圃
	14 牧草地	141 天然草地、142 改良草地、143 人工草地
	15 其他农用地	151 畜禽饲养用地、152 设施农业用地、153 农村道路、154 坑塘水面、155 养殖水面、156 农田水利用地、157 田坎、158 晒谷场等用地
	21 商服用地	211 商业用地、212 金融保险用地、213 餐饮旅馆业用地、214 其他商服用地
	22 工矿仓储用地	221 工业用地、222 采矿地、223 仓储用地
	23 公用设施用地	231 公共基础设施用地、232 瞻仰景观休闲用地
	24 公共建筑用地	241 机关团体用地、242 教育用地、243 科研设计用地、244 文体用地、245 医疗卫生用地、246 慈善用地
2 建设用地	25 住宅用地	251 城镇单一住宅用地、252 城镇混合住宅用地、253 农村宅基地、254 空闲宅基地
	26 交通用地	261 铁路用地、262 公路用地、263 民用机场、264 港口码头用地、265 管道运输用地、266 街巷
	27 水利建设用地	271 库水面、272 水工建筑用地
	28 特殊用地	281 军事建设用地、282 使领馆用地、283 宗教用地、284 监教场所用地、285 墓葬地
3 未利用地	31 未利用土地	311 荒草地、312 盐碱地、313 沼泽地、314 沙地、315 裸露地、316 裸岩石砾地、317 其他未利用土地
	32 其他土地	321 河流水面、322 湖泊水面、323 苇地、324 滩涂、325 冰川及永久积雪

资料来源：国土资源部文件《关于印发试行〈土地分类〉的通知》（国土资发〔2001〕255 号）

由于土地要素对于经济的影响很大程度上取决于其在经济活动中的用途和功能，而本书土地市场的均衡分析也主要依据土地功能和用途，因此，本书将土地进行两类划分，即农用地和建设用地。这种土地分类既考虑了土地在三次产业中

① 以颁布时间为序，我国六次土地利用分类体系分别为：1984 年全国农业区划委员会颁布的《土地利用现状调查技术规程》中的土地利用分类；国家土地管理局 1989 年发布的《城镇地籍调查规程》中的土地分类；1990 年 5 月国务院发布的《中华人民共和国城镇国有土地使用权出让和转让暂行条例》中的土地分类；1993 年 6 月国家土地管理局发布的《城镇土地估价规程》中的土地分类；1998 年《中华人民共和国土地管理法》中的土地分类；2002 年国土资源部颁布的《土地分类》。

的不同功能和用途，基本覆盖了土地要素在经济活动中的全部功能，同时也可避免由于进一步细分农用地和建设用地而带来的不必要的烦琐工作。

6.2.2 土地要素的收益

土地要素收益是不同土地功能和用途所带来的收入，是构建土地市场、产品市场和货币市场一般均衡的重要前提和基础。不同功能和用途的土地利用，其收益是不同的。这种收益差异是土地利用格局调整的驱动力量。由于本书将土地要素分为农用地和建设用地两大类别，因此对于土地要素的收益分析，本书也主要针对土地要素的两大功能分类展开，即农用地收益和建设用地收益。

土地要素收益可以泛指土地要素参与经济活动所带来的报酬和收益，或者说是经济活动利用土地要素而必须支付的价格。一定意义上说，土地价格就是土地要素收益的资本化。要理解土地要素收益（或者说是土地价格），我们可以从认识地租理论开始。马克思认为地租是土地所有权在经济上的实现。依据地租产生的原因和条件，地租可以分为级差地租和绝对地租两种形式。级差地租是由于土地肥沃程度不相同而产生的土地收益差异。级差地租产生的真正原因是农业工人创造的剩余价值。而绝对地租是指土地的所有者凭借土地所有权垄断所取得的地租。这是因为如果肥沃程度较差的土地无法获得地租收入，那么该土地的所有者就不会提供土地。从这个角度上说，所有者凭借土地所有权垄断就可以取得的地租就成为绝对地租。同样，马克思也对非农业用地地租进行了深刻揭示。如建筑地段地租和矿山地租。建筑地段地租是指为获得建筑物而对其所使用土地支付的地租。区位是影响建筑地段地租的重要因素。矿山地租是指为获得地下矿藏而向土地所有者支付的地租。矿山地租的大小与其矿物质蕴藏程度、开发难易度、距离市场远近等因素有密切关系。

除马克思的地租理论之外，西方经济学者也对地租有着深刻探索。古典经济学家配第、魁奈、斯密都分别对地租和地价问题进行了研究。配第认为土地的价格是一定年数的地租总和；魁奈认为地价实际上是农产品价值超过生产费用的余额，是农业工人为农场主创造的剩余价值；斯密则认为，地租是为使用土地而支付的代价。土地有自然和改良的差别。土地改良需要投入资本，但即使未改良的土地，地主也要求地租。因此，自然和改良的土地地租是不同的。同样，资产阶级庸俗经济学家也对地租的形成做出了阐释。Malthaus 认为，生产出来的价值，都归因于劳动、资本和自然力这三者的作用和协力，这三种生产要素在创造效益的过程中分别提供了生产性服务，应得到相应的补偿或收入，地租则是土地的补偿。地租是总产品价值中的剩余部分，或者用货币来计算，是总产品价格中扣除劳动工资和耕种投资利润后的剩余部分[92]。

本书探索土地市场，其目的是构建异质空间宏观经济运行模型。因此，本书在马克思和西方经济学者地租理论分析的基础上，将农用土地要素收益视为土地在其利用功能和用途上所获得的收入资本化，即农用土地价格。考虑到农用土地收益会在未来每年都能实现，因此农用土地价格取决于土地纯收入与还原利率的比值，即如果某一处农用土地在其功能和用途利用中，每年可获得农业收入 30 万元，那么在银行利率 10%的条件下，该农用土地的价格为 30 万元/10%=300 万元。这就相当于拥有 300 万元的人将其存入银行，然后每年获得纯收益 30 万元（利息）。从这个角度上说，此处农用土地与 300 万元的货币是等价的，即土地价值为 300 万元。这种农用土地价格的确定方法实际上与马克思地租理论是一致的。正如马克思所说，土地的价格无非是土地出租的资本化收入。

事实上，农用土地价格的确定并不简单地取决于土地纯收入与利率的比值。在更一般的情况下，农用土地的年纯收入、市场利率，以及农用土地的使用期限都对农用土地价格产生着重要影响。上述三个因素中的任何一个因素发生变化，农用土地的价格和计算公式都会发生变化。因此，更一般的农用土地价格决定公式推导如下。

假设第一年所得农用土地纯收入 a_1，根据本书土地价格资本化原理，将其折算为现金时，应将 a_1 乘以复利贴现率，即

$$p = a_1 \frac{1}{(1+r_1)} = \frac{a_1}{(1+r_1)}$$

第二年末的农用土地纯收入为 a_2，同样要乘以复利贴现率，即

$$p = \frac{a_2}{(1+r_1)(1+r_2)}$$

以此类推到第 n 年后，所能得到纯收入 a_n 的现值价格为

$$p = \frac{a_n}{(1+r_1)(1+r_2)(1+r_3)\cdots(1+r_n)}$$

所有纯收入的现价合计即为农用土地的价格，即

$$p = \frac{a_1}{(1+r_1)} + \frac{a_2}{(1+r_1)(1+r_2)} + \frac{a_3}{(1+r_1)(1+r_2)(1+r_3)} + \cdots + \frac{a_n}{(1+r_1)(1+r_2)(1+r_3)\cdots(1+r_n)}$$

式中，a_1，a_2，a_3，…，a_n 分别表示未来各年农用土地纯收入；r_1，r_2，r_3，…，r_n 分别表示未来各年的市场利率。

需要注意的是，上述农用土地价格的推导公式属于理论化推导公式，而在实际农用土地价格评估中，各因素确定都具有较大难度，如未来各年市场利率以及未来各年农用土地纯收入都是不确定的，因此严格按照农用土地价格公式并不能进行实际操作，而应该根据实际情况推导其他可应用的附属公式。但是，这种实际操作困难并不影响本书研究由农用土地价格与建设用地价格差异所引起的土地利用格局的演进规律。

另外，建设用地价格的确定相对较为简单。由于建设用地的用途是工业、商业或者住宅，因此建设用地价格并不是未来各年收入的资本化，而是由市场决定的。如果建设用地的功能或用途是工业或商业，那么建设用地的价格必然构成工业或商业成本，因而在厂商追求最大利润的动机下，建设用地价格将由市场决定。同样，如果建设用地的功能或用途是住宅，那么消费者也将在追求效用最大的动机下，依据消费者均衡实现条件，确定建设用地的需求数量。因此，无论是工业、商业还是住宅用途，建设用地价格是受市场机制影响的，其与要素或商品价格决定本质上是一致的。

6.2.3　土地利用格局演变的动力

事实上，土地利用格局演变的内在动力，究其本质在于建设用地价格与农用土地价格差异。如果农用土地价格低于建设用地价格，那么在市场机制的作用下，部分农用土地将转化为建设用地。随着农用土地供给量的减少，农产品供给数量减少，在市场机制的作用下，农产品价格将会上涨，因此农用土地预期各年收入将会提高，这就导致农用土地价格上涨，同时随着建设用地供给数量增加，建设用地价格将会下降。这一调整过程将持续到农用土地价格与建设土地价格相等，土地市场出现平衡状态，农用土地价格和建设土地价格也相对保持稳定。同样，如果农用土地价格高于建设用地价格，那么在市场机制的作用下，部分建设用地将转化为农用土地。随着农用土地供给量的增加，农用土地预期各年收入将会下降，这就导致农用土地价格下降，同时随着建设用地供给数量减少，建设用地价格将会上涨。这一调整过程将持续到农用土地价格与建设土地价格相等，土地市场出现平衡状态，农用土地价格和建设土地价格也相对保持稳定。

追求效益最大化是土地利用格局分化和演进的内在动力。这与现实经济活动的表现也是一致的。在农业时代，工业和商业发展较为缓慢，其收益水平远远低于农业收益水平，因此土地利用格局以农用土地为主。而随着经济发展和产业结构的变化，工业和商业得到迅速发展，工业和商业收益水平远远高于农业收益水平，大量农用土地开始向建设用地转移，因此土地利用格局开始以建设用地为主。

6.2.4 土地要素供给的影响因素

马克思与西方经济学者认为，土地作为特定的生产要素，其供给数量是固定的，并不能任意改变。事实上，土地要素的供给是具有社会和经济属性的。人类经济活动对土地要素的需求，是指在土地自然供给的基础上，经过人类劳动投入后，能够被人类经济活动所使用的土地。因此，本书所指的土地供给是土地的经济供给，即可以被人类在其经济活动中所使用的土地。土地的经济供给是可以变化的。一方面，土地利用与人类科学技术和生产力水平具有正向关系，曾经不能被人类利用的土地可以随着科技水平的提升而逐渐被人类认识并利用，土地要素的经济供给总量是动态变化的；另一方面，土地要素供给的弹性也体现在土地要素的利用效率上。随着技术水平的提高，人类利用土地的效率不断提高，一定意义上增加了土地的经济供给。同样，土地要素的经济供给也受到生态、环境因素的影响。与科学技术水平对土地利用的正向影响不同，生态环境对于土地要素的经济供给具有双重影响。如果人类经济活动造成了生态损害和环境恶化，那么这种生态环境将会降低土地的经济供给，因为在这些土地上，人类可从事的经济活动，无论是在内容上还是在数量上都会受到严重制约，这种情况事实上即是土地经济供给的减少。同样，良好的生态环境可以有效提高土地的利用效率，生态环境的改善会推动土地经济供给的增加。

需要注意的是，人口也是影响土地经济供给的重要因素。与生态环境影响土地经济供给一样，人口也在两个方向上对土地经济供给产生重要影响。一方面，土地需求的主体是人，人的数量和人的素质对土地价格都有很大的影响。在数量方面，人口密度大不仅会推动土地需求的增加，同时还会刺激商业、服务业等行业的发展，这种需求增加必然导致土地价格上涨；但是，若人口密度过大，居住的拥挤效应会增大，土地价格又会下降。在素质方面，人口素质也可以引起土地价格的变化。一般而言，人口素质越高，人们对居住环境以及配套设施要求就会越高，土地价格就会上涨。另一方面，人口对土地经济供给的影响还体现在边际报酬递减规律方面。经济学认为，经济活动存在着边际报酬递减规律，即在技术不变的前提下，连续等量地将一种生产要素投入到其他一种或几种不变生产要素的过程中，在投入特定数量之前，随着这种生产要素投入数量的不断增多，这种生产要素所带来的边际产品是递增的，但超过该特定数量后，该种生产要素所带来的边际产品是递减的。正如我们强调的，土地需求的主体是人，土地自身并不会产生任何经济活动，或者带来经济收入，只有土地和人类活动结合在一起，土地才能带来收入。因此，土地生产效率与单位面积劳动密度有着密切关系。通过提高单位土地上劳动者数量，可以提高单位土地报酬。但这种报酬的增加不是无限的，当劳动者数量超过特定范围时，增加劳动所带来的边际报酬不仅不会增加，反而会减少。因此，人口与土地经济供给的这种内在联系，使得人口成为影响土地经济供给的重要因素。

6.3 异质空间的土地市场均衡——SD 曲线

6.3.1 SD 曲线的推导

在市场经济条件下，土地要素的供给和需求主要由土地市场决定。尽管在现实经济活动中政府出于宏观调控目的，会依据国民经济运行状态进行土地市场调控，但土地市场均衡的决定性因素仍是市场供求。因此本书首先构建完全竞争市场条件下的土地市场均衡模型，并在详细阐述土地市场运行机制之后，再进一步分析政府宏观调控的原则、工具和模式。

1. *农用土地要素的需求影响*

土地市场实现均衡可以表现为

$$S = D \tag{6-1}$$

$$S = S_1 + S_2, \quad D = D_1 + D_2 \tag{6-2}$$

式（6-1）中，S 表示土地供给；D 表示土地需求。式（6-2）中，S_1 表示农用土地供给；S_2 表示建设用地供给；D_1 表示农用土地需求；D_2 表示建设用地需求[①]。

在农用土地价格决定的一般公式中，我们知道农用土地价格既取决于未来各年份预期收入，同时又取决于未来各年份市场利率变动。如果在农用土地预期各年份收入不变的条件下，市场利率下降，那么农用土地的价格将会上涨；而如果未来市场利率提高，那么农用土地的价格就会下降。所以，农用土地的价格与市

① 2004 年 8 月 28 日修改后的《中华人民共和国土地管理法》第一章第四条规定“国家实行土地用途管制制度。国家编制土地利用总体规划，规定土地用途，将土地分为农用地、建设用地和未利用地。严格限制农用地转为建设用地，控制建设用地总量，对耕地实行特殊保护。前款所称农用地是指直接用于农业生产的土地，包括耕地、林地、草地、农田水利用地、养殖水面等；建设用地是指建造建筑物、构筑物的土地，包括城乡住宅和公共设施用地、工矿用地、交通水利设施用地、旅游用地、军事设施用地等；未利用地是指农用地和建设用地以外的土地”。由于未利用地对经济的影响极小，因此本书构建的模型中不涉及未利用地的部分，仅考虑土地供需中的农用地及建设用地。

场利率呈现反向关系。因此，如果用 D_1 表示农用土地需求，用 r 表示市场利率，那么农用土地需求与市场利率之间就存在着某种函数关系，这种函数关系可以表示为

$$D_1 = D_1(r) = \delta - hr(\delta, h > 0) \quad (6\text{-}3)$$

式（6-3）中，h 表示农用土地需求的利率系数，负号表示农用土地需求与市场利率的变动呈现负向关系。农用土地需求与市场利率的变动关系可以用图 6-1 表示。

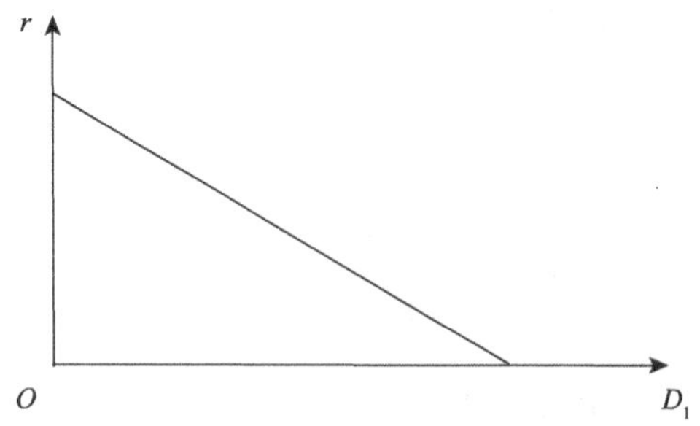

图 6-1　农用土地需求曲线

从图 6-1 农用土地需求曲线可以看出，农用土地的需求数量与市场利率呈反比关系。市场利率越高，农用土地的需求数量就越小；市场利率越低，农用土地需求数量就越大。事实上，农用土地需求数量不仅取决于市场利率，而且还取决于其他因素。正如本书所述，土地要素的经济供给是有弹性的，同样农用土地的供给也具有弹性。农用土地经济供给的弹性主要表现在农用土地要素的利用效率上。这种利用效率的提高，主要来源于技术进步、生态环境改善、人口密度增加等因素。知识和技术水平的提升，可以推动农用土地亩产的不断提高；良好的生态环境可以有效提高农用土地的利用效率；单位面积农用土地上的人口数量和素质直接影响农用土地的边际报酬。但是，技术进步、生态环境、人口密度对于农用土地供给数量的影响与市场利率对于农用土地供给数量的影响是不同的。

在市场利率不变的条件下，技术进步、生态环境改善、人口密度增加会推动农用土地生产效率提高，农用土地需求曲线向右平移[①]（图 6-2）；相反，生态环境恶化、人口密度过大则会导致农用土地生产效率下降，农用土地需求曲线向左平移（图 6-3）。而在技术、生态环境、人口密度不变的条件下，仅由于市场利率变动，农用土地需求曲线并不会发生位移。

① 正如前文所述，依据边际报酬递减规律，在一定范围内人口密度增加可以提高单位土地报酬，但这种报酬的增加不是无限的，当人口增加数量超过特定范围时，增加人口所带来的边际报酬不仅不会增加，反而会减少。因此，本书此处人口密度增加是指单位土地报酬递增阶段。

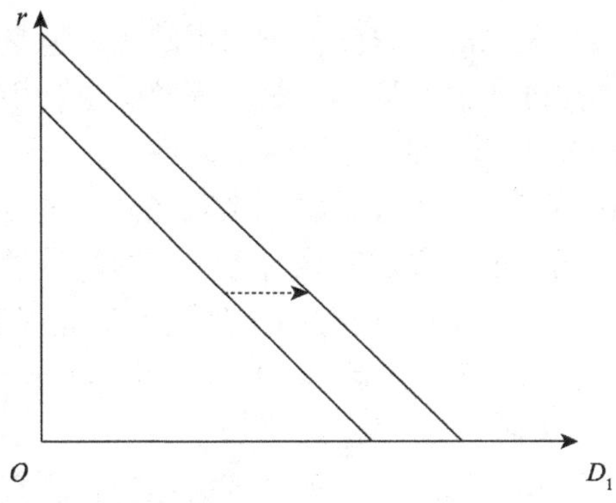

图 6-2　农用土地需求-增加

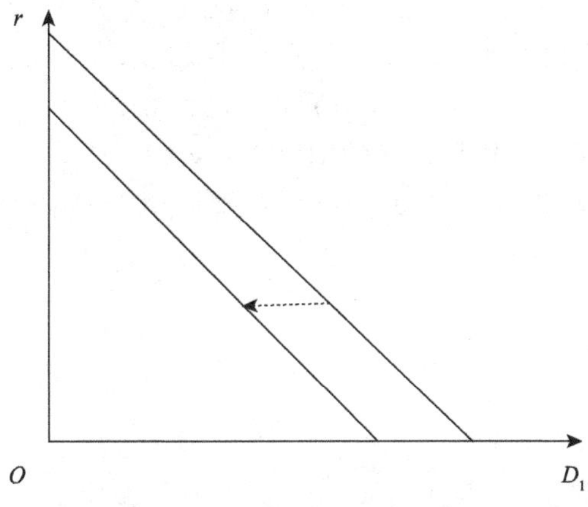

图 6-3　农用土地需求-减少

2. 建设用地要素的需求影响

根据本书之前所述，本书所指的建设用地包括商服用地、工矿仓储用地、公用设施用地、公共建筑用地、住宅用地、交通用地、水利建设用地以及特殊用地。从建设用地包含的范围看，建设用地与经济发展密切相关。无论是商业、工业，还是交通、水利以及住宅建设都是国内生产总值的重要组成部分。因此，商业用地、工业用地、住宅用地，以及交通和水利建设用地必然与国民收入正向相关。在此方面，国内外学者已经做出了较为丰富的研究和论证。如：①建设用地与宏观经济增长和波动方面。Barbie 等学者通过建设用地利用与管理对经济增长和波动的影响分析，认为建设用地供给不足或者无效率管理将阻碍经济增长[93]；国务院发展研究中心土地课题组的研究也表明土地市场结构对长期经济增长具有显著影响，同时地方政府的土地信贷政策、土地产权制度，以及土地供应制度都对宏观经济运行产生着重要影响[94]。②建设用地与产业发展。Glaeser 等[95]认为，虽然土地利用结构与产业结构关系的研究尚处于初级阶段，但是产业结构及其调整对经济增长的影响已为国内外研究所证实。张颖等学者也利用典型相关分析等方法对产业结构与用地结构之间存在的关系进行了研究，其结论表明建设用地结构与产业结构呈同步增减趋势[96]。③土地金融与宏观经济。金融发展对国民经济具有巨大的促进作用，这一观点也为中国实践所证实。国内外学者普遍认为土地资产是抵押贷款中重要的抵押物，因此拥有的土地资产数量及其价值对于企业的投资决策非常重要，并对宏观经济产生影响（Iyigun 和 Owen[97]；Beck 等[98]；白当伟[99]；杜婷和庞东[100]；董利[101]；严金海[102]）。

根据国内外学者关于建设用地与宏观经济关系问题研究，并结合国内外建设用地与经济发展实践，本书认为建设用地市场需求与国民收入密切相关。因此，如果用 D_2 表示建设用地需求，用 y 表示国民收入，那么建设用地需求与国民收入之间就存在着某种函数关系，这种函数关系可以表示为

$$D_2 = D_2(y)=\lambda y \quad (\lambda > 0) \tag{6-4}$$

式（6-4）中，λ 表示建设用地需求的国民收入系数。λ 越大，表明建设用地需求与国民收入之间的敏感性越大，即国民收入越大，建设用地需求越大。建设用地需求与国民收入的关系如图 6-4 所示。

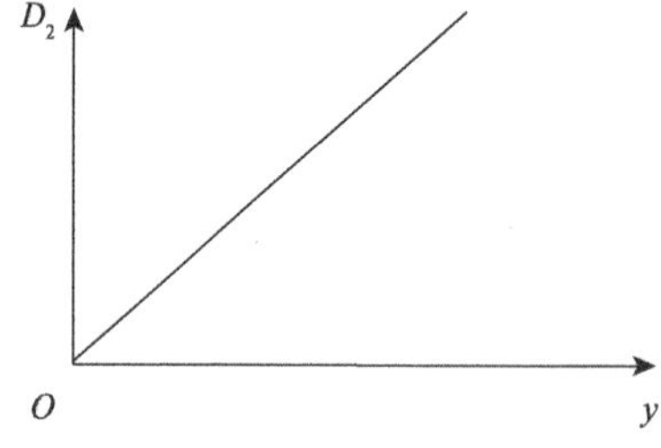

图 6-4　建设用地需求

3. 土地市场均衡

至此，本书已经论述，土地要素的总供给是固定的，而土地需求是由农用土地需求与建设用地需求构成。在土地要素供给总量固定的条件下，土地市场的均衡只能通过农用土地与建设用地之间的调节来实现。

假定 S 表示土地总供给，D 表示土地总需求，D_1 表示农用土地需求，D_2 表示建设用地需求。那么土地市场的均衡可以表示为

$$S = D = D_1 + D_2 = \lambda y - hr + \delta \tag{6-5}$$

在式（6-5）中，当 S 固定，且建设用地需求 D_2 增加时，农用土地需求 D_1 必须减少，否则就不能保持土地市场的均衡。这就意味着，国民收入提高导致建设

用地需求增加时，市场利率必须提高，否则土地市场就不能保持均衡[①]。总之，$S = \lambda y - hr + \delta$ 可以表示土地市场的均衡条件，在这种均衡中市场利率与国民收入是呈正向关系的。市场利率与国民收入之间的关系可以表示为

$$r = (\lambda y + \delta - S) / h \tag{6-6}$$

根据土地市场均衡时的市场利率与国民收入关系等式，我们可以进一步解释土地市场均衡时农用土地需求与建设用地需求之间的调节过程及其结果，如图 6-5 所示。

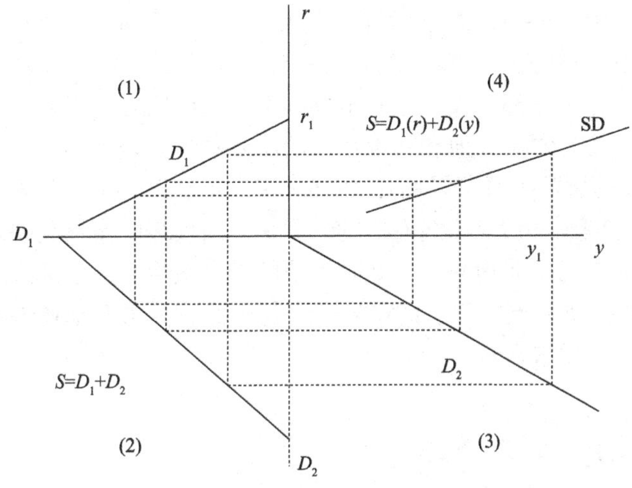

图 6-5　土地均衡调节过程

图 6-5 中第（1）象限表示的是农用土地需求是利率的反函数。这里，纵坐标表示的是市场利率水平，横坐标表示农用土地需求数量。第（3）象限中的曲线表示建设用地需求是国民收入的增函数。该象限中纵坐标表示建设用地需求，横坐标表示国民收入水平。第（2）象限中的曲线表示土地总供给与总需求相等的曲线，即 $S = D = D_1 + D_2$ 。在这个象限中，纵轴表示建设用地需求，横轴表示农用土地需求。这条曲线上的每一点都代表着土地总供给正好满足农用土地需求量与建设用地需求量，即一旦纵坐标上的建设用地需求数量确定，那么横坐标上的数量就是土地市场均衡时农用土地需求数量。

第（1）象限中，任意给定一个市场利率水平 r_1，那么根据农用土地需求的利率公式，农用土地的需求总量将是 D_1'。此时在第（2）象限，如果土地市场供给总量是 S，那么在土地市场均衡，即土地总供给和土地总需求相等的条件下，农

① 事实上，现代宏观经济学认为，国民收入增加时，市场利率确实会相应增加。这是因为，国民收入增加会导致货币需求总量的增加，而在货币供给 M 不变的条件下，市场利率会随货币需求量的增加而上升。

用土地总需求为 D_1' 时，建设用地的需求将是 D_2'。在第（3）象限中，如果建设用地需求量为 D_2' 时，那么根据建设用地的国民收入公式可知，此时国民收入水平必然是 y_1。这一推导过程表明，土地市场均衡时，市场利率与国民收入具有密切关系。换句话说，如果市场利率水平（r_1）一旦确定，那么在土地市场均衡时，即土地总供给与土地总需求相等时，国民收入水平必然是确定的（y_1）。如果市场利率水平发生变化，那么在土地市场均衡时，国民收入水平也必然发生变化。在土地市场均衡时，市场利率与国民收入存在对应的函数关系。

第（4）象限中的 SD 曲线表示的就是土地市场均衡时，市场利率与国民收入之间的函数关系。概括而言，SD 曲线是反映市场利率与国民收入相互关系的曲线，在这条曲线上的任一点都代表一定的市场利率和国民收入的组合，在这样的组合下，土地供给总量与农用土地和建设用地的需求总量是相等的，即土地市场是均衡的。SD 曲线的函数关系可以用式（6-6）中市场利率与国民收入之间的关系表示。在第（4）象限中，SD 曲线左侧的任意一点所代表的市场利率与国民收入组合都意味着土地市场是非均衡的，此时土地的供给数量大于土地需求数量。而在 SD 曲线的右侧任意一点所代表的市场利率与国民收入组合都意味着土地市场的供给数量小于土地需求数量。

6.3.2 SD 曲线的斜率

SD 曲线的表达式为 $r=(\lambda y+\delta-S)/h$，其中 λ/h 为 SD 曲线的斜率，由表达式可以看出 SD 曲线的斜率取决于 λ 和 h，即建设用地需求曲线的斜率和农用土地需求曲线的斜率。

当 λ 为定值时，h 越大，即农用土地需求对市场利率的敏感度越高，SD 曲线越平缓。这是因为，h 越大，市场利率发生的微小变化就足以导致农用土地需求发生较大变化，因此在土地要素总供给不变的情况下，建设用地需求数量就会变化较大，与建设用地需求呈现正向关系的国民收入就会变化较大。在土地市场均衡时，市场利率的微小变化足以导致国民收入的较大变化，国民收入对于市场利率而言具有较大弹性，因此从图 6-5 中可以看到，农用土地需求曲线越平缓，SD 曲线就越平缓。

当 h 为定值时，λ 越大，即建设用地需求对国民收入变动的敏感程度越高，SD 曲线越陡峭。这是因为，当市场利率发生变化从而引致农用土地需求数量发生变化时，在土地要素总供给不变的情况下，建设用地需求必然发生变化，而此时由于国民收入相对于建设用地需求并不敏感（建设用地需求对国民收入变动较为敏感[①])，因此建设用地需求的变化并不能引致国民收入较大变化。因此，在此情况下，土地市场均衡时，国民收入相对于市场利率的弹性较小。从图 6-5 中可以看出，建设用地需求曲线越陡峭，SD 曲线越陡峭。

需要说明的是，在现实经济活动中，SD 曲线并不是完全向右上方倾斜的。这是因为，如果根据 SD 曲线所示，当市场利率上升到很高的水平时，农用土地需求数量将会减少至零，显然这与现实经济活动并不相符。农业是国民经济的基础，在国民经济中占有重要地位，农产品是人类社会赖以生存的重要基础和保障，因此农用土地需求不可能为零。因此，当市场利率上升到一定程度时，农用土地的下降将不再继续，农用土地需求量有一个最低的需求量，这个需求数量不会根据市场利率变动而出现变化。

因此，当市场利率上升到一定程度时，农用土地需求量将不会继续减少，由于土地供给总量不变，建设用地数量将不再增加，国民收入水平将不再增长（图 6-6）[②]。

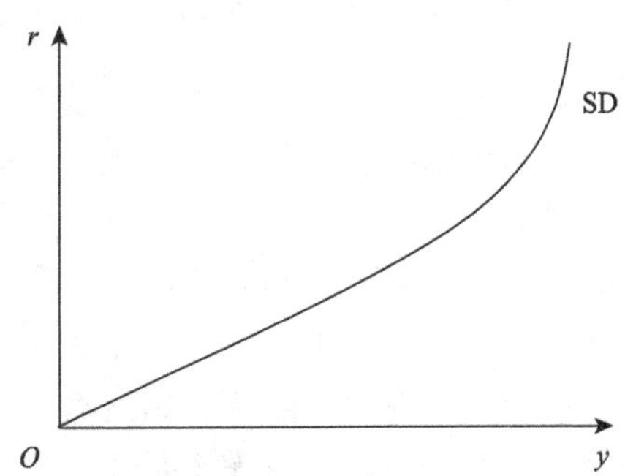

图 6-6　土地市场均衡时利率与国民收入关系

6.3.3　SD 曲线的移动

SD 曲线的表达式为 $r=(\lambda y+\delta-S)/h$ ，$r=(\delta-S)/h$ 是 SD 曲线的纵坐标截距。从公式来看，SD 曲线的移动取决于参数 δ 值，以及土地要素的总供给。由于 δ 为参数，是外生变量，并不发生变化，因此 SD 曲线的移动就仅取决于土地的总供给。土地要素的总供给是固定的，单纯从土地要素总供给角度上看，SD 曲线并不能发生位移。然而，正如本书之前所述，土地要素的供给同时具有社会属性

---

① 由 $D_2=D_2(y)=\lambda y$ （$\lambda>0$）可知，建设用地相对于国民收入的敏感系数为 λ ；相反，国民收入相对于建设用地需求的敏感系数为 $1/\lambda$ 。

② 这里所说的国民收入增长停滞，仅是指建设用地投入数量停滞而导致的其对国民经济增长的贡献为零。此时，技术进步、劳动投入、资本增加等要素投入仍可以进一步推动国民经济增长。

和经济属性，本书所指的土地供给是土地的经济供给，即可以被人类在其经济活动中所使用的土地。正如上文所述，土地要素的经济供给是有弹性的，SD 曲线是可以移动的（图 6-7）。

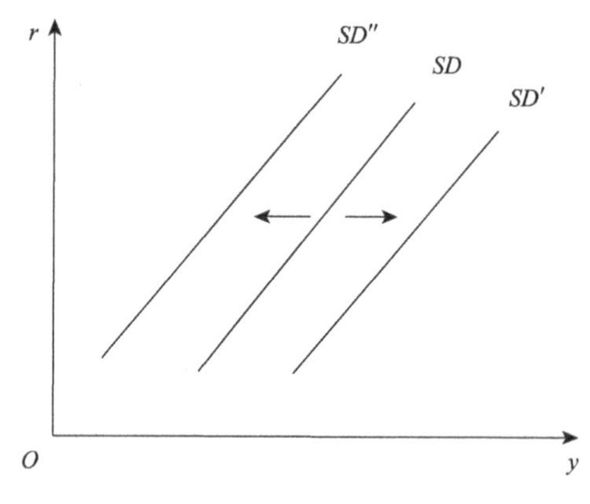

图 6-7　SD 曲线的移动

（1）技术进步对 SD 曲线的影响。技术进步对土地的经济供给产生着重要影响。技术进步既可以使人类利用以往不能利用的土地（从而增加土地要素的总供给），同时也可以使人们对土地要素的利用效率提高（从而增加土地要素的经济供给）。因此，技术进步对 SD 曲线的影响表现为，导致 SD 曲线向右侧平移。

（2）生态、环境因素对 SD 曲线的影响。与技术进步对土地利用的正向影响不同，生态、环境等因素对于土地要素的经济供给具有双重影响。生态损害和环境恶化，将会导致人类可从事的经济活动，无论是在质量上，还是在数量上都会受到严重制约，这种情况事实上即是土地经济供给的减少。因此，生态、环境恶化会降低土地的经济供给，表现为 SD 曲线的左侧平移；相反，良好的生态环境可以有效提高土地的利用效率，生态环境的改善也会推动土地经济供给的增加，表现为 SD 曲线向右侧平移。

（3）人口是影响土地经济供给的重要因素，但是人口因素对 SD 曲线的影响较为复杂。由于边际报酬递减规律的存在，土地的利用效率与单位面积土地上的人口数量具有密切的关系。在一定范围之内，增加人口密度会提高土地生产效率，这实际上就是土地经济供给的增加，SD 曲线向右侧平移；当单位面积土地上的人口密度超过一定范围之后，人口密度的进一步增加将会导致土地利用效率的下降，从而表现为土地经济供给的减少，SD 曲线向左平移。因此，增加单位面积土地上的人口密度，并不能简单地认为可以引起 SD 曲线向右平移，这需要结合现实经济活动的具体情况来讨论。

（4）税收政策对于 SD 曲线的影响。税收政策并不会导致土地总供给数量或者经济供给数量的变动，但是税收政策可以通过影响农用土地需求曲线，或建设用地需求曲线，从而影响 SD 曲线的位置（图 6-8）。

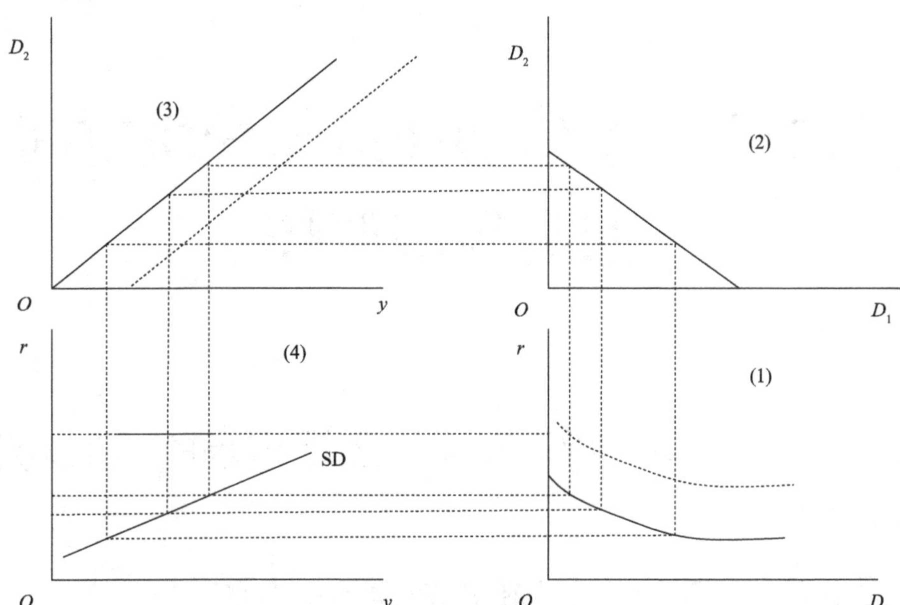

图 6-8　税收政策与 SD 曲线平移

在图 6-8 中，如果政府对农用土地减少税费，那么第（1）象限中农用土地需求曲线将向右侧平移，这是因为减少税费农用土地收益将会增加，因此在土地要素总供给以及建设用地需求曲线不变条件下，SD 曲线会向左平移；如果政府对农用土地征收税费，那么第（1）象限中农用土地需求曲线将向左侧平移，在土地要素总供给以及建设用地需求曲线不变条件下，SD 曲线将向右平移。如果政府对建设用地征收税费，建设用地成本提高，第（3）象限建设用地需求曲线将会向左平移，SD 曲线也将会向左平移；如果政府对建设用地减少税费，建设用地成本下降，第（3）象限中建设用地需求曲线将会向右平移，SD 曲线将会向右平移。

可见，对农用土地征收税费与对建设用地征收税费，其对土地市场均衡的影响是不同的。这与产品市场的财政政策不同，在产品市场中征税的结果会导致产品市场均衡曲线向左平移，而减税的结果会导致产品市场均衡曲线向右侧平移。在土地市场中，政府对农用土地减少税费，土地市场均衡的 SD 曲线将会向左平移；如果政府对农用土地征收税费，土地市场均衡的 SD 曲线将会向右平移。政府对建设用地征收税费，土地市场均衡的 SD 曲线将会向左平移；如果政府对建设用地减少税费，土地市场均衡的 SD 曲线将会向右平移。

第 7 章　主体功能区与异质空间宏观经济调控

7.1　产品市场、货币市场、土地市场的一般均衡

7.1.1　产品市场与货币市场的均衡分析

西方经济学中宏观调控的核心理论来源于凯恩斯的经济思想体系。凯恩斯宏观经济理论可以高度概括为“IS-LM”模型，这也是凯恩斯宏观经济理论的经典分析框架，它反映了产品市场和货币市场同时均衡条件下国民收入和利率的关系。IS-LM 模型包含了 IS 和 LM 两条曲线，其中 IS 曲线表示产品市场均衡下，即 I（投资）$=S$（储蓄）时，产出 y 与利率 r 的关系，$i(r)=s(y)$。由于投资与利率呈反向变化，因此 IS 曲线是向右下方倾斜的曲线；LM 曲线表示货币市场均衡下，即 L（货币需求）$=M$（实际货币供给量）时，产出 y 与利率 r 的关系，$M=L(y)+L(r)$。由于，货币投机需求与利率呈反向变化，因此 LM 曲线向右上方倾斜。如果 IS 曲线和 LM 曲线相交，那么就意味着产品市场和货币市场同时达到均衡（图 7-1）。

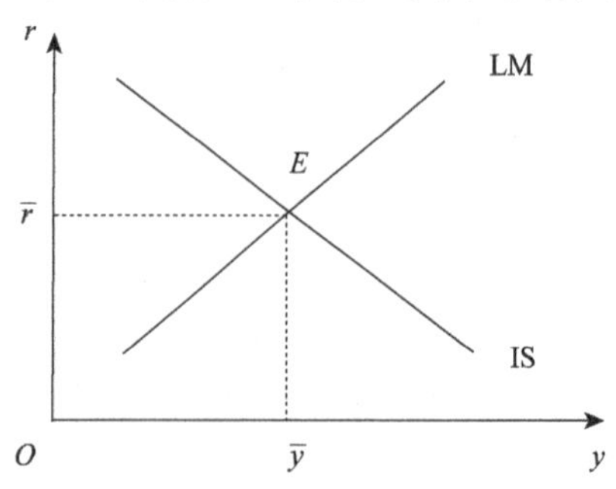

图 7-1　产品市场和货币市场的一般均衡

但事实上，E 点并非就是充分就业时的均衡点，均衡收入 $\overline{y}$ 和均衡利率 $\overline{r}$ 也并不一定是充分就业时的收入和利率。如图 7-2 所示，充分就业时的收入是 y^*，在这种情况下，市场自身调节会使得任何偏离 E 点的国民收入和利率组合自发调整回 E 点。因此，要实现充分就业均衡，这就需要国家进行宏观调控。一方面，政府可以通过扩张性财政政策，促使 IS 曲线向右移动。当 IS 曲线右移到 IS′ 曲线位置时与 LM 曲线相较于 E' 点，此时的收入 y^* 就是充分就业下的收入水平。另一方面，政府也可以通过增加货币供给，实施扩张性的货币政策，使 LM 曲线向右移动，当 LM′ 曲线与 IS 曲线相交于 E'' 时，也会达到充分就业下的收入 y^*。

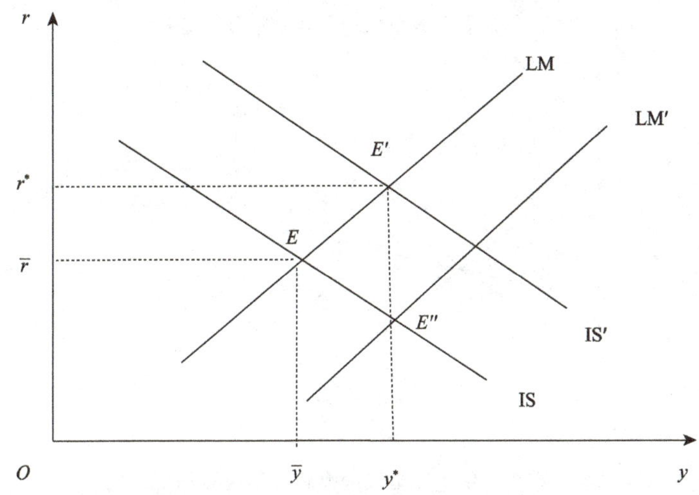

图 7-2　均衡收入和均衡利率的变动

在宏观调控过程中，实行扩张性的财政政策和货币政策都能增加国民收入，但是缺乏土地市场的分析，传统的财政政策和货币政策效果却未必能够达到预期。我们随后从理论上分析加入土地市场后的宏观经济运行效果。

7.1.2　土地市场非均衡与财政政策失灵

在完全竞争的土地市场条件下，政府并不通过行政手段干预土地市场均衡。土地要素市场中的农用土地需求和建设用地需求完全由市场决定。在这种情况下，我们可以借助图 7-3 和图 7-4 说明财政政策实施的效果。

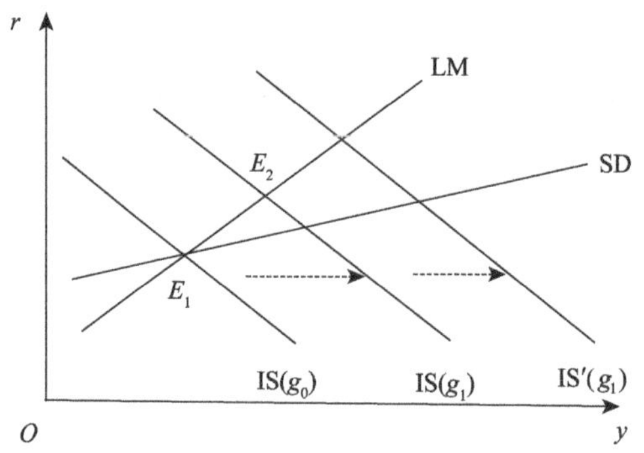

图 7-3　完全竞争土地市场的财政政策效果分析（一）

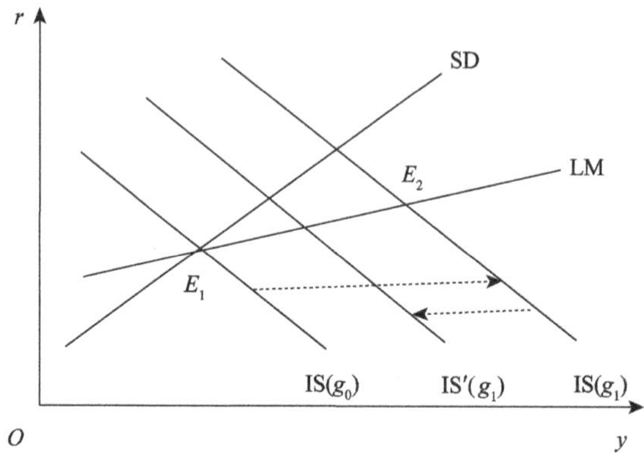

图 7-4　完全竞争土地市场的财政政策效果分析（二）

由于 SD 曲线和 LM 曲线都向右上方倾斜，因此分析完全竞争土地市场下的财政政策效果，需要分别在 LM 斜率大于 SD 斜率以及 LM 斜率小于 SD 斜率两种情况下进行讨论。

首先，我们借助图 7-3 讨论第一种情况。LM 曲线斜率大于 SD 曲线斜率时，如果政府实施扩张性财政政策（增加政府采购，从 g_0 增加到 g_1），IS 曲线将向右侧平移，从 IS(g_0) 位移到 IS(g_1)。产品市场和货币市场均衡时的国民收入和利率组合将从 E_1 移动至 E_2 点。然而，E_2 点并没有处于土地市场均衡的 SD 曲线上，土地市场此时处于供给大于需求状态。这种情况下，由于土地供给量大于土地需求量，土地要素价格将会下降，对于建设用地市场而言，土地收益将会增加，建设用地所承载的工业、商业等经济活动资本边际收益将会增加，因此对于宏观经济而言，社会投资总量将会增加，这会进一步刺激 IS 曲线向右侧移动。可见，在 LM 曲线斜率大于 SD 曲线斜率的情况下，土地市场会使财政政策效果产生过度效应。

在 SD 曲线斜率大于 LM 曲线斜率的情况下，我们借助图 7-4 说明财政政策实施的效果。

在 LM 曲线斜率小于 SD 曲线斜率时，如果政府实施扩张性财政政策（增加政府采购，从 g_0 增加到 g_1），IS 曲线将向右侧平移，从 $IS(g_0)$ 位移到 $IS(g_1)$。产品市场和货币市场均衡时的国民收入和利率组合将从 E_1 移动至 E_2 点。然而，E_2 点却处于土地市场均衡 SD 曲线的右侧，土地市场此时处于供给小于需求状态。这种情况下，由于土地供给量小于土地需求量，土地要素价格将会上涨，对于建设用地市场而言，土地收益将会减少，建设用地所承载的工业、商业等经济活动资本边际收益将会下降，因此对于宏观经济而言，社会投资总量将会减少，这种社会总需求下降将导致 IS 曲线向左侧移动。可见，在 SD 曲线斜率大于 LM 曲线斜率的情况下，土地市场会减弱财政政策的政策效果。

由上述分析可知，考虑到土地市场时，财政政策并不能完全实现其宏观调控目标。扩张性的财政政策效果有时低于单纯产品市场和货币市场均衡时的效果，有时则高于单纯产品市场和货币市场均衡时的效果，其结果取决于 LM 曲线与 SD 曲线斜率的比较。需要注意的是，土地市场对于财政政策的影响是通过影响财政政策的挤出效应而实现的，因此过往宏观经济理论由于将土地市场的影响包含在了挤出效应之中，而忽视了土地市场的国民经济影响。

7.1.3　土地市场非均衡与货币政策失灵

完全竞争土地市场条件下的货币政策效果分析，我们借助图 7-5 和图 7-6 说明。

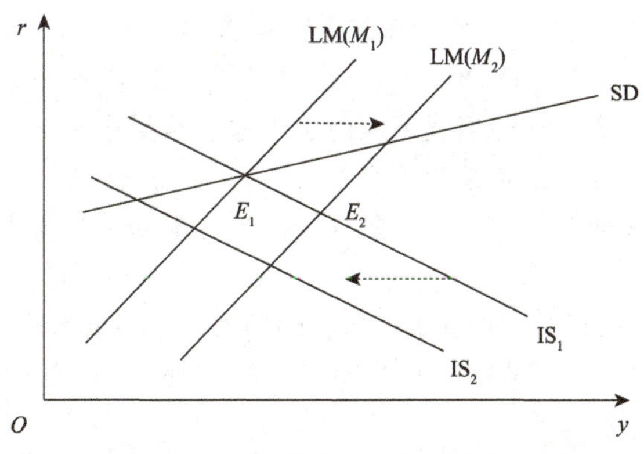

图 7-5　完全竞争土地市场的货币政策效果分析（一）

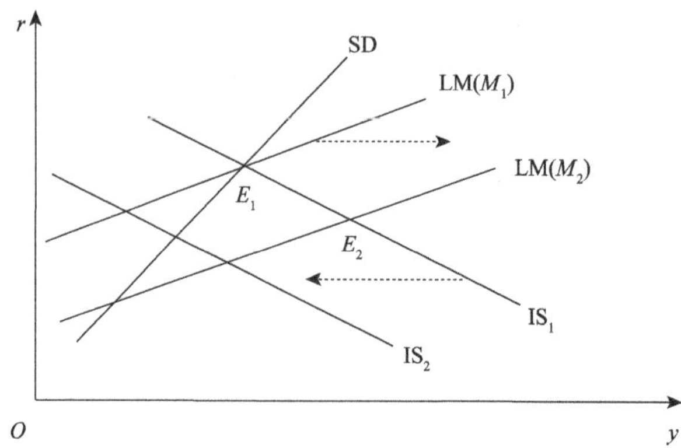

图 7-6　完全竞争土地市场的货币政策效果分析（二）

由于 SD 曲线和 LM 曲线都向右上方倾斜，因此分析完全竞争土地市场下的货币政策效果，也同样需要分成两种情况讨论。首先，在 LM 曲线比 SD 曲线陡峭时，假设政府执行扩张性的货币政策，LM 曲线从 LM(M_1) 右侧平移至 LM(M_2) 位置，此时产品市场和货币市场共同均衡点从 E_1 点移动至 E_2。然而，E_2 位于 SD 曲线右侧，并未处于土地市场均衡的 SD 曲线之上，土地市场此时处于供给小于需求状态。这种情况下，由于土地供给量小于土地需求量，土地要素价格将会上涨，对于宏观经济而言，社会投资总量将会减少，这种社会总需求下降将导致 IS 曲线向左侧移动，均衡的国民收入将向左侧移动。可见，在 LM 曲线斜率大于 SD 曲线斜率时，完全竞争的土地市场会减弱货币政策的政策效果。

在 SD 曲线斜率大于 LM 曲线斜率时，如果政府实施扩张性货币政策，LM 曲线将向右侧平移，从 LM(M_1) 右侧平移至 LM(M_2) 位置，此时产品市场和货币市场均衡时的国民收入和利率组合将从 E_1 点移动至 E_2。然而，E_2 点却并没有处于土地市场均衡的 SD 曲线上，SD 曲线右侧的 E_2 意味着土地市场此时处于供给小于需求状态。这种情况下，由于土地供给量小于土地需求量，土地要素价格将会上涨，社会投资总量将会减少，IS 曲线向左侧移动。可见，在 SD 曲线斜率大于 LM 曲线斜率时，完全竞争的土地市场也会弱化货币政策的经济效果。

概括而言，单纯产品市场和货币市场的均衡，并不是稳定的均衡。单纯地使用财政政策或者是货币政策，并不能确保宏观调控目标的实现。

7.2　土地政策与财政政策、货币政策的联动机制

7.2.1　土地政策、财政政策和货币政策的均衡调节

引入土地市场之后，宏观经济的调控与管理更加复杂。宏观调控必须同时满足产品市场、货币市场与土地市场共同均衡，宏观经济才能保持稳定。这种均衡状态可以用图 7-7 表示。在图 7-7 中，SD 曲线、IS 曲线和 LM 曲线相交于充分就业国民收入水平（ y_f ），即产品市场、货币市场和土地市场是共同均衡的。

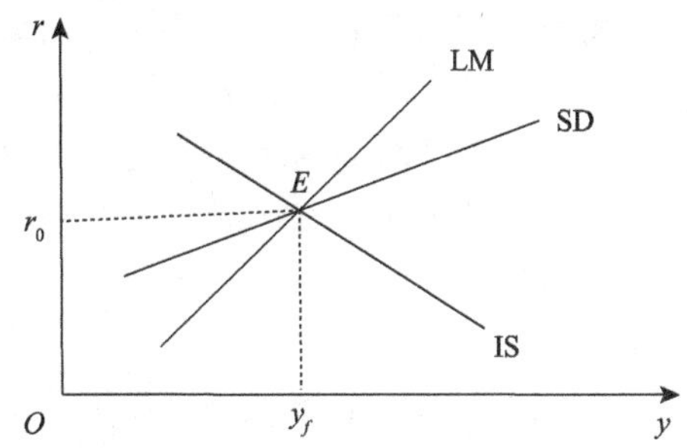

图 7-7　产品市场、货币市场与土地市场的共同均衡

然而，现实经济很少能自发出现上述理想状态，经常出现的情况可能是如下几种情况：①产品市场、货币市场、土地市场都不均衡；②产品市场与货币市场均衡，但土地市场非均衡；③产品市场、货币市场、土地市场都均衡，但却并非充分就业均衡。从宏观经济调控的角度上看，上述三种情况都需要政府宏观干预。政府宏观干预的基本目标应该是实现 SD 曲线、IS 曲线和 LM 曲线相交于充分就业国民收入水平（ y_f ），即产品市场、货币市场和土地市场在充分就业国民收入水平上的共同均衡。

一般而言，如果财政政策、货币政策的均衡点并不是充分就业国民收入水平，那么可以通过调节财政政策或者货币政策即可实现充分就业国民收入。这种调节在传统宏观经济学中进行了详细说明。本书在此仅对土地市场失衡的调控进行理论探讨。

假定产品市场与货币市场已经实现均衡，但土地市场却处于失衡状态，即宏观经济处于 IS 曲线和 LM 曲线的相交位置，但产品市场和货币市场均衡点并不在

SD 曲线上。这种非均衡分为两种情况。我们首先分析 SD 斜率大于 LM 斜率时土地市场、产品市场和货币市场的均衡调节，如图 7-8 所示。

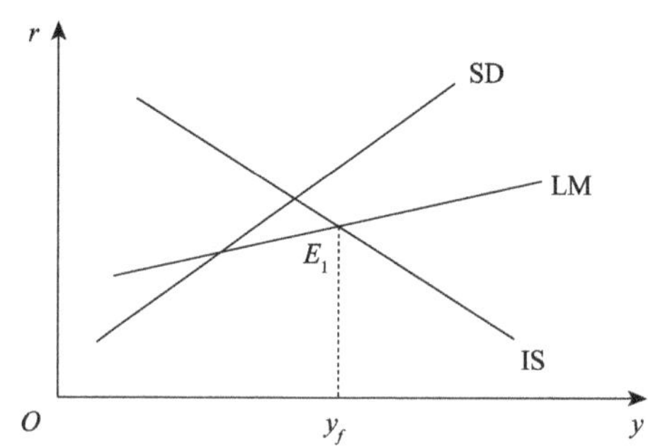

图 7-8　产品市场、货币市场与土地市场的均衡调节（一）

在图 7-8 中，IS 曲线和 LM 曲线相交于 E_1 点，国民收入水平为 y_f。但 E_1 点偏离 SD 曲线，并处于曲线的右侧，此时土地市场并不均衡，土地供给量小于土地需求量。正如前文所述，E_1 点并不稳定。如果期望国民收入仍保持在充分就业水平上，则必须调整土地政策，通过推进 SD 曲线向右平移来实现充分就业的市场均衡。如本书之前所述：技术进步、生态环境、人口密度、税收政策都会导致 SD 曲线的移动。因此，政府可以分别采用上述政策进行土地市场均衡调节。具体如下。

（1）提高技术水平使得 SD 曲线向右平移，实现土地市场、产品市场和货币市场的共同均衡。

（2）改善生态环境增加土地的经济供给，使得 SD 曲线右侧平移，实现土地市场、产品市场和货币市场的共同均衡。

（3）在一定范围内，提高单位面积土地上的人口密度，提高土地要素的利用效率，使土地经济供给增加，进而促使 SD 曲线向右侧平移①。

（4）税收政策对于 SD 曲线移动具有重要影响。但是，对农用土地征收税费与对建设用地征收税费，其对土地市场均衡的影响是不同的。在土地市场中，政府对农用土地征收税费，土地市场均衡的 SD 曲线将会向右平移；政府对建设用地减少税费，土地市场均衡的 SD 曲线将会向右平移。

当 LM 曲线斜率大于 SD 曲线斜率情况时，我们借助图 7-9 进行土地市场、产品市场和货币市场的均衡分析。

① 当单位面积土地上的人口密度超过一定范围之后，人口密度的进一步增加将会导致土地利用效率的下降，从而表现为土地经济供给的减少，SD 曲线向左平移。因此，当单位土地面积人口密度过大时，应该减少人口密度才能实现 SD 曲线向右移动。

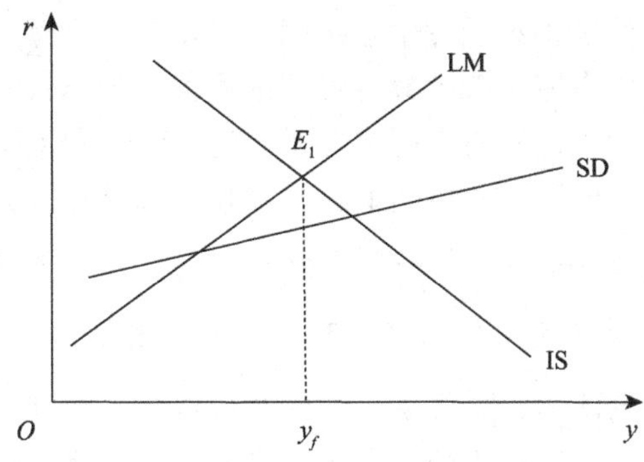

图 7-9　产品市场、货币市场与土地市场的均衡调节（二）

在图 7-9 中，IS 曲线和 LM 曲线相交于 E_1 点，国民收入水平为 y_f。但 E_1 点偏离 SD 曲线，并处于 SD 曲线的左侧，此时土地市场并不均衡，土地供给量大于土地需求量。正如前文所述，E_1 点并不稳定。如果期望国民收入仍保持在充分就业水平上，则必须调整土地市场，通过推进 SD 曲线向左平移来实现充分就业的市场均衡。如本节之前所述：技术进步、生态环境、人口密度、税收政策都会导致 SD 曲线的移动。但是，技术进步、生态环境等因素只能正向推进 SD 曲线移动。因此，在 LM 曲线斜率大于 SD 曲线斜率情况时，政府可以通过人口密度调整，以及税收政策调节实现 SD 曲线的移动。如在一定范围内，通过采用降低单位面积土地上的人口密度、对农用土地减少税费、对建设用地征收税费等政策，调节土地市场均衡，使得 SD 曲线向左平移。

7.2.2　异质空间下的货币政策效果分析

7.2.1 节对土地政策、货币政策和财政政策的均衡调节进行了初步探索。事实上，在异质空间宏观经济运行模型中，土地政策、货币政策以及财政政策的实施效果也与传统的凯恩斯宏观经济学和新凯恩斯宏观经济学并不一致。根据异质空间宏观经济运行模型，准确厘清财政政策、货币政策以及土地政策的运行效果，不仅是本书宏观经济调控研究重要的理论价值所在，同样也是本书主体功能区宏观调控政策制定的重要内容和依据。因此，本书将分别对异质空间下的货币政策、财政政策和土地政策进行分析。

在宏观调控政策中，财政政策、土地政策在实践中可以根据不同区域的经济发展特征和环境条件分别制定和实施，而货币政策通常是全局性的政策手段，并不能分区域进行制定和实施。因此，根据本书基于土地市场一般均衡分析的空间宏观经济运行模型，主体功能区宏观调控应以财政和土地政策为主要手段。然而，异质空间宏观经济运行模型对于货币政策的效果也有更为深刻的揭示，即便货币政策并不能作为各类型主体功能区分类管理的手段，但是本书也将对异质空间下的货币政策效果进行分析，从而保证本书研究的完整性和系统性。

因此，本节将主要进行异质空间下的货币政策效果分析，而在第 8 章分别结合各类型主体功能区特征，进行财政政策和土地政策的效果分析。

1. 国民收入水平低于充分就业水平时扩张性货币政策使用原则及其效果

主流宏观调控理论认为，如果实际国民收入低于充分就业国民收入时，政府应该采取扩张性的政策，通过刺激总需求，进而推进经济增长，使得实际的国民收入水平达到充分就业的国民收入水平。

我们首先讨论 LM 曲线斜率大于 SD 曲线斜率时的货币政策效果（图 7-10）。假设初始阶段产品市场、货币市场和土地市场在 E_1 点处稳定均衡。如果此时国民收入 y_0 并非充分就业国民收入 y_f，那么政府可以通过扩张性货币政策，刺激总需求，LM 曲线将向右侧平移，从 LM_1 位移到 LM_2。产品市场和货币市场的均衡将会从 E_1 变动到 E_2 点，国民收入水平初步达到了充分就业水平。传统宏观调控理论认为，此时宏观调控实现了预定目标，并能稳定均衡。

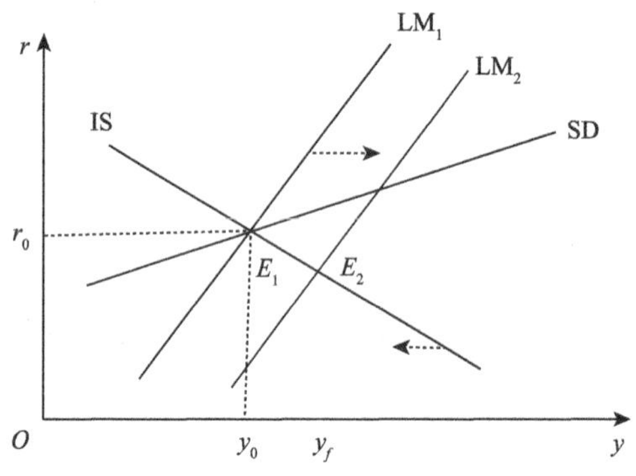

图 7-10　货币政策效果分析（一）

然而，正如我们之前所述，产品市场和货币市场的均衡 E_2 点却并没有处于土地市场均衡的 SD 曲线上，土地市场此时处于供给小于需求状态。这种情况下，由于土地供给量小于土地需求量，土地要素价格将会上涨，建设用地所承载的工业、商业等经济活动资本边际收益将会减少，因此社会投资总量将会下降，这会导致 IS 曲线向左侧移动，从而产品市场和货币市场的均衡将会向左侧移动。土地市场的非均衡会干扰产品市场和货币市场的稳定均衡，并导致财政政策出现挤出效应。事实上，如果没有其他调控干预，这种移动将会持续下去。因为，随着产品市场和货币市场均衡点向左侧移动，均衡点与土地均衡 SD 曲线的距离越来越大，这种偏离会进一步导致土地要素价格上升，资本边际收益下降，进而 IS 曲线继续向左侧移动。这种财政政策的挤出效应必然导致宏观经济出现萧条现象，并使得政府初始的扩张性货币政策失效。

因此，实际国民收入水平低于充分就业国民收入时，单独使用扩张性货币政策并不能充分实现宏观调控目标。在考虑土地市场的影响下，政府必须采用复合型政策手段才能实现充分就业的国民收入。政府可以采用扩张性货币政策与扩张性土地政策组合模式，也可以采用扩张性财政政策与扩张性的货币政策组合模式。我们对这两种政策组合模式的使用分别加以讨论。

在选择扩张性的财政政策与扩张性的货币政策组合下，政府应该通过扩张性的货币政策让 LM 曲线右移，同时配合使用扩张性的财政政策让 IS 曲线向右侧平移[①]。在两种政策的配合下，使得 IS 曲线与 LM 曲线的交点，即产品市场和货币市场共同均衡点恰恰处于 SD 曲线之上，此时产品市场、货币市场和土地市场同时达到均衡。实际的国民收入水平正好为充分就业的国民收入水平，宏观调控目标得以实现。

如果选择扩张性土地政策配合扩张性货币政策，那么当调整货币供给使得 LM 曲线向右移动，产品市场和货币市场的均衡处于充分就业国民收入时，为使得产品市场不会因资本边际效率下降而导致社会需求总量减少，我们同时配合使用扩张性土地政策，让 SD 曲线右侧平移，直至产品市场、货币市场和土地市场同时在充分就业收入水平（ y_f ）达到均衡，宏观调控目标得以实现。

接下来，我们分析 SD 曲线斜率大于 LM 曲线斜率时扩张性货币政策效果（图 7-11）。同样假设初始阶段产品市场、货币市场和土地市场同时达到稳定均衡，并处于 E_1 点位置。如果国民收入 y_0 并非充分就业国民收入 y_f，政府制定扩张性的货币政策提高国民收入水平。LM 曲线将向右侧平移，从 LM_1 位移到 LM_2。产品市场和货币市场的均衡将会从 E_1 变动到 E_2 点，国民收入水平初步达到了充分就业水平。

① 显然，这与凯恩斯宏观经济学和新凯恩斯宏观经济学观点并不一致。新凯恩斯宏观经济学主张，如果实际的国民收入水平低于充分就业国民收入水平时，政府应当采用扩张性的财政政策，同时为防止扩张性财政政策会带来经济过热的潜在风险，政府应同时采用紧缩性的货币政策进行补充。只有在经济严重萧条时，政府才应该使用扩张性的货币政策和扩张性的财政政策。而本书认为，考虑到土地市场均衡的影响，即便不是严重萧条阶段，政府此时也必须采用扩张性的货币政策，以确保产品市场和货币市场的均衡能与土地市场均衡相一致，否则会出现财政政策的挤出效应，并且政府宏观调控目标并不能充分实现。

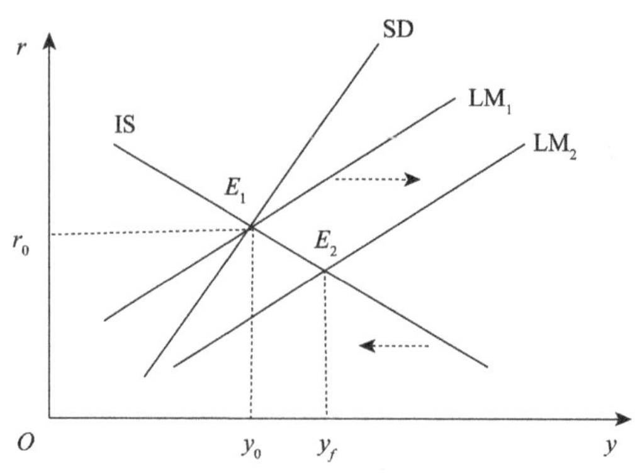

图 7-11　货币政策效果分析（二）

然而，E_2 点却并未处于土地市场均衡的 SD 曲线上，而是处于 SD 曲线的右侧，土地市场此时处于供给小于需求状态。这种情况下，由于土地供给量小于土地需求量，土地要素价格将会上升，资本边际收益将会下降，社会投资总量将会减少，这会导致 IS 曲线向左侧移动，从而产品市场和货币市场的均衡将会向左侧移动。土地市场的非均衡会干扰产品市场和货币市场的稳定均衡，并导致财政政策出现挤出效应。事实上，如果没有其他调控干预，这种移动将会持续下去。只要均衡点与土地均衡 SD 曲线存在距离，这种偏离就会持续导致土地要素价格上涨，资本边际收益减少，IS 曲线持续向左侧移动。政府扩张性的货币政策没有实现既定的宏观调控目标。

因此，SD 曲线斜率大于 LM 曲线斜率时，单独使用扩张性货币政策并不能充分实现宏观调控目标。在考虑土地市场的影响下，政府可以采用扩张性货币政策与扩张性土地政策相互配合的复合型政策才能实现充分就业的国民收入。我们对这种政策组合模式的使用加以讨论。

在选择扩张性的货币政策与扩张性的土地政策组合下，政府应该通过扩张性的货币政策让 LM 曲线向右侧平移，同时配合使用扩张性的土地政策让 SD 曲线右移。两种政策的配合，使得 IS 曲线与 LM 曲线的交点，即产品市场和货币市场共同均衡点正好处于 SD 曲线上，产品市场、货币市场和土地市场共同实现了均衡，宏观调控目标得以实现。

2. 国民收入水平高于充分就业水平时紧缩性货币政策使用原则及其效果

主流宏观调控理论认为，如果实际国民收入高于充分就业国民收入时，政府应该采取紧缩性的政策，通过减少总需求，进而使得实际的国民收入水平下降到充分就业的国民收入水平，防止经济过热。

我们首先讨论 LM 曲线斜率大于 SD 曲线斜率时的货币政策效果（图 7-12）。同样假设初始阶段产品市场、货币市场和土地市场同时达到稳定均衡，并处于 E_1

点位置。如果此时国民收入 y_0 高于充分就业国民收入 y_f，那么政府应该制定紧缩性的货币政策，降低国民收入水平。假定政府制定紧缩性货币政策，LM 曲线将向左侧平移，从 LM_1 位移到 LM_2。产品市场和货币市场的均衡将会从 E_1 变动到 E_2 点，国民收入水平初步达到了充分就业水平。

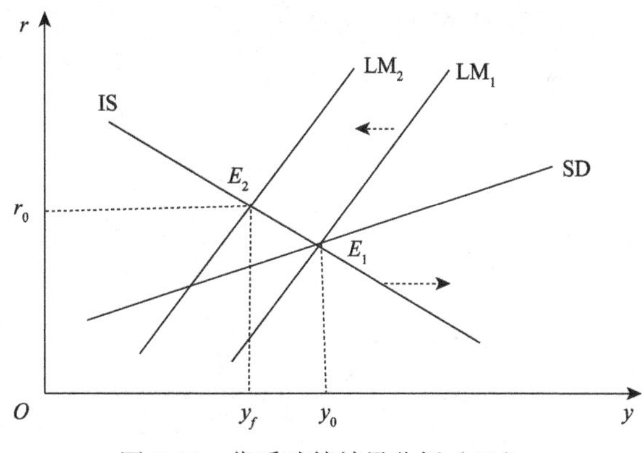

图 7-12　货币政策效果分析（三）

然而，产品市场和货币市场的均衡 E_2 点却并没有处于土地市场均衡的 SD 曲线上，土地市场此时处于供给大于需求状态。这种情况下，由于土地供给量大于土地需求量，土地要素价格将会下降，资本边际收益将会上升，社会投资总量将会增加，这会导致 IS 曲线向右侧移动，从而产品市场和货币市场的均衡将会向右侧移动。土地市场的非均衡会干扰产品市场和货币市场的稳定均衡，并导致财政政策出现扩张效应。事实上，如果没有其他调控干预，这种移动将会持续下去。因为，随着产品市场和货币市场均衡点向右侧移动，均衡点与土地均衡 SD 曲线的距离越来越大，这种偏离会进一步导致土地要素价格下降，资本边际收益提高，IS 曲线持续向右侧移动，宏观经济会出现过热现象。

因此，LM 曲线斜率大于 SD 曲线斜率时，单独使用紧缩性货币政策并不能实现宏观调控目标，甚至会导致经济过热。为使均衡的国民收入稳定在充分就业的国民收入水平，政府必须采用复合型的政策手段，即紧缩性的财政政策与紧缩性的货币政策组合，或者是紧缩性的货币政策与紧缩性的土地政策组合。我们对这两种政策组合的使用分别加以讨论。

在选择紧缩性的财政政策与紧缩性的货币政策组合下，政府应该通过紧缩性的货币政策让 LM 曲线左移，同时配合使用紧缩性的财政政策让 IS 曲线同样向左侧平移。两种政策的配合条件下，使得 IS 曲线与 LM 曲线的交点，即产品市场和货币市场共同均衡点恰恰处于 SD 曲线之上，产品市场、货币市场和土地市场同时达到均衡。此时，实际的国民收入水平正好为充分就业的国民收入水平，宏观调控目标得以实现。

如果选择紧缩性的货币政策与紧缩性的土地政策组合，那么当紧缩性的货币政策使得产品市场和货币市场的均衡处于充分就业国民收入时，为使得财政政策不会产生持续的扩张效应，我们可以同时选择紧缩性的土地政策，让 SD 曲线向左侧平移，直至产品市场、货币市场和土地市场同时在充分就业国民收入水平（y_f）达到均衡，宏观调控目标得以实现（图 7-13）。

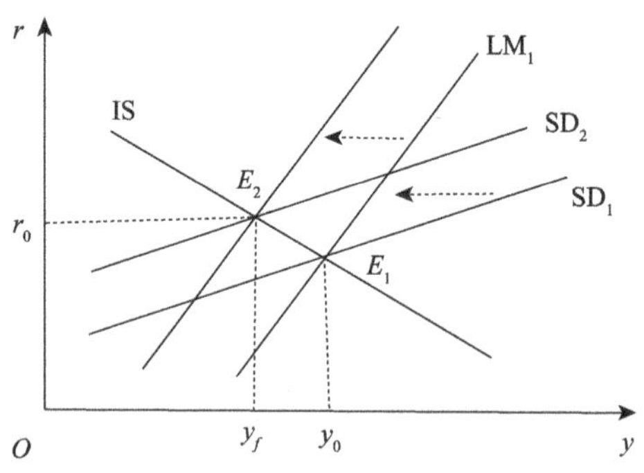

图 7-13　货币政策效果分析（四）

接下来，我们分析 SD 曲线斜率大于 LM 曲线斜率时紧缩性货币政策效果（图 7-14）。同样假设初始阶段产品市场、货币市场和土地市场在 E_1 点处实现均衡。然而，如果此时国民收入 y_0 并非充分就业国民收入 y_f，政府制定紧缩性的货币政策降低国民收入水平。LM 曲线将向左侧平移，从 LM_1 位移到 LM_2。产品市场和货币市场的均衡将会从 E_1 变动到 E_2 点，国民收入水平初步达到了充分就业水平。

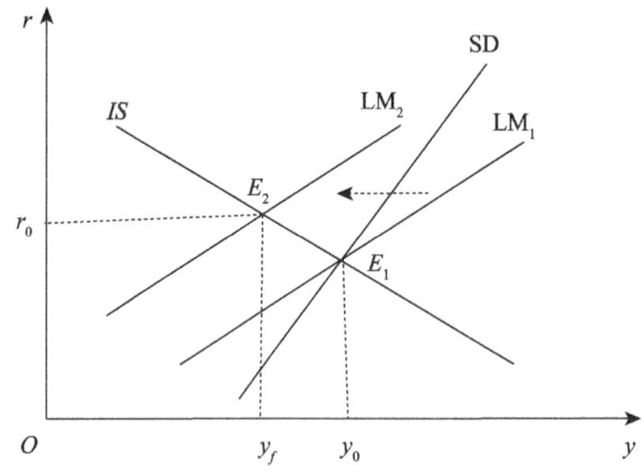

图 7-14　货币政策效果分析（五）

此时，产品市场和货币市场的均衡点 E_2 却并没有处于土地市场均衡的 SD 曲线上，而是处于 SD 曲线的左侧，土地市场此时处于供给大于需求状态。这种情况下，由于土地供给量大于土地需求量，土地要素价格将会下降，资本边际收益将会提高，社会投资总量将会增加，这会导致 IS 曲线向右侧移动，从而产品市场和货币市场的均衡将会向右侧移动。土地市场的非均衡会干扰产品市场和货币市场的稳定均衡，并导致财政政策出现扩张效应。事实上，如果没有其他调控干预，这种移动将会持续下去。只要均衡点与土地均衡 SD 曲线存在距离，这种偏离就会持续导致土地要素价格下降，资本边际收益继续增加，IS 曲线持续向右侧移动。货币政策完全失效，这种政府紧缩性的货币政策不能实现既定的宏观调控目标。

因此，SD 曲线斜率大于 LM 曲线斜率时，单独使用紧缩性货币政策也并不能充分实现宏观调控目标。此时，为使均衡的国民收入稳定在充分就业的国民收入水平，政府同样必须采用复合型政策手段，即紧缩性的货币政策与紧缩性的土地政策组合。我们对这种政策组合的使用进行讨论。

选择紧缩性的货币政策与紧缩性的土地政策组合，那么当紧缩性的货币政策使得产品市场和货币市场的均衡处于充分就业国民收入时，为使得财政政策不会产生扩张效应，我们可以同时选择紧缩性的土地政策，让 SD 曲线向左侧平移，直至产品市场、货币市场和土地市场同时在充分就业国民收入水平（ y_f ）达到均衡，宏观调控目标得以实现（图 7-15）。

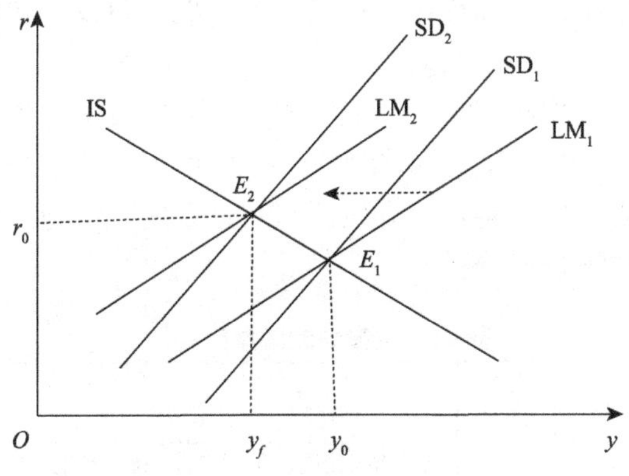

图 7-15　货币政策效果分析（六）

7.3　主体功能区分类管理的宏观调控政策选择依据

本书构建异质空间宏观经济运行模型，其根本目的就是通过土地市场、产品市场和货币市场的一般均衡分析，为主体功能区的分类管理提供宏观调控的理论依据。鉴于四类不同主体功能区的土地市场、产品市场和货币市场的运行规律是不同的，因此本书将结合异质空间宏观经济运行模型分别对四种类型主体功能区的市场均衡进行分析，从而准确厘清不同类型功能区宏观调控政策选择的依据。

建设用地价格与农用土地价格差异是土地利用格局演变的内在动力。如果农用土地价格低于建设用地价格，那么在市场机制的作用下，部分农用土地将转化为建设用地。随着农用土地供给量的减少，农产品价格上升，农用土地预期各年收入将会提高，这就导致农用土地价格上涨，同时随着建设用地供给数量增加，建设用地价格将会出现下降趋势。这一调整过程将持续到农用土地价格与建设土地价格相等，土地格局出现平衡状态，农用土地价格和建设用地价格也相对保持稳定。同样，如果农用土地价格高于建设用地价格，那么在市场机制的作用下，部分建设用地将转化为农用土地。随着农用土地供给量的增加，农用土地预期各年收入将会下降，这就导致农用土地价格下降，同时随着建设用地供给数量减少，建设用地价格将会上涨。这一调整过程将持续到农用土地价格与建设用地价格相等，土地格局出现平衡状态，农用土地价格和建设用地价格也相对保持稳定。这一规律既是本书进行土地市场均衡分析的基本前提和假设，同样也是本书分类分析主体功能区管理政策的重要依据。

为分析简便，并根据我国“十一五”规划纲要中关于各类别主体功能区资源承载能力、发展潜力、内涵和发展方向的界定（表 7-1），本书将优化开发区与重点开发区作为一大类，同时将限制开发区与禁止开发区作为一大类，分别进行分类管理的宏观调控政策选择分析。

表7-1　主体功能区类别特征

类型	资源承载能力	发展潜力	内涵	发展方向
优化开发区	高	高	国土开发密度较高，资源环境承载能力有所减弱，经济和人口高度密集区域	转变经济发展方式，强化经济结构调整，降低资源消耗，提高自主创新能力
重点开发区	中	高	资源环境承载能力较强，经济和人口集聚条件较好的区域	实行工业化、城镇化战略，综合评价经济增长、质量效益、产业结构、资源消耗以及外来人口公共服务等指标
限制开发区	低	中	资源环境承载力弱，大规模集聚经济和人口条件不好，并关系到全国或较大区域范围生态安全的区域	引导超载人口逐步有序转移，强化农业生产和生态保护
禁止开发区	低	低	各类型自然保护区和生态保护区	强化对自然文化资源原真性和完整性保护，不涉及任何经济发展

资料来源：《中华人民共和国国民经济和社会发展第十一个五年规划纲要》

7.3.1　限制开发区和禁止开发区的市场均衡分析

1. 限制开发区、禁止开发区的土地市场均衡曲线特征

从国家对限制开发区和禁止开发区资源承载能力、内涵和发展方向的界定中，一般可以认为限制开发区和禁止开发区的重要组成部分是粮食主产区、生态功能区以及自然保护区。由于粮食主产区、生态功能区以及自然保护区的土地市场均衡特征基本一致，并且粮食主产区土地市场均衡稍显复杂，因此我们以粮食主产区为例进行土地市场均衡分析。

在农用土地价格决定的一般公式中，我们知道农用土地价格既取决于未来各年份土地预期收入，同时又取决于未来各年份市场利率变动。如果在农用土地预期各年份收入不变的条件下，市场利率下降，那么农用土地的价格将会上涨；而如果未来市场利率提高，那么农用土地的价格就会下降。所以，农用土地的价格与市场利率呈现反向关系。因此，农用土地需求与市场利率之间就存在着函数关系，这种函数关系可以表示为：$D_1 = D_1(r)=\delta - hr$　(δ，$h>0$)，如图 7-16 所示。在农用土地需求公式中 h 表示农用土地需求的利率系数，负号表示农用土地需求与市场利率的变动有负向关系。

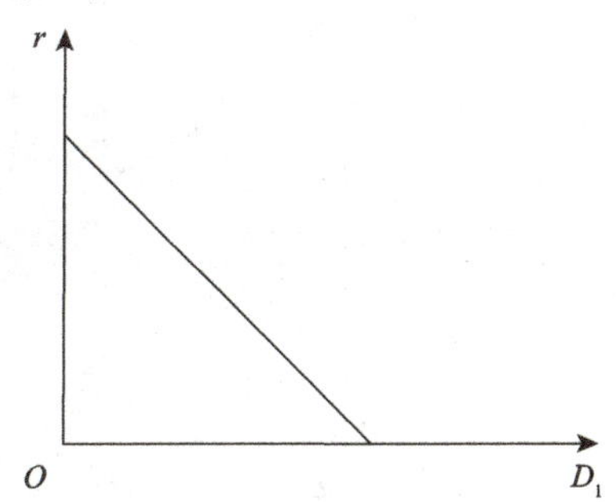

图 7-16　农用土地需求曲线

从图 7-16 农用土地需求曲线可以看出，农用土地的需求数量与市场利率成反比关系。市场利率越高，农用土地的需求数量就越小；市场利率越低，农用土地需求数量就越大。然而，农用土地需求曲线的倾斜程度却不取决于市场利率。事实上，农业是国民经济的基础，对国民经济的波动产生显著影响。因此，多数国家政府都会通过制定相关政策以确保农用土地的数量和质量，从而保障国民经济安全。尤其是在粮食主产区，为防止农业生产受到市场价格波动的影响，各国政府都制定了较为完善的相关政策进行防范，如目前各国普遍存在的农产品价格维

持制度。从这个角度上说，在粮食主产区，农用土地价格对于市场利率的敏感性就会下降，在市场利率发生变化的情况下，农用土地需求变化幅度并不会很大。因此，在粮食主产区中，农用土地需求曲线较为陡峭。在农用土地的需求曲线公式中，就表现为 h 的绝对值较小。

事实上，上述对粮食主产区农用土地需求曲线斜率的分析，同样适用生态功能区，以及自然保护区的土地需求规律。一般而言，政府对生态功能区、自然保护区的土地使用具有更为严格的规定和政策。这就导致了生态功能区、自然保护区的土地需求数量相对于市场利率的变化更缺乏敏感性，甚至一定程度上可以说，这些功能区的土地使用数量几乎与市场利率变动无关。这意味着，在 $D_1 = D_1(r) = \delta - hr$　（δ，$h > 0$）中，h 的数值更小，土地需求与市场利率的关系曲线更为陡峭。

土地需求相对于市场利率变动的敏感性对于土地市场均衡曲线（SD 曲线）的斜率具有重要的影响（图 7-17）。

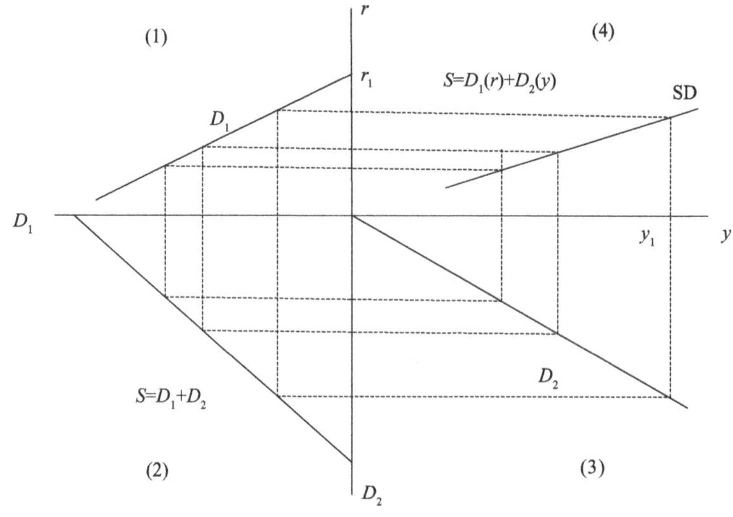

图 7-17　利率敏感弹性对土地均衡曲线的影响

图 7-17 中，第（1）象限表示的是农用土地需求是利率的反函数。纵坐标表示的是市场利率水平，横坐标表示的是农用土地需求数量。第（3）象限中的曲线表示建设用地需求是国民收入的增函数。该象限中纵坐标表示建设用地需求，横坐标表示国民收入水平。第（2）象限中的曲线表示土地总供给与总需求相等的曲线，即 $S = D = D_1 + D_2$ 。在这个象限中，纵轴表示建设用地需求，横轴表示农用土地需求。这条曲线上的每一个点都代表着土地总供给正好满足农用土地需求量与建设用地需求量，即一旦纵坐标上的建设用地需求数量确定，那么横坐标上的

数量就是土地市场均衡时农用土地需求数量。第（1）象限中，任意给定一个市场利率水平 r_1，那么根据农用土地需求的利率公式，农用土地的需求总量将是 D_1'。此时在第（2）象限，如果土地市场供给总量是 S，那么在土地市场均衡，即土地总供给和土地总需求相等的条件下，农用土地总需求为 D_1' 时，建设用地的需求将是 D_2'。在第（3）象限中，如果建设用地需求量为 D_2'，那么根据建设用地的国民收入公式可知，此时国民收入水平必然是 y_1。这一推导过程表明，土地市场均衡时，市场利率与国民收入具有密切关系。换句话说，如果市场利率水平（r_1）一旦确定，那么在土地市场均衡时，即土地总供给与土地总需求相等时，国民收入水平必然是确定的（y_1）。在土地市场均衡时，市场利率与国民收入存在对应的函数关系。象限（4）中的 SD 曲线表示的就是土地市场均衡时，市场利率与国民收入之间的函数关系。

在上述推导过程中，显然我们可以得出这样的结论：如果第（1）象限的农用土地需求曲线越陡峭，那么第（4）象限中的土地市场均衡曲线 SD 曲线也将越陡峭，即土地市场均衡曲线（SD 曲线）相对于纵坐标，其斜率越大。

2. 限制开发区、禁止开发区的政策效果分析

土地市场均衡曲线（SD 曲线）的斜率对于宏观调控政策效果具有重要的影响作用。本节将在土地市场均衡曲线斜率较大的情况下，分别对财政政策、货币政策和土地政策效果进行分析。

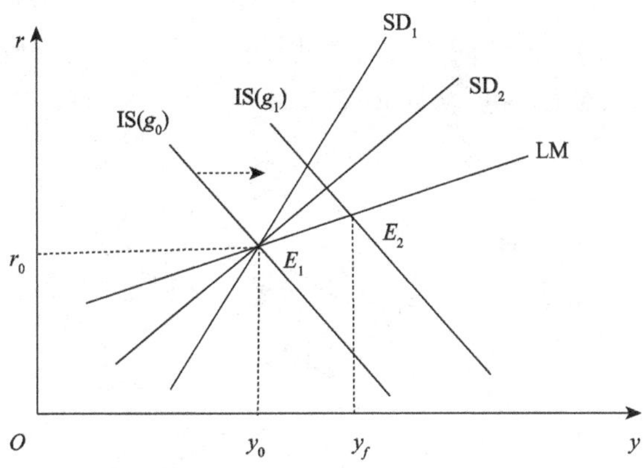

图 7-18　财政政策效果分析（一）

我们首先分析不同 SD 曲线斜率下财政政策的效果（图 7-18）。首先，假设存在着两个经济体。两个经济体有相同的产品市场均衡 IS 曲线和货币市场均衡

LM 曲线，但是两个经济体存在不同的土地市场均衡曲线，第一个经济体的 SD_1 曲线较为陡峭，第二个经济体的 SD_2 曲线较为平坦。假设初始阶段，两个经济体的产品市场、货币市场和土地市场均在 E_1 点处实现均衡。然而，如果此时国民收入 y_0 并非充分就业国民收入 y_f，两个经济体同时制定扩张性的财政政策提高国民收入水平，则 IS 曲线将向右侧平移，从 $IS(g_0)$ 位移到 $IS(g_1)$。产品市场和货币市场的均衡将会从 E_1 变动到 E_2 点。

然而，正如我们所述，产品市场和货币市场的均衡点 E_2 却并没有处于土地市场均衡（SD_1 或 SD_2）曲线上，而是处于 SD 曲线的右侧，土地市场此时处于供给小于需求状态。这种情况下，土地要素价格将会上涨，资本边际收益将会下降，社会投资总量将会减少，这就导致 IS 曲线向左侧移动，财政政策出现挤出效应。一般而言，产品市场和货币市场的均衡点 E_2 越偏离土地均衡曲线，那么这种财政政策的挤出效应就越大，财政政策效果就越差。因此，SD 曲线越陡峭，扩张性的财政政策实现既定宏观调控目标的能力就越弱。

而对于不同 SD 曲线斜率下货币政策的效果，我们可以借助图 7-19 进行分析。同样，首先假设存在着两个经济体。两个经济体有相同的产品市场均衡 IS 曲线和货币市场均衡 LM 曲线，但是两个经济体存在不同的土地市场均衡曲线，第一个经济体的 SD_1 曲线较为陡峭，第二个经济体的 SD_2 曲线较为平坦。假设初始阶段，两个经济体的产品市场、货币市场和土地市场均在 E_1 点处实现均衡。然而，如果此时国民收入 y_0 并非充分就业国民收入 y_f，两个经济体同时制定扩张性的货币政策提高国民收入水平，LM 曲线将向右侧平移，从 LM_1 位移到 LM_2。产品市场和货币市场的均衡将会从 E_1 变动到 E_2 点。

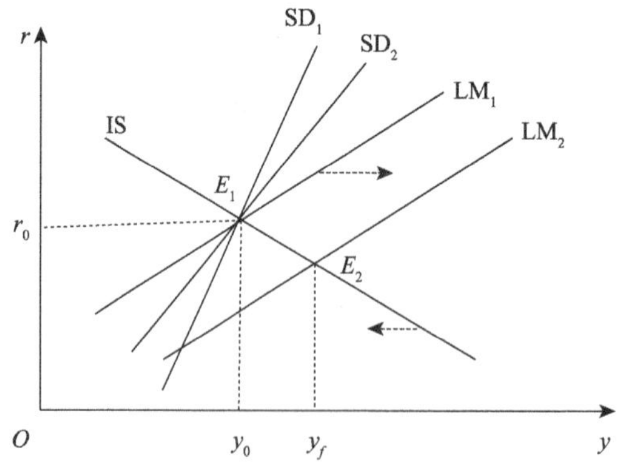

图 7-19　货币政策效果分析（七）

然而，产品市场和货币市场的均衡点 E_2 却并没有处于土地市场均衡（SD_1 或 SD_2）曲线上，而是处于 SD 曲线的右侧。这种情况下，由于土地供给量小于土地需求量，土地要素价格将会上升，资本边际收益将会下降，社会投资总量将会减少，这会导致 IS 曲线向左侧移动，财政政策出现挤出效应。同样，产品市场和货币市场的均衡 E_2 点越偏离土地均衡曲线，那么这种财政政策的挤出效应就越大。因此，SD 曲线越陡峭，政府扩张性的货币政策实现既定宏观调控目标的能力就越弱。

对于不同 SD 曲线斜率下土地政策的效果，我们可以借助图 7-20 进行分析。同样，首先假设存在着两个经济体。两个经济体有相同的产品市场均衡 IS 曲线和货币市场均衡 LM 曲线，但是两个经济体存在不同的土地市场均衡曲线，第一个经济体的 SD_1 曲线较为陡峭，第二个经济体的 SD_2 曲线较为平坦。假设初始阶段两个经济体的产品市场、货币市场和土地市场均在 E_1 点处实现均衡。然而，如果此时国民收入 y_0 并非充分就业国民收入 y_f，则两个经济体同时制定扩张性的土地政策提高国民收入水平，SD 曲线将向右侧平移，SD_1 曲线位移到 SD_1'；SD_2 曲线位移到 SD_2'。从图 7-20 可以看出，斜率较大的 SD_1' 与 IS 曲线的交点相对于斜率较小的 SD_2' 与 IS 曲线的交点更远一些。这说明，SD 曲线的斜率越大，SD 曲线越陡峭，土地政策的效果越好[①]。

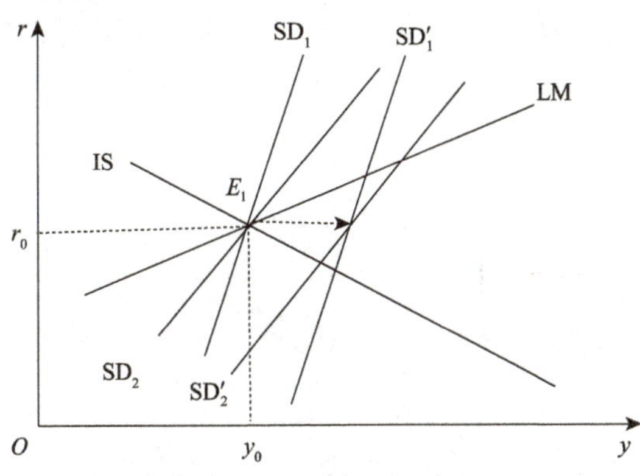

图 7-20　土地政策效果分析（一）

通过上述土地市场均衡曲线（SD 曲线）斜率对于（财政、货币和土地）政策效果的影响分析，本书认为限制开发区、禁止开发区因其土地市场均衡曲线较为陡峭，财政政策和货币政策的实施效果并不能完全实现宏观调控目标，因此在限制开发区和禁止开发区的分类管理中，应当以土地政策为宏观调控的主要手段，并在一定程度上配合使用财政政策和货币政策。

① 事实上，此时要想实现稳定均衡，政府必须采取扩张性的货币政策进行配合。

7.3.2 重点开发区和优化开发区的市场均衡分析

1. 重点开发区和优化开发区的土地市场均衡曲线特征

建设用地包括商服用地、工矿仓储用地、公用设施用地、公共建筑用地、住宅用地、交通用地、水利建设用地，以及特殊用地。显然，建设用地的结构和质量与国民经济的结构和质量是密切相关的。从这个角度上说，重点开发区和优化开发区的土地市场需求主要指建设用地需求。

本书探讨建设用地需求曲线时已经论述，建设用地市场需求与国民收入密切相关。建设用地需求与国民收入之间存在着函数关系，即 $D_2 = D_2(y)=\lambda y$ 。公式中 λ 表示建设用地需求的国民收入系数。λ 越大，表明建设用地需求与国民收入之间的敏感性越大，即国民收入越大，建设用地需求越大。建设用地需求与国民收入的关系如图 7-21 所示。从国家对优化开发区和重点开发区资源承载能力、内涵和发展方向的界定中，可以认为优化开发区和重点开发区的建设用地市场相对于国民收入具有较高的弹性，即建设用地的调整会较大程度上影响国民收入的调整。在建设用地需求曲线中，表现为建设用地需求曲线较为平坦。

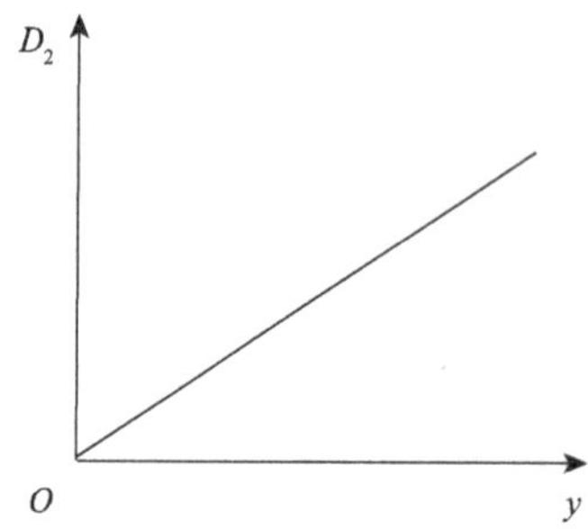

图 7-21　建设用地需求与国民收入的关系

建设用地需求曲线斜率对于土地市场均衡曲线（SD 曲线）的斜率，同样具有重要的影响。借助土地市场均衡曲线的象限推导，显然我们可以得出这样的结论；如果图 7-17 第（3）象限的建设用地需求曲线越平坦，那么第（4）象限中的土地市场均衡曲线 SD 曲线也将越平坦，即土地市场均衡曲线（SD 曲线）相对于纵坐标斜率越小。

2. 重点开发区、优化开发区的政策效果分析

土地市场均衡曲线（SD 曲线）的斜率对于政策效果具有重要的影响作用。本节将在土地市场均衡曲线斜率较小（SD 曲线较平坦）的情况下，分别对财政政策、货币政策和土地政策效果进行分析。

我们首先分析不同 SD 曲线斜率下财政政策的效果（图 7-22）。首先，假设存在着两个经济体。两个经济体有相同的产品市场均衡曲线 IS 曲线和货币市场均衡曲线 LM 曲线，但是两个经济体存在不同的土地市场均衡曲线，第一个经济体的 SD_1 曲线较为陡峭，第二个经济体的 SD_2 曲线较为平坦。假设初始阶段，两个经济体的产品市场、货币市场和土地市场均在 E_1 点处实现均衡。然而，如果此时国民收入 y_0 并非充分就业国民收入 y_f，两个经济体同时制定扩张性的财政政策提高国民收入水平。IS 曲线将向右侧平移，从 $IS(g_0)$ 位移到 $IS(g_1)$。产品市场和货币市场的均衡将会从 E_1 变动到 E_2 点。

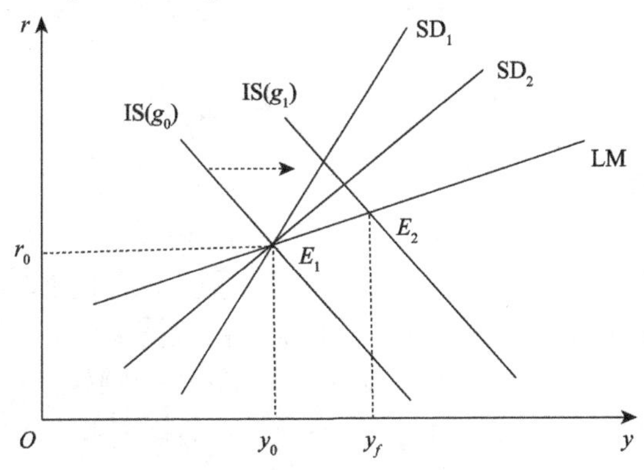

图 7-22　财政政策效果分析（二）

然而，正如我们所述，产品市场和货币市场的均衡点 E_2 却并没有处于土地市场均衡（SD_1 或 SD_2）曲线上，而是处于 SD 曲线的右侧，土地市场此时处于供给小于需求状态。这种情况下，土地要素价格将会上升，资本边际收益将会下降，社会投资总量将会减少，这就导致 IS 曲线向左侧移动，财政政策出现挤出效应。一般而言，产品市场和货币市场的均衡点 E_2 越偏离土地市场均衡曲线，那么这种财政政策的挤出效应就越大，财政政策效果就越差。因此，SD 曲线越平坦，扩张性的财政政策实现既定宏观调控目标的能力就越强。

而对于不同 SD 曲线斜率下货币政策的效果，我们可以借助图 7-23 进行分析。同样，首先假设存在着两个经济体。两个经济体有相同的产品市场均衡 IS 曲线和货币市场均衡 LM 曲线，但是两个经济体存在不同的土地市场均衡曲线，第一个经济体的 SD_1 曲线较为陡峭，第二个经济体的 SD_2 曲线较为平坦。假设初始阶段

两个经济体的产品市场、货币市场和土地市场均在点 E_1 处实现均衡。然而，如果此时国民收入 y_0 并非充分就业国民收入 y_f，则两个经济体同时制定扩张性的货币政策提高国民收入水平。LM 曲线将向右侧平移，从 LM_1 位移到 LM_2。产品市场和货币市场的均衡将会从 E_1 变动到 E_2 点。

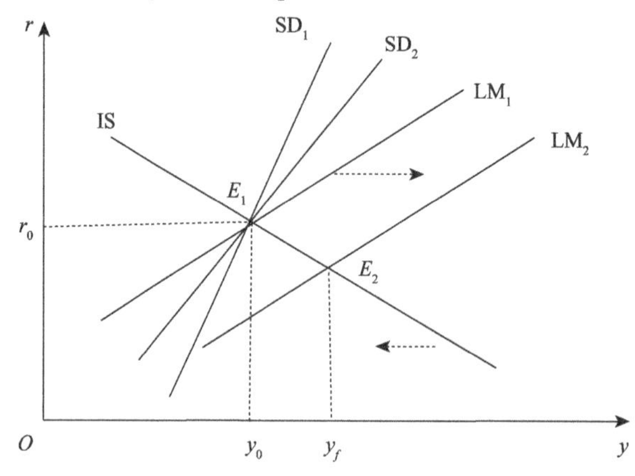

图 7-23　货币政策效果分析（八）

然而，产品市场和货币市场的均衡点 E_2 却并没有处于土地市场均衡的（SD_1 或 SD_2）曲线上，而是处于 SD 曲线的右侧。这种情况下，由于土地供给量小于土地需求量，土地要素价格将会上升，资本边际收益将会下降，社会投资总量将会减少，这会导致 IS 曲线向左侧移动，财政政策出现挤出效应。同样，产品市场和货币市场的均衡点 E_2 越偏离土地均衡曲线，那么这种财政政策的挤出效应就越大。因此，SD 曲线越平坦，政府扩张性的货币政策实现既定宏观调控目标的能力就越强。

对于不同 SD 曲线斜率下土地政策的效果，我们可以借助图 7-24 进行分析。同样，首先假设存在着两个经济体。两个经济体有相同的产品市场均衡 IS 曲线和货币市场均衡 LM 曲线，但是两个经济体存在不同的土地市场均衡曲线，第一个经济体的 SD_1 曲线较为陡峭，第二个经济体的 SD_2 曲线较为平坦。假设初始阶段两个经济体的产品市场、货币市场和土地市场均在 E_1 点处实现均衡。然而，如果此时国民收入 y_0 并非充分就业国民收入 y_f，则两个经济体同时制定扩张性的土地政策提高国民收入水平。SD 曲线将向右侧平移，SD_1 曲线位移到 SD_1'；SD_2 曲线位移到 SD_2'。从图 7-24 可以看出，斜率较大的 SD_1' 与 IS 曲线的交点相对于斜率较小的 SD_2' 与 IS 曲线的交点更远一些。这说明，SD 曲线的斜率越小，SD 曲线越平坦，土地政策的效果越差。

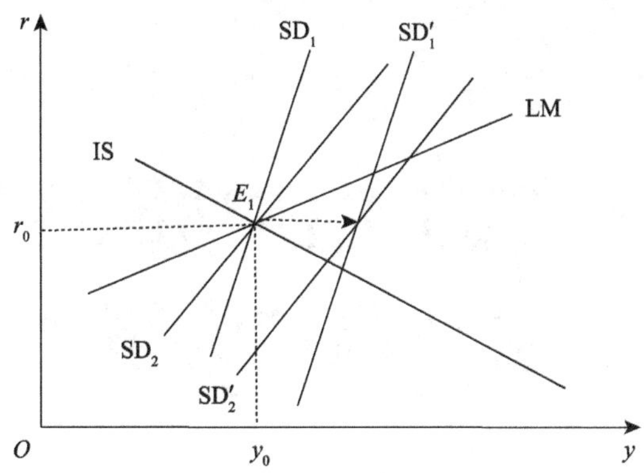

图 7-24　土地政策效果分析（二）

通过上述土地市场均衡曲线（SD 曲线）斜率对于（财政、货币和土地）政策效果的影响分析，本书认为优化开发区、重点开发区因其土地市场均衡曲线较为平坦，财政政策和货币政策能较好地实现宏观经济调控目标，因此在优化开发区和重点开发区的分类管理中，应当以财政政策和货币政策为宏观调控的主要手段，并在一定程度上配合使用土地政策。

第 8 章　推进主体功能区建设的宏观调控政策

本书在主体功能区形成机制的基础上，通过构建产品市场、货币市场和土地市场一般均衡下的异质空间宏观经济运行模型，对财政政策、货币政策、土地政策等主体功能区宏观调控政策间的运行机制、组合模式及其调控效应进行了系统揭示。由于本书是以理论创新为主要内容的基础性研究，其目的在于通过对主体功能区进行基础性理论研究，完成主体功能区对主流区域经济理论及宏观调控理论的创新和发展。因此，本章将基于产品市场、货币市场和土地市场一般均衡的异质空间宏观经济运行模型，系统阐述主体功能区财政政策、土地政策、人口政策的政策效果、内容选择等问题，最终完成主体功能区对传统宏观经济学宏观调控理论的创新和演进。

8.1　主体功能区发展战略下的财政政策

8.1.1　财政政策的效果分析

依据异质空间宏观调控模型，财政政策是空间经济宏观调控的重要手段。然而，由于纳入了空间维度，不同的区域经济背景或经济特征下，财政政策作为宏观调控手段，其实施效果是不同的。因此，本节我们将对财政政策的经济效果进行具体分析，并由此推导出财政政策使用的基本原则。

1. 国民收入水平低于充分就业水平时扩张性财政政策使用原则及其效果

主流宏观调控理论认为，如果实际国民收入低于充分就业国民收入，政府应该采取积极的扩张性政策，通过刺激总需求，进而推进经济增长，使得实际的国民收入水平达到充分就业的国民收入水平。

我们首先讨论 LM 曲线斜率大于 SD 曲线斜率时的财政政策效果（图 8-1）。假设初始阶段产品市场、货币市场和土地市场在 E_1 点处实现均衡。然而，如果此时国民收入 y_0 并非充分就业国民收入 y_f，那么政府可以制定扩张性的财政政策，提高国民收入水平。假定政府制定（增加政府采购，从 g_0 增加到 g_1 的）扩张性财政政策，IS 曲线将向右侧平移，从 IS(g_0) 位移到 IS(g_1)。产品市场和货币市场的均衡将会从 E_1 变动到 E_2 点，国民收入水平初步达到了充分就业水平。传统宏观调控理论认为，此时宏观调控实现了预定目标，并能稳定均衡。

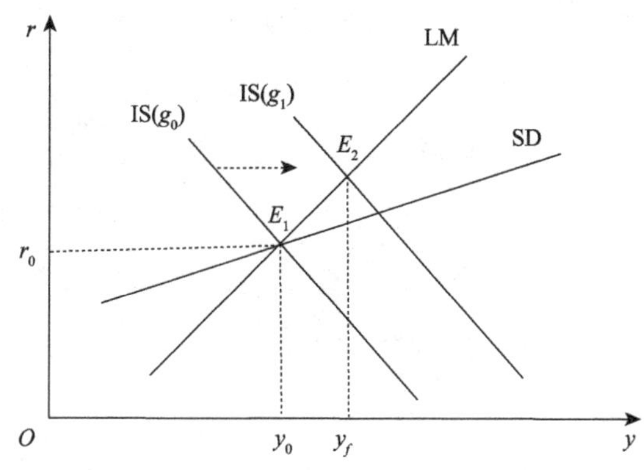

图 8-1　财政政策效果分析（一）

然而，正如我们之前所述，产品市场和货币市场的均衡点 E_2 却并没有处于土地市场均衡的 SD 曲线上，土地市场此时处于供给大于需求状态。这种情况下，由于土地供给量大于土地需求量，土地要素价格将会下降，对于建设用地市场而言，土地收益将会增加，建设用地所承载的工业、商业等经济活动资本边际收益将会增加，因此对于宏观经济而言，社会投资总量将会增加，这会进一步刺激 IS 曲线向右侧移动，从而产品市场和货币市场的均衡将会继续向右侧移动。可见，土地市场的非均衡会干扰产品市场和货币市场的稳定均衡，并导致财政政策出现扩张效应。事实上，如果没有其他调控干预，这种移动将会持续下去。因为，随着产品市场和货币市场均衡点向右侧移动，均衡点与土地均衡 SD 曲线的距离越来越大，这种偏离会进一步导致土地要素价格下降，社会投资总量增加，进而 IS 曲线继续向右侧移动。这种财政政策的扩张效应必然导致宏观经济出现过热现象。

因此，实际国民收入水平低于充分就业国民收入时，单独使用扩张性财政政策并不能充分实现宏观调控目标。在考虑土地市场的影响下，政府必须采用复合型政策手段才能实现充分就业的国民收入。具体而言，政府可以采用扩张性财政政策与扩张性货币政策相互配合模式，或者也可以采用扩张性财政政策与紧缩性土地政策相互配合模式。我们对这两种政策组合模式的使用分别加以讨论。

在扩张性财政政策与扩张性货币政策相互配合的模式下，政府应该通过扩张性的财政政策让 IS 曲线向右侧平移，同时配合使用扩张性的货币政策让 LM_1 曲线同样右移至 LM_2 [①]。在两种政策的配合下，使得 $IS(g_1)$ 曲线与 LM_2 曲线的交点，即产品市场和货币市场共同均衡点（ E_2 ）恰恰处于 SD 曲线之上，产品市场、货币市场和土地市场同时达到均衡（图 8-2）。此时，实际的国民收入水平正好为充分就业的国民收入水平，宏观调控目标得以实现。

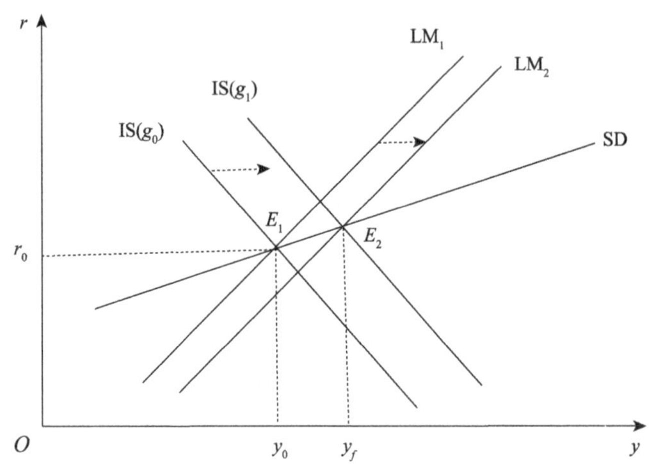

图 8-2　财政政策效果分析（二）

如果选择扩张性财政政策与紧缩性土地政策配合模式，那么当政府通过刺激总需求的财政政策使得 IS 曲线向右侧移动，产品市场和货币市场的均衡处于充分就业国民收入时，为使得财政政策不会产生扩张效应，我们可以同时选择紧缩性的土地政策，让 SD_1 曲线左侧平移至 SD_2（图 8-3），此时产品市场、货币市场和土地市场同时在充分就业国民收入水平（ y_f ）达到均衡，宏观调控目标得以实现。

① 显然，这与凯恩斯宏观经济学观点并不一致。凯恩斯宏观经济学主张，如果实际国民收入水平低于充分就业国民收入水平，政府应当采用扩张性财政政策，同时为防止扩张性财政政策可能带来的经济过热风险，政府应同时采用紧缩性货币政策进行补充。而本书认为，此时必须采用扩张性货币政策，以确保产品市场、货币市场、土地市场同时均衡，否则会出现财政政策的扩张效应，进而政府宏观调控目标并不能充分实现。

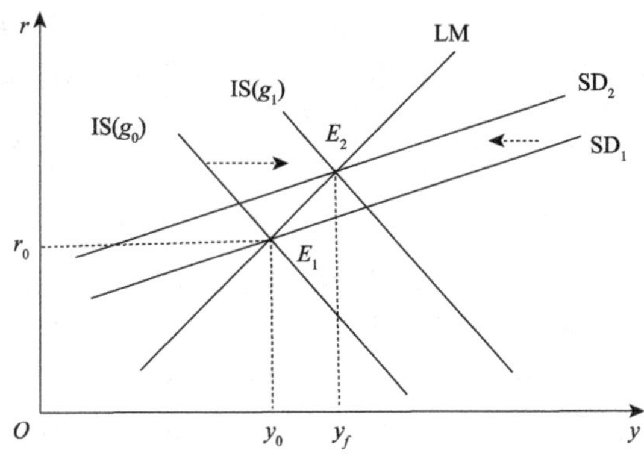

图 8-3　财政政策效果分析（三）

接下来，我们分析 SD 曲线斜率大于 LM 曲线斜率时扩张性财政政策效果（图 8-4）。同样假设初始阶段产品市场、货币市场和土地市场在点 E_1 处实现均衡。然而，如果此时国民收入 y_0 并非充分就业国民收入 y_f，那么政府应制定扩张性的财政政策提高国民收入水平。IS 曲线将向右侧平移，从 IS(g_0) 位移到 IS(g_1)。产品市场和货币市场的均衡将会从 E_1 变动到 E_2 点，国民收入水平初步达到了充分就业水平。

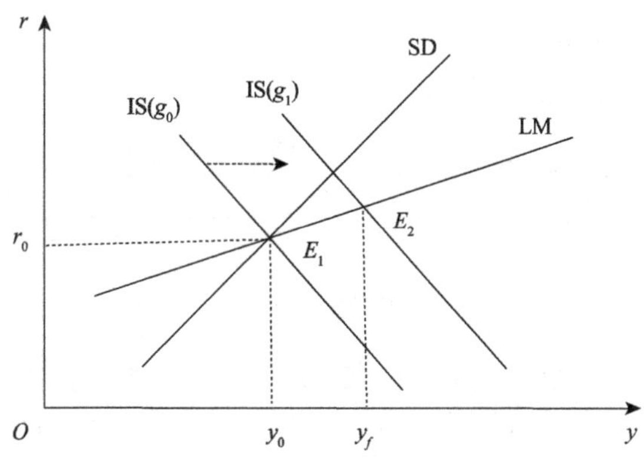

图 8-4　财政政策效果分析（四）

然而，产品市场和货币市场的均衡点 E_2 却处于 SD 曲线的右侧，土地市场此时处于供给小于需求状态。这种情况下，由于土地供给量小于土地需求量，土地要素价格将会提高，资本边际收益将会下降，社会投资总量将会减少，这会导致 IS 曲线向左侧移动，从而产品市场和货币市场的均衡将会向左侧移动。土地市场的非均衡会干扰产品市场和货币市场的稳定均衡，并导致财政政策出现挤出效应。事实上，如果没有其他调控干预，这种移动将会持续下去。只要均衡点与土地均衡 SD 曲线存在距离，这种偏离就会持续导致土地要素价格上涨，资本边际收益减少，IS 曲线持续向左侧移动。直至产品市场和货币市场的均衡点回到 SD 曲线之上，国民收入水平又回到了 y_0（产品市场、货币市场和土地市场同时达到均衡）。

因此，SD 曲线斜率大于 LM 曲线斜率时，单独使用扩张性财政政策并不能充分实现宏观调控目标。在考虑土地市场的影响下，政府必须采用复合型政策手段才能实现充分就业的国民收入。政府可以采用扩张性财政政策与紧缩性货币政策相互配合模式，或者也可以采用扩张性财政政策与扩张性土地政策相互配合模式。我们对这两种政策组合模式的使用分别加以讨论。

如果使用紧缩性货币政策配合扩张性财政政策，那么政府应该通过扩张性的财政政策让 IS 曲线向右侧平移，同时配合使用紧缩性的货币政策让 LM 曲线左移[①]。在两种政策的配合下，使得 IS 曲线与 LM 曲线的交点，即产品市场和货币市场共同均衡点（E_2）正好处于 SD 曲线之上，产品市场、货币市场和土地市场同时达到稳定均衡，实际的国民收入与充分就业的国民收入一致，宏观调控目标得以实现（图 8-5）[②]。

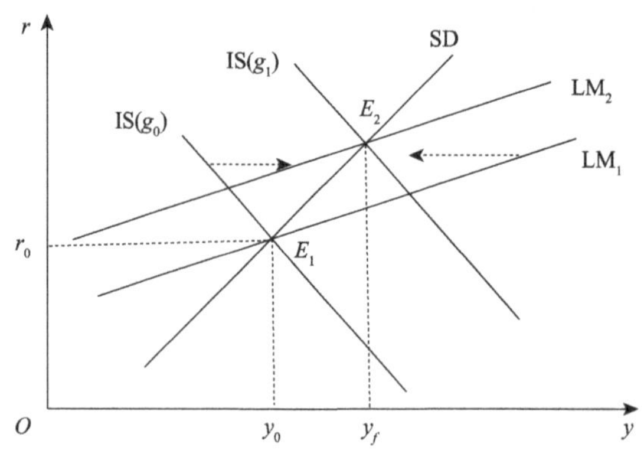

图 8-5　财政政策效果分析（五）

如果选择扩张性的财政政策与扩张性的土地政策组合，那么当扩张性的财政政策使得产品市场和货币市场的均衡处于充分就业国民收入时，为使得财政政策不会失效，我们可以配合使用扩张性土地政策，让 SD 曲线向右侧平移，直至产品市场、货币市场和土地市场同时在充分就业国民收入水平（y_f）达到均衡，宏观调控目标得以实现（图 8-6）。

---

① 这种扩张性的财政政策和紧缩的货币政策组合虽然和凯恩斯宏观经济学、新凯恩斯宏观经济学观点一致，但政策组合的出发点却并不一致，凯恩斯宏观经济学和新凯恩斯宏观经济学认为，政府采用紧缩性的货币政策是为防止扩张性财政政策所可能带来的经济过热风险。而本书模型中紧缩性的货币政策是为确保产品市场和货币市场的均衡能与土地市场均衡相一致，否则会出现财政政策的挤出效应。

② 这种扩张性的财政政策与紧缩性的货币政策，在现实宏观经济调控中应该谨慎使用，因为将实际国民收入提高到充分就业国民收入水平的过程中，紧缩性的货币政策会在很大程度上减弱财政政策的效果。

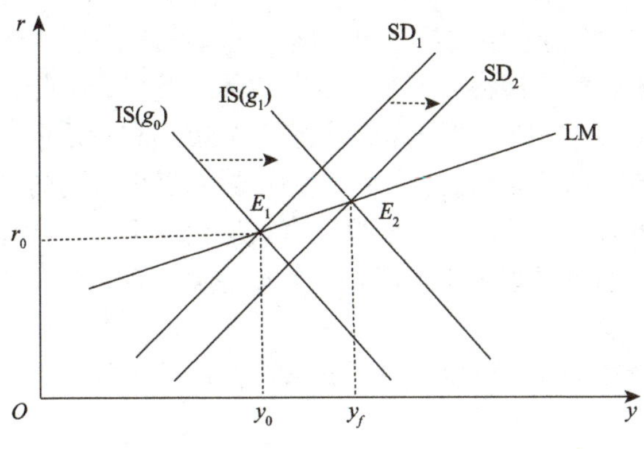

图 8-6　财政政策效果分析（六）

2. 国民收入水平高于充分就业国民收入水平时紧缩性财政政策使用原则及其效果

主流宏观调控理论认为，如果实际的国民收入水平高于充分就业国民收入水平，政府就应该采取紧缩性的政策，通过减少总需求，进而使得实际的国民收入水平下降到充分就业的国民收入水平。

我们首先讨论 LM 曲线斜率大于 SD 曲线斜率时的紧缩性财政政策效果（图 8-7）。假设初始阶段产品市场、货币市场和土地市场在 E_1 点处实现均衡。然而，如果此时国民收入 y_0 高于充分就业国民收入 y_f，那么政府应该制定紧缩性的财政政策降低国民收入水平。假定政府制定紧缩性财政政策（减少政府采购，从 g_0 减少至 g_1），IS 曲线向左侧平移，从 $\text{IS}(g_0)$ 位移到 $\text{IS}(g_1)$。产品市场和货币市场的均衡将会从 E_1 变动到 E_2 点，国民收入水平初步达到了充分就业水平。

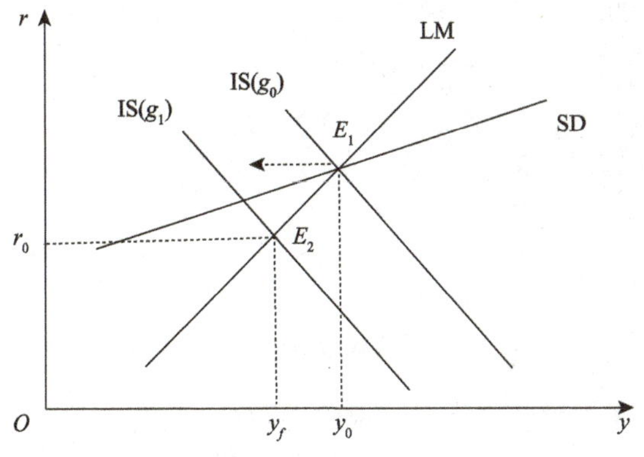

图 8-7　财政政策效果分析（七）

然而，产品市场和货币市场的均衡点 E_2 却并没有处于土地市场均衡的 SD 曲线上，土地市场此时处于供给小于需求状态。这种情况下，由于土地供给量小于土地需求量，土地要素价格将会上升，资本边际收益将会下降，社会投资总量将会减少，这会导致 IS 曲线向左侧移动，从而产品市场和货币市场的均衡将会继续向左侧移动。土地市场的非均衡会干扰产品市场和货币市场的稳定均衡，并导致财政政策出现挤出效应。事实上，如果没有其他调控干预，这种移动将会持续下去。因为，随着产品市场和货币市场均衡点向左侧移动，均衡点与土地均衡 SD 曲线的距离会越来越大，这种偏离会进一步导致土地要素价格上升，资本边际收益下降，IS 曲线持续向左侧移动。这种财政政策的挤出效应必然导致宏观经济出现衰退。

因此，LM 曲线斜率大于 SD 曲线斜率时，单独使用紧缩性财政政策并不能充分实现宏观调控目标，甚至会导致经济衰退。为使均衡的国民收入稳定在充分就业的国民收入水平，政府可以采用紧缩性财政政策与紧缩性货币政策相互配合模式，或者也可以采用紧缩性财政政策与扩张性土地政策相互配合模式。我们对这两种政策组合的使用分别加以讨论。

在选择紧缩性的财政政策与紧缩性的货币政策组合下，政府应该通过紧缩性的财政政策让 IS 曲线向左侧平移，同时配合使用紧缩性的货币政策让 LM 曲线同样左移。两种政策的配合下，IS 曲线与 LM 曲线的交点，即产品市场和货币市场共同均衡点（y_f），恰好处于土地市场均衡 SD 曲线之上。此时，实际的国民收入水平正好是充分就业的国民收入水平，宏观调控目标得以实现（图 8-8）。

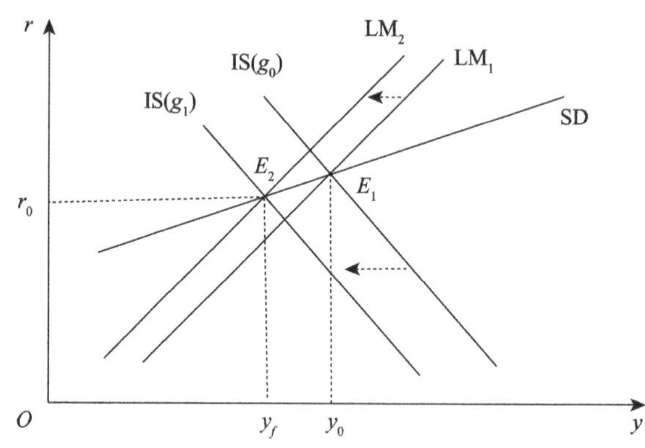

图 8-8 财政政策效果分析（八）

如果选择扩张性土地政策配合紧缩性财政政策，那么当 IS 曲线左移使得产品市场和货币市场的均衡处于充分就业国民收入时，为使得财政政策不会失效，我们同时配合使用扩张性土地政策，让 SD 曲线右侧平移，直至产品市场、货币市场和土地市场同时在充分就业国民收入水平（y_f）达到均衡，宏观调控目标得以实现（图 8-9）。

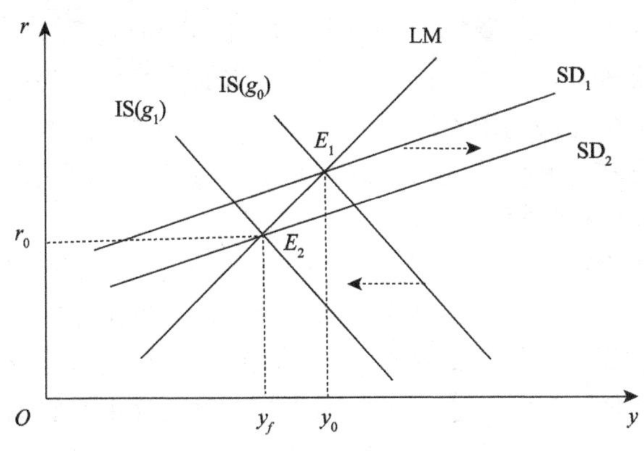

图 8-9　财政政策效果分析（九）

接下来，我们分析 SD 曲线斜率大于 LM 曲线斜率时紧缩性财政政策效果（图 8-10）。同样假设初始阶段产品市场、货币市场和土地市场在 E_1 点处实现均衡。然而，如果此时国民收入 y_0 并非充分就业国民收入 y_f，那么政府应制定紧缩性的财政政策降低国民收入水平。IS 曲线将向左侧平移，从 $IS(g_0)$ 位移到 $IS(g_1)$。产品市场和货币市场的均衡将会从 E_1 变动到 E_2 点，国民收入水平初步达到了充分就业水平。

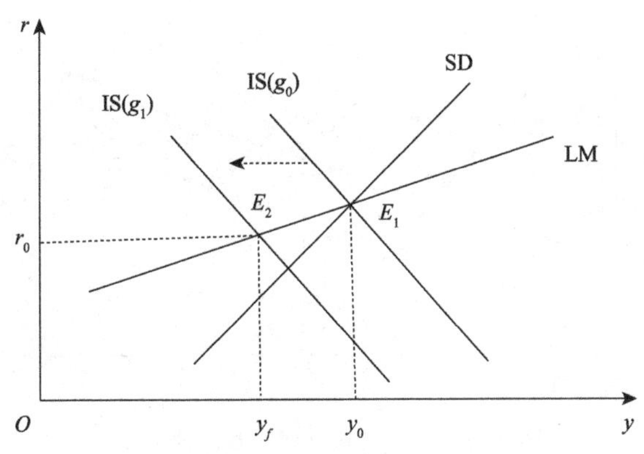

图 8-10　财政政策效果分析（十）

此时，产品市场和货币市场的均衡点 E_2 却并没有处于土地市场均衡的 SD 曲线上，而是处于 SD 曲线的左侧，土地市场此时处于供给大于需求状态。这种情况下，由于土地供给量大于土地需求量，土地要素价格将会下降，资本边际收益将会提高，社会投资总量将会增加，这会导致 IS 曲线向右侧移动，从而产品市场和货币市场的均衡将会向右侧移动。土地市场的非均衡会干扰产品市场和货币市场的稳定均衡，并导致财政政策出现扩张效应。事实上，如果没有其他调控干预，这种移动将会持续下去。只要均衡点与土地均衡 SD 曲线存在距离，这种偏离就会持续导致土地要素价格下降，资本边际收益增加，IS 曲线持续向右侧移动。直至产品市场和货币市场的均衡点回到 SD 曲线之上，国民收入水平又回到了 y_0（产品市场、货币市场和土地市场同时达到均衡）。可见，政府紧缩性的财政政策不能实现既定的宏观调控目标。

因此，SD 曲线斜率大于 LM 曲线斜率时，单独使用紧缩性财政政策也并不能充分实现宏观调控目标。此时，为使均衡的国民收入稳定在充分就业的国民收入水平，政府同样必须采用复合型政策手段。既可以采用紧缩性财政政策与扩张性货币政策相互配合模式，或者也可以采用紧缩性财政政策与紧缩性土地政策相互配合模式。

如果选择扩张性货币政策配合紧缩性财政政策，政府采用财政政策让 IS 曲线向左侧平移时，必须同时配合使用扩张性的货币政策让 LM 曲线右移①。两种政策的配合下，IS 曲线与 LM 曲线的交点，即产品市场和货币市场共同均衡点（y_f）正好处于 SD 曲线之上，产品市场、货币市场和土地市场共同均衡，此时实际的国民收入水平正好为充分就业的国民收入水平，宏观调控目标得以实现（图 8-11）。

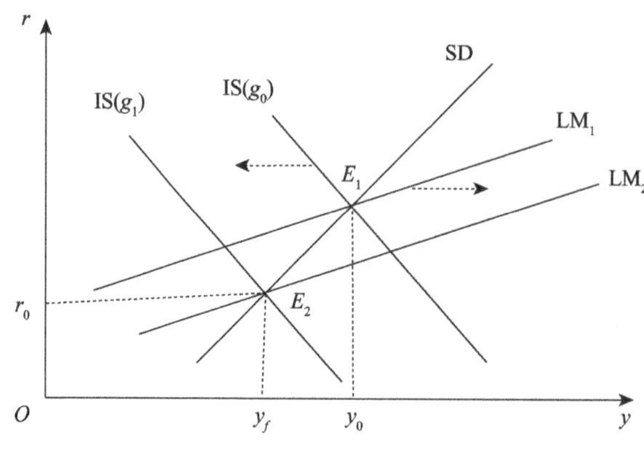

图 8-11　财政政策效果分析（十一）

如果选择紧缩性土地政策配合紧缩性财政政策，那么当财政政策使得 IS 曲线左移，产品市场和货币市场的均衡处于充分就业国民收入时，为使得财政政策不会产生扩张效应，我们可以同时选择紧缩性的土地政策，让 SD 曲线向左侧平移，

① 这种紧缩性的财政政策和扩张性的货币政策组合虽然和凯恩斯宏观经济学、新凯恩斯宏观经济学观点一致。但是，两种政策组合的出发点却并不一致，凯恩斯宏观经济学和新凯恩斯宏观经济学认为，政府采用扩张性的货币政策是为防止紧缩性财政政策所可能带来的经济衰退风险。而本书模型中扩张性的货币政策是为确保产品市场和货币市场的均衡能与土地市场均衡相一致，否则会出现财政政策的扩张效应。

直至产品市场、货币市场和土地市场同时在充分就业收入水平（ y_f ）达到均衡，宏观调控目标得以实现。

8.1.2　推进主体功能区建设的财政政策功能目标

财政政策是政府调控宏观经济运行的重要手段。主流宏观经济学认为，财政政策是市场机制的补充和完善，其在资源配置、收入分配，以及稳定经济增长等方面具有重要的调节作用。然而，主流宏观经济学对于财政政策作用的理解和认识却是不全面的。这是因为，主流宏观经济学对财政政策功能的认识和理解是以财政政策是市场机制的补充，是弥补市场失灵为前提的。因此，如何理解市场失灵，如何厘定市场机制在收入分配、资源配置和稳定经济增长过程中的不足，就是如何理解财政政策作用并在现实宏观经济调控中采用何种财政政策手段、实现何种财政政策调控目标的重要前提和基础。主体功能区是对现有宏观经济理论的重大创新，继续沿袭传统财政政策的功能目标必然无法适应新发展观下的，含空间维度的主体功能区建设。因此，本节在主体功能区形成和调控机制研究的基础上，重新解释财政政策在主体功能区建设中的功能和作用。

1. 推进主体功能区建设的财政政策与收入再分配

传统宏观经济学认为，财政政策可以弥补市场机制在非完全竞争条件下的收入分配失灵，通过对国民收入进行再次分配，从而在一定程度上实现经济活动的公平分配，保障生产活动的稳定性和可持续性。因此，在传统宏观经济学的理论分析和实践运用中，财政政策的收入分配作用究其本质是对市场非完全竞争所导致后果的一种弥补。然而事实上，财政政策的收入再分配作用不应仅仅局限于市场非完全竞争的分配弥补，更应该从要素价值视角，对经济活动涉及的各类型生产要素进行弥补。

在传统经济学中，欧拉定理是收入分配的重要理论依据。欧拉定理指出，只有生产活动涉及的生产要素才能参与收入分配，经济活动的收入应该依照生产要素的边际产出进行分配。生产要素主要涵盖劳动、土地、资本、技术、企业家才能等。可以说，边际产出定价法是现代微观经济学生产理论的重要基石。然而，尽管本书并不否认欧拉定理的科学性和合理性，但是对于生产活动所涉及的要素及其内涵，本书有着不同的阐述。

人类对生产要素的认识是随着科技水平的提高和社会经济的发展而不断深入的。我们知道，制约经济活动的所有因素都属于要素的范畴。有些要素是有形的、是实物的，而有些要素则是无形的、抽象的。实物形式的生产要素，它们以有形的状态参与了生产活动，如劳动、土地；而有些要素在生产中是无形的，虽然看不见、摸不着，但这些要素依旧是生产要素，它们对生产起着重要的作用，如环境条件、生态特征。这些无形的要素是虚拟的。这种虚拟是与实物相对的，虚拟要素与实物要素占有同等的地位，也具有稀缺性。无论是有形的生产要素，还是无形的生产要素，它们都是生产活动的物质基础。然而，主流经济学在很长一段时间内一直忽视生产过程中无形要素的重要作用。因此，以欧拉定理作为收入分配的理论依据，传统财政政策的收入再分配功能就只局限于有形要素的收入调节过程，而忽略了无形的生态、环境等虚拟要素收入分配的（再）调节。

如果任何生产活动都需要实物要素和虚拟要素的共同投入，那么推进主体功能区建设的财政政策，就必须将虚拟要素纳入其收入再分配的过程当中，充分考虑虚拟要素在生产过程中的价值创造并予以科学合理补偿。从这个角度上说，这也是主体功能区生态补偿机制的重要理论依据。

2. 推进主体功能区建设的财政政策与经济稳定增长

传统主流经济理论认为，在市场机制的作用下，技术进步可以完全破除资源禀赋、环境特征等各种自然因素对人类经济活动的限制。一方面，这是由于受生产力发展水平的制约，环境、生态等自然因素对过往人类经济活动并没有产生严重制约作用，人类经济在很长一段时间内处于自然环境与经济发展的阈值范畴之内，经济学因此忽略了自然因素的影响分析；另一方面，随着科学技术的迅速发展，人类改造自然的能力得到了空前提高，因此技术进步可以突破自然资源对经济增长的制约。也就是说，自然资源在传统经济理论体系中不再被视为独立的生产要素，几乎没有理论地位。在这一观点影响下，传统宏观经济理论忽略了自然因素对于宏观经济的影响分析，而侧重于从总需求视角研究宏观经济的增长和波动问题。因此，主流宏观经济理论中财政政策稳定经济增长的职能只是单方面注重对需求波动的调节。

本书在主体功能区形成机理中已经阐述，任何生产活动都是区域性要素和非区域性要素共同作用的过程。由于不同地区的区域性要素禀赋不同，以及区域性要素与非区域性要素配置效率不同，不同区域间的经济发展水平必然会存在差异。区域发展绝不是苛求不同要素禀赋条件下的各区域间实现平衡发展，也不是特定区域单纯的区域经济总量提高，而是各地区区域性要素与非区域性要素配置效率的不断优化，以及在此基础上的区域经济可持续发展。从这个角度上说，主体功能区建设中财政政策的稳定经济增长作用，其实质应该是引导非区域性要素向区域性要素条件较好地区流动，确保各功能区的区域性要素与非区域性要素实现最优的匹配，而并不是经济总量的绝对增长。

3. 推进主体功能区建设的财政政策与资源再配置

任何生产活动都需要区域性要素与非区域性要素的共同投入，二者相互结合、相互作用才能实现生产目的。区域性要素条件与其承载的经济活动相互匹配是特定地区经济发展的前提和基础。如果某地区的区域性要素禀赋没有得到合理、科学的开发和利用，或者其经济发展成果逾越了该地区区域性要素禀赋条件所能承载的最大经济容量，那么该地区的经济发展是不可持续的，短暂的经济增长之后必然面临着无以为继的窘境。而由于某些区域性要素往往还具有消耗的不可逆性，因此过度开发和不合理利用一旦造成区域性要素禀赋的损耗，那么这个地区还将面临未来发展潜力丧失的严峻问题。同样，即便特定地区经济发展成果没有逾越该地区区域性要素禀赋条件所能承担的经济压力，但区域性要素与非区域性要素的配置效率没有达到最优，区域性要素对非区域性要素选择效率的机会成本过高，那么该地区的经济发展也不是理想状态。

国家推进主体功能区建设，其本质就是要求各地区必须依据其区域性要素禀赋条件进行经济发展，通过对区域性要素禀赋进行合理、科学的开发和利用，确定各地区可持续的经济发展模式。而《中华人民共和国国民经济和社会发展第十一个五年规划纲要》要求逐步形成主体功能区内以及主体功能区间人口、经济、资源、环境相协调发展的空间开发格局①则是区域性要素与非区域性要素配置效率的说明和体现，从根本上杜绝缺乏要素配置效率的经济增长所带来的不良经济后果。

因此，主体功能区建设中财政政策的资源再配置作用，其实质是通过政策干预，引导不同功能区的发展依托于该功能区的区域性要素禀赋条件，并且实现功能区区域性要素与非区域性要素的配置效率优化，这是主体功能区财政政策职能区别于传统财政政策职能的根本所在。

8.1.3　推进主体功能区建设的财政政策原则

主体功能区建设是我国区域经济发展观的重大创新，对财政政策的使用也提出了全新要求，因此实施财政政策推进主体功能区建设有其独特原则。

一是分步实施、按部就班原则。各类型主体功能区的开发和建设，其涉及范围较广、关系较为复杂，因此制定财政政策时不可能一步到位，要坚持循序渐进、分步实施原则。在构建财政政策体系时，要从全局和长期发展的角度出发，正确

① http://www.gov.cn/gongbao/content/2006/content_268766.htm。

做到局部利益服从全局利益，全局利益顾及局部利益的协调关系，以实现政策实施的效益最大。不仅如此，主体功能区战略下的财政政策还要与人口、环境、土地等宏观调控政策相互协调、配套，以增强宏观调控效果。

二是平等对待、合理配置原则。我国实施主体功能区战略的重要目标之一是使各区域居民享受均等化的基本公共服务，改善居民生活的环境质量。因此，中央政府应该通过财政政策合理配置公共资源，以达到公共资源利用的效率最大化。通过进一步完善政府转移支付制度，使限制开发区、禁止开发区的居民能够与其他地区居民享受同等的公共服务，并同步提高生活水平。

三是差别政策、分类导向原则。我国目前仍处于社会主义初级阶段，市场体系仍不健全，地方政府的人力、物力、财力基础差距很大，这些都会影响主体功能区财政政策的实施。因此，中央政府在制定财政政策时要考虑到各类型主体功能区的基础性差距，坚持区别对待、分类指导的原则，遵循市场运行规律，实施差别化的财政政策，从而实现主体功能区宏观调控目的。

8.1.4　各类型主体功能区建设的差异化财政政策建议

1. 推进优化开发区建设的财政政策重点

我国优化开发区的开发重点在于调整产业结构，全面促进经济由粗放型发展向集约型发展转变。优化开发区发展潜力较大，拥有开发密度高、工业化水平高、科学技术水平高以及基础设施条件好等优势，主要为社会提供工业品和服务产品，也提供农产品和生态产品。但与此同时，我国优化开发区目前存在着开发程度过高、资源环境承载能力开始减弱等问题。因此，在选择优化开发区财政政策时要加强政府对市场的指导作用，全面调整产业结构，促进产业结构优化，促使经济与资源环境协调发展。

一方面，政府制定的财政政策要鼓励企业有效利用资源、合理处理污染物，对于那些高成本、高污染、高能耗的资源型企业征收环境保护税和污染物过量排放税，同时倡导居民环保消费、健康消费。另一方面，优化开发区作为国家的优先开发区域，其区域的核心竞争力影响着我国未来经济发展的水平，因此提高优化开发区科学技术水平以及创新能力是政府财政政策不容忽视的目标之一。政府要对自主创新能力强、技术推广能力强的企业提供财政政策支持。

2. 推进重点开发区建设的财政政策重点

重点开发区作为国家经济增长的重点区域，具有资源环境承载能力高、发展潜力大等特点，这些优势使得重点开发区成为我国经济新的增长点。但目前重点开发区的基础设施还不完善、市场体制还不健全，因此在确定重点开发区财政政策时要侧重加强基础设施建设，为经济发展夯实基础，并且要协调好政府与市场的关系。

具体来说，不仅要支持并鼓励银行、信贷等金融机构给予重点开发区基础设施建设以资金支持，还要充分发挥市场中各类融资手段，通过发行债券、股票、期货等方式为基础设施建设提供资金支持。政府要充分利用税收政策和预算调控等方式，将政府支出的重点放在加强城市交通、绿化、教育、医疗、水电等方面建设。政府的财政政策还要充当经济发展和环境保护的协调者角色，鼓励产业升级以及企业采用节约资源的生产方式，加快产业结构优化，形成较完整的产业集群。

3. 推进限制开发区建设的财政政策重点

限制开发区的开发密度较低，主要包括农业主产区和生态功能区。由于限制开发区的市场化程度低于重点开发区，因此政府要加强宏观调控作用，以保证限制开发区能够实现其主体功能定位。

首先要规范政府的转移支付体系，加大政府对限制开发区基础设施建设的资金支持力度，明确政府关于限制开发区的财政转移支付措施。其次要保护当前的土地资源，严肃惩处不合理占用土地的行为；加大力度提高农业科技水平，在资源环境能够承载的范围内，发展生态农业等特色产业；财税政策要积极支持旅游业和观光业的发展，从而提高当地居民收入和生活水平。

4. 推进禁止开发区建设的财政政策重点

禁止开发区是重点生态功能区，具有开发密度低、资源环境承载力低、发展潜力小等特点，在该区域内主要有文化遗产、原始森林、濒危物种等。禁止开发区的功能定位就是维护自然文化遗产的原生态性和完善性。在该功能区内，要减少污染物的排放，尽量做到零污染。对于国家重点保护区，坚决不允许旅游、生产等活动的进行；对于资源环境有一定承载能力的地区，也只允许进行旅游、观光活动。禁止开发区不能以营利为目的进行生产，因此政府要给予该地区财政补贴，一方面要涵盖保护生态环境付出的人力、物力、财力以及治理污染费用；另一方面，对于禁止开发区内的居民要提供资金补助，加大对居民基本医疗、教育、社会保障等方面的支持力度。

8.2 主体功能区发展战略下的土地政策

8.2.1 土地政策的效果分析

依据异质空间宏观调控模型，土地政策是区域经济宏观调控的重要手段。然而，不同的区域经济背景或经济特征下，土地政策作为宏观调控手段，其实施效果是不同的。因此，本节我们对土地政策的经济效果进行具体分析，并由此推导出土地政策使用的基本原则。同样，我们将复杂的宏观经济运行背景分为实际国民收入水平高于充分就业国民收入水平和实际国民收入水平低于充分就业国民收入水平两种情况，并分别在两种情况下讨论异质空间下的土地政策使用原则及其效果。

1. 国民收入水平低于充分就业国民收入水平时扩张性土地政策使用原则及其效果

我们首先讨论LM曲线斜率大于SD曲线斜率时的土地政策效果（图8-12）。假设初始阶段产品市场、货币市场和土地市场在点E_1处实现均衡。然而，如果此时国民收入y_0并非充分就业国民收入y_f，那么政府可以制定扩张性的土地政策，提高国民收入水平。假定政府制定扩张性土地政策，SD曲线将向右侧平移，从SD_1位移到SD_2。此时，产品市场和货币市场均衡时的国民收入和利率组合E_1却并没有处于土地市场均衡的SD_2曲线上。产品市场、货币市场和土地市场并没有同时达到均衡。

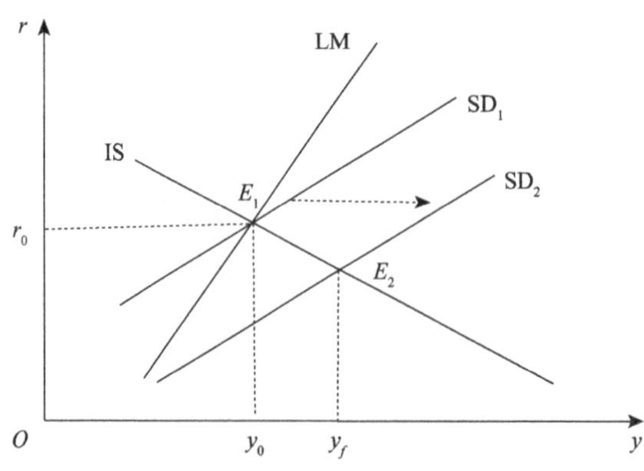

图8-12 土地政策效果分析（一）

此时土地市场处于供给大于需求状态。这种情况下，由于土地供给量大于土地需求量，土地要素价格将会下降，工业、商业等经济活动资本边际收益将会增加，对于宏观经济而言，社会投资总量将会增加，这会导致 IS 曲线向右侧移动，从而产品市场和货币市场的均衡将会向右侧移动。如果没有其他宏观调控干预，这种移动将会持续下去。因为，随着产品市场和货币市场均衡点向右侧移动，均衡点与土地均衡 SD_2 曲线的距离越来越大，这种偏离会进一步导致土地要素价格下降，资本边际收益增加，进而 IS 曲线继续向右侧移动。这种土地政策的扩张效应必然导致宏观经济出现过热现象。

因此，LM 曲线斜率大于 SD 曲线斜率时，单独使用扩张性土地政策并不能实现宏观调控目标。在考虑土地市场的影响下，政府可以采用扩张性货币政策与扩张性土地政策相互配合的复合型政策来实现充分就业国民收入。具体如下。

如果选择扩张性的土地政策与扩张性的货币政策组合，那么当扩张性的土地政策使得SD曲线向右移动时，为使得财政政策不会产生扩张效应，我们可以同时选择扩张性的货币政策，让 LM 曲线同样右侧平移，直至产品市场、货币市场和土地市场同时在充分就业国民收入水平（y_f）达到均衡，宏观调控目标得以实现（图 8-13）。由于无论是扩张性的土地政策，还是扩张性的货币政策都能推动国民收入水平的增加，因此这种政策组合对于实现充分就业国民收入而言是最有效率的。

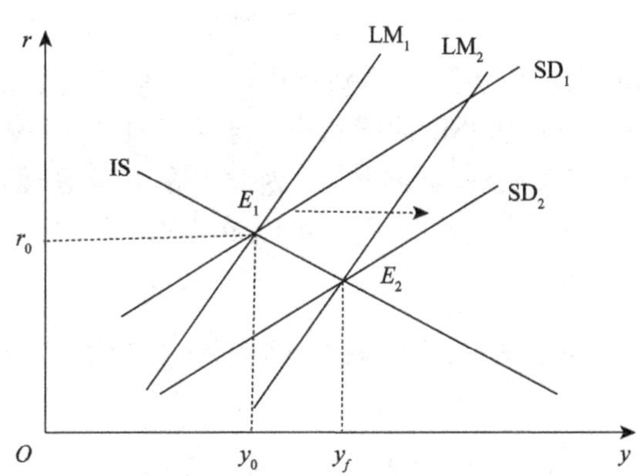

图 8-13　土地政策效果分析（二）

接下来，我们分析 SD 曲线斜率大于 LM 曲线斜率时扩张性土地政策效果（图 8-14）。同样假设初始阶段产品市场、货币市场和土地市场在点 E_1 处实现均衡。然而，如果此时国民收入 y_0 并非充分就业国民收入 y_f，政府应制定扩张性的土地政策提高国民收入水平。SD 曲线将向右侧平移，从 SD_1 位移到 SD_2。产品市场和货币市场的均衡点 E_1 处在了土地均衡曲线 SD 的左侧。

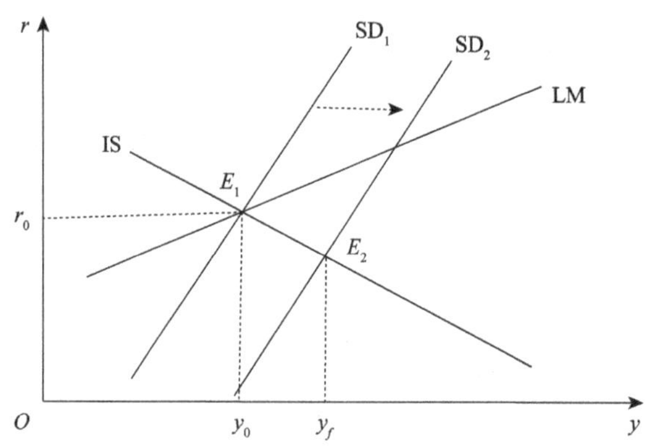

图 8-14 土地政策效果分析（三）

由于土地市场此时处于供给大于需求状态。这种情况下，土地要素价格将会下降，资本边际收益将会提高，社会投资总量将会增加，这会导致 IS 曲线向右侧移动，从而产品市场和货币市场的均衡同样向右侧移动。土地市场的非均衡会干扰产品市场和货币市场的稳定均衡，并导致财政政策出现扩张效应。事实上，如果没有其他调控干预，这种移动将会持续下去。只要产品市场与货币市场均衡点与土地均衡 SD 曲线存在距离，这种偏离就会持续导致土地要素价格下降，资本边际收益增加，IS 曲线持续向右侧移动。直至产品市场和货币市场的均衡点回到 SD_2 曲线上，国民收入水平达到充分就业的国民收入水平 y_f（产品市场、货币市场和土地市场同时达到均衡）。政府扩张性的土地政策实现了既定的宏观调控目标。可见，SD 曲线斜率大于 LM 曲线斜率时，单独使用扩张性土地政策完全可以实现宏观调控目标。因此，在不考虑时滞问题的条件下，SD 曲线斜率大于 LM 曲线斜率时，政府可以单独使用扩张性土地政策进行宏观经济调控。

2. 国民收入水平高于充分就业国民收入水平时紧缩性土地政策使用原则及其效果

主流宏观调控理论认为，如果实际国民收入水平高于充分就业国民收入水平时，为防止经济过热，政府应该采取紧缩性的政策，通过减少总需求，进而使得实际国民收入水平下降到充分就业国民收入水平。

我们首先讨论 LM 曲线斜率大于 SD 曲线斜率时的土地政策效果（图 8-15）。假设初始阶段产品市场、货币市场和土地市场在点 E_1 处实现均衡。然而，如果此时国民收入 y_0 高于充分就业国民收入 y_f，那么政府应该制定紧缩性的政策，降低国民收入水平。假定政府制定紧缩性土地政策，SD 曲线将向左侧平移，从 SD_1 位移到 SD_2。产品市场和货币市场的均衡点 E_1 处于土地均衡 SD 曲线右侧，此时产品市场、货币市场和土地市场并没有同时达到均衡。

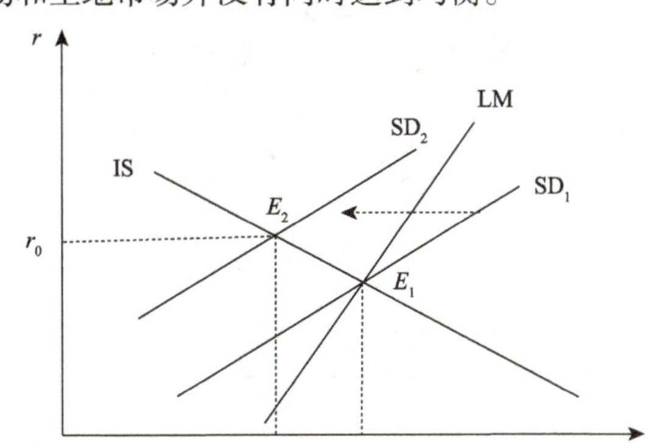

图 8-15　土地政策效果分析（四）

由于产品市场和货币市场的均衡点 E_1 处于土地均衡 SD 曲线的右侧，土地市场此时处于供给小于需求状态。这种情况下，由于土地供给量小于土地需求量，土地要素价格将会上升，资本边际收益将会下降，社会投资总量将会减少，这会导致 IS 曲线向左侧移动，从而产品市场和货币市场的均衡同样向左侧移动。如果没有其他调控干预，这种移动将会持续下去。因为，随着产品市场和货币市场均衡点向左侧移动，均衡点与土地均衡 SD 曲线的距离越来越大，这种偏离会进一步导致土地要素价格上升，资本边际收益下降，IS 曲线持续向左侧移动。这种财政政策的挤出效应必然导致宏观经济出现衰退。

因此，实际国民收入水平高于充分就业国民收入时，单独使用紧缩性土地政策并不能充分实现宏观调控目标，甚至会导致经济衰退。为使均衡的国民收入稳定在充分就业国民收入水平，政府必须采用复合型的政策手段，即紧缩性的土地政策与紧缩性的货币政策组合。

在选择紧缩性土地政策与紧缩性货币政策组合下，政府应该通过紧缩性的土地政策使 SD 曲线向左侧平移，同时配合使用紧缩性货币政策让 LM 曲线同样向左移（图 8-16）。在两种政策的配合下，使得 IS 曲线与 LM 曲线的交点，即产品市场和货币市场共同均衡点（ E_2 ）恰好处于 SD 曲线上，产品市场、货币市场和土地市场实现共同均衡，实际的国民收入水平也正好为充分就业的国民收入水平，宏观调控目标得以实现。

接下来，我们分析 SD 曲线斜率大于 LM 曲线斜率时紧缩性土地政策效果（图 8-17）。同样假设初始阶段产品市场、货币市场和土地市场在点 E_1 处实现均衡。此时国民收入 y_0 并非充分就业国民收入 y_f ，政府需要制定紧缩性政策降低国民收入水平。如果政府采用紧缩性土地政策，SD 曲线将向左侧平移，

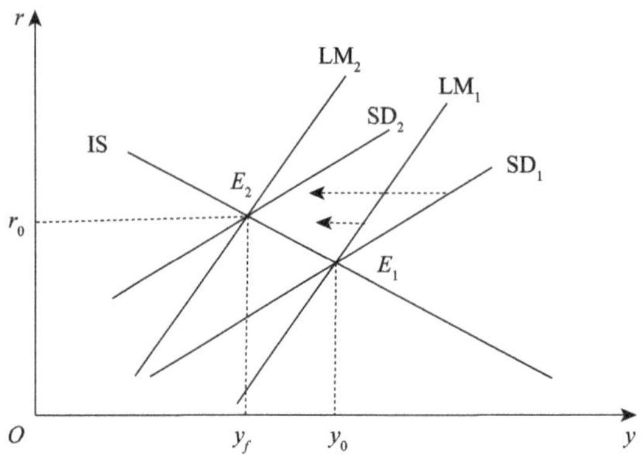

图 8-16　土地政策效果分析（五）

从 SD_1 位移到 SD_2。产品市场和货币市场均衡时的国民收入和利率组合点 E_1 处于 SD 曲线右侧，这意味着土地市场出现供给小于需求状态。

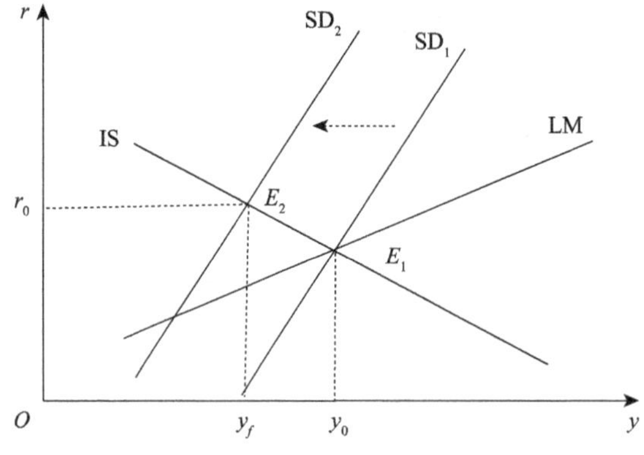

图 8-17　土地政策效果分析（六）

这种情况下，由于土地供给量小于土地需求量，土地要素价格将会上涨，资本边际收益将会下降，社会投资总量将会减少，这会导致 IS 曲线向左侧移动，从而产品市场和货币市场的均衡将会向左侧移动。土地市场的非均衡干扰了产品市场和货币市场的稳定均衡，并导致财政政策出现挤出效应。事实上，如果没有其他调控干预，这种移动将会持续下去。只要均衡点与土地均衡 SD 曲线存在距离，这种偏离就会持续导致土地要素价格上涨，资本边际收益减少，IS 曲线持续向左侧移动。直至产品市场和货币市场的均衡点回到 SD 曲线之上，产品市场、货币市场和土地市场同时达到均衡。应该说，SD 曲线斜率大于 LM 曲线斜率时，单独使用土地政策可以实现既定的宏观调控目标。

3. 土地市场均衡的决定因素

扩张性的土地政策或紧缩性的土地政策，其实质是对土地市场均衡的调节。因此，进一步阐释土地市场均衡影响因素，有利于在产品市场、货币市场和土地市场一般均衡中准确把握土地政策的实施对策和效果。一般而言，影响土地市场均衡的有技术进步、生态环境、人口密度以及土地税收等因素。其中，生态环境和人口密度对土地市场均衡的影响机理，为我国制定主体功能区人口政策、环境政策提供了重要理论依据；而土地税收政策对土地市场均衡的双向影响，也对我国土地市场宏观调控提出了更高要求。具体如下。

（1）土地利用的技术进步对土地市场均衡曲线的影响。技术进步对土地的经济供给产生着重要影响。技术进步既可以让人类利用以往不能利用的土地（从而增加土地要素的总供给），同时也可以使得人们对土地要素的利用效率得以提高（从而增加土地要素的经济供给）。土地利用的技术进步对 SD 曲线的影响表现为 SD 曲线向右侧平移。因此，提高土地利用的技术水平是扩张性土地政策的重要内容。

（2）生态环境因素对土地市场均衡曲线的影响。与技术进步对土地利用的正向影响不同，生态环境等因素对于土地要素的经济供给具有双重影响。生态损害和环境恶化，将会导致人类可从事的经济活动，无论是在质量上还是在数量上都受到严重制约，这种情况事实上即是土地经济供给的减少。因此，生态环境恶化会降低土地的经济供给，表现为 SD 曲线向左侧平移；同样，良好的生态环境可以有效提高土地的利用效率，生态环境的改善也会使土地经济供给增加，表现为 SD 曲线向右侧平移。从这个角度上说，保护生态环境的各项措施和方法，其本质也是扩张性土地政策的重要内容。

（3）人口是影响土地经济供给的重要因素，但是人口因素对土地市场均衡曲线的影响较为复杂。由于边际报酬递减规律的存在，土地的利用效率与单位面积土地上的人口数量具有密切关系。在一定范围之内，提高人口密度会提高土地生产效率，这实际上就是土地经济供给的增加，SD 曲线向右侧平移；而当单位面积土地上的人口密度超过一定范围之后，人口密度的进一步提高将会导致土地利用效率的下降，从而表现为土地经济供给的减少，SD 曲线向左平移。因此，提高单位面积土地上的人口密度，并不能简单地认为可以推动 SD 曲线向右平移，这需要结合现实经济活动的具体情况来讨论。

（4）土地税收政策对于土地市场均衡曲线的影响。土地税收政策并不会导致土地总供给数量或者是经济供给数量的变动，但是土地税收政策可以通过影响农用土地需求曲线或建设用地需求曲线，从而影响 SD 曲线的位置（图 8-18）。

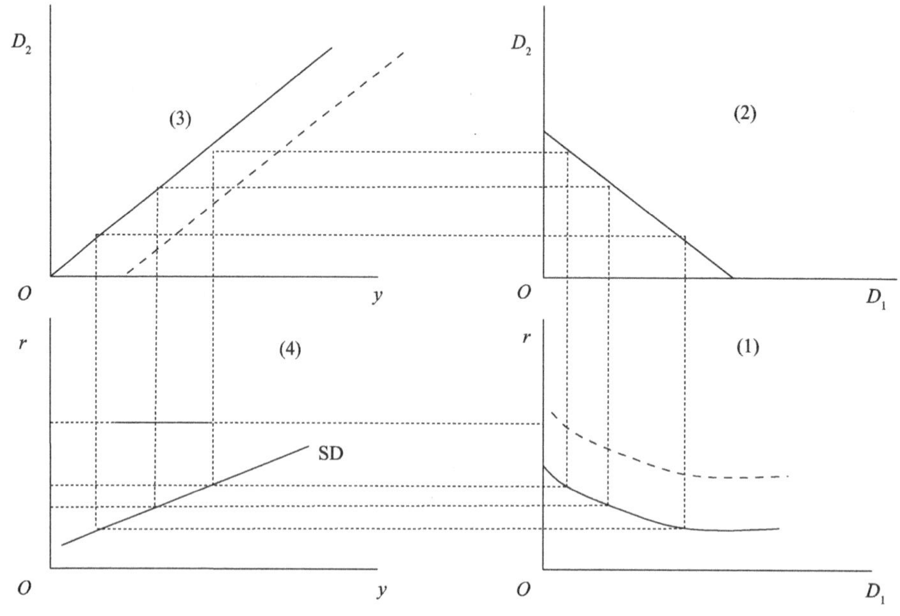

图 8-18　土地税收政策与 SD 曲线移动

在图 8-18 中，如果政府对农用土地减少税费，那么第（1）象限中农用土地需求曲线将向右侧平移。这是因为减少税费后，农用土地的收益将会增加，因此在土地要素总供给以及建设用地需求曲线不变的条件下，SD 曲线将会向左平移；如果政府对农用土地征收税费，那么第（1）象限中农用土地需求曲线将向左侧平移，在土地要素总供给以及建设用地需求曲线不变的条件下，SD 曲线将会向右平移。而如果政府对建设用地征收税费，建设用地成本提高，第（3）象限中建设用地需求曲线将会向左平移，SD 曲线也将会向左平移；如果政府对建设用地减少税费，建设用地成本下降，第（3）象限中建设用地需求曲线将会向右平移，SD 曲线也将会向右平移。

可见，对农用土地征收税费与对建设用地征收税费，其对土地市场均衡的影响是不同的。这与产品市场的财政政策不同，在产品市场中征税的结果会导致产品市场均衡曲线向左平移，而减税的结果会导致产品市场均衡曲线向右平移。在土地市场中，政府对农用土地减少税费，土地市场均衡曲线将会向左平移；如果政府对农用土地征收税费，土地市场均衡曲线将会向右平移。而政府对建设用地征收税费，土地市场均衡曲线将会向左平移；如果政府对建设用地减少税费，土地市场均衡曲线将会向右平移。

8.2.2 我党土地政策的演变历程及特点

建党以来，我党土地政策经历了多次变更，其目的是希望通过变更土地政策以协调生产关系，使其适应生产力要求，促进经济发展。通过分析各阶段土地政策的演变，不难看出我国历次土地政策变更都是以土地所有权和经营权变化为其主要内容的。

1. 建党以后到中华人民共和国成立之前（1921~1949 年）

1922 年，我党针对当时的形势，提出将没收的官僚土地分给农民耕种。但在第一次国内战争失败之后，我党意识到土地所属权的重要性，并在 1928 年制定了《井冈山土地法》，重新提出土地国有这一方针。然而，这一方针却并不符合当时国情，因此实施效果欠佳。但通过这一过程，我党找到了适合国情的土地政策纲领，即农民同时享有土地的使用权和所有权。随后，1946 年爆发内战，社会阶级问题成为亟待解决的问题，因此我党于 1947 年颁布了《中国土地法大纲》，确定了“耕者有其田”的土地政策方针。

2. 土地改革到人民公社时期（1950~1978 年）

1950 年，中华人民共和国中央人民政府颁布了《中华人民共和国土地改革法》，废除了剥削阶级土地所有制，改为农民土地所有制。这样的土地制度变革调动了农民的劳动积极性，推动了当时我国农业的迅速发展。随后，在 1953~1956 年，我国实行了三大改造，将农民土地私有制转变为集体所有制。然而在 1958 年，我国发起人民公社化运动，在人民公社化运动中土地归公社所有，所有农民丧失土地所有权，全部生产资料都归公社统一分配和管理。这种生产资料的改革极大地剥夺了农民的权利，农民生产积极性受到重创，我国随后也进入到了经济发展缓慢时期。

3. 改革开放至今（1978 年至今）

从 1978 年开始，国家土地政策经历了多次的改革，其中最基本的两项政策为家庭联产承包责任制和土地有偿使用制。家庭联产承包责任制是指农户以家庭为单位向集体组织承包土地等生产资料和生产任务的农业生产责任制。实施家庭联产承包责任制的优势在于保证集体经济统一经营的同时，可以将生产资料和生产任务承包给农民，允许其自由经营决策，增加农民的收入，最大限度调动农民的生产积极性。

另外，我国在 1979 年首次提出可以出租土地给外商使用，从此拉开了土地有偿、有期限使用的序幕。土地有偿使用是指可以通过向中外合资企业征收土地使用税，从而向中外合资企业有偿转让城市中可以用于生产经营活动的土地使用权。1988 年，全国人大正式将“土地有偿使用”列入《中华人民共和国土地管理法》。

从我国各个阶段土地政策变化的内容及其影响来看，土地政策的每次变化都会在很大程度上引起国民经济的波动。这一方面说明，土地政策在我国国民经济的运行中起着至关重要的作用，我国政府确实可以利用土地政策干预国民经济宏观运行；而另一方面，从土地政策变动对我国国民经济影响的效果上看，土地政策相对于财政政策和货币政策而言，其对于国民经济具有更显著的影响，因此我国利用土地政策干预宏观经济运行需要更为谨慎。因此，在推进主体功能区建设过程中，我国要充分汲取建党以来土地政策实施的经验教训，准确把握土地政策在主体功能区建设中的作用及其影响机制，通过制定科学合理的土地政策，为我国主体功能区战略的顺利实施提供有力的政策保障。

8.2.3　主体功能区土地政策制定的影响因素

在推进形成主体功能区的各项政策中，土地政策是一项十分重要的基础性政策，对于推进主体功能区建设有至关重要的作用。因此，在选择推进主体功能区建设的土地政策时，要充分考虑现行国家土地规划、中央与地方政府的协调以及可持续发展等因素。具体而言如下。

1. 土地规划与主体功能区土地政策制定

《中华人民共和国土地管理法》中明确规定：国家编制土地利用总体规划，规定土地用途，将土地分为农用地、建设用地和未利用地。严格限制农用地转为建设用地，控制建设用地总量，对耕地实行特殊保护。《中华人民共和国土地管理法》规定，对违反土地利用总体规划批准和使用土地的，要分别给予不同形式的处罚，构成犯罪的，依法追究刑事责任。由此可以看出，土地利用总体规划具有保护土地资源、合理利用土地资源、促进国民经济可持续发展的作用。

土地利用总体规划是受法律保护的权威性土地利用计划，而主体功能区土地政策属于政策性纲领，因此土地政策的制定要以土地利用总体规划为中心，严格按照国家总体规划的土地功能选择相关土地政策。主体功能区土地政策的目标是合理利用土地资源，促使土地资源利用效率最大化，实现经济可持续发展。因此，主体功能区土地政策应与土地利用总体规划紧密联系。对于功能区定位与国家土地规划有冲突的方面，必然要以国家土地规划为主，通过土地政策协调二者之间的矛盾。

2. 中央与地方政府的协调与主体功能区土地政策制定

在世界各国的经济发展过程中，都存在着中央政府与地方政府之间的协作和冲突问题。自改革开放以来，中央政府先后出台了一些土地政策，其目的是有效管制地方政府可能做出的危及社会稳定及各地区经济全面发展的行为。然而，部分土地政策因与地方政府相关利益产生冲突，导致我国一些土地政策未能很好实施。甚至，部分地方政府为了增加地方财政收入，促进地方经济发展，一定程度上也加剧了政策在基层中的落实难度。

在主体功能区建设过程中，中央的重点是统筹规划各主体功能区的土地政策，制定普遍适用的原则和方针；而地方政府要根据中央制定的政策纲领，实施不同主体功能区适合的土地政策，实现土地资源合理开发利用。在选择主体功能区的土地政策时，既要站在中央政府全局的立场上，确定全国各主体功能区土地政策的基本目标、原则和功能，还要充分考虑到中央与地方的上下级关系，加强双方的交流合作，顾全地方政府的利益，充分考虑地方政府给予中央政府的意见，并赋予地方政府合理制定有利于主体功能区建设的地方土地政策的权力，这样既可以保证中央政府土地政策的有效实施，又可以确保土地政策能够满足不同主体功能区的发展要求。

3. 可持续发展与主体功能区土地政策制定

我国目前陆地面积约 960 万平方公里，土地总面积位居世界第三位，而人均土地占有量仅相当于世界人均土地占有量的 1/3。地少人多以及土地资源不可再生的特点使得我国的土地资源十分宝贵。改革开放以来，各地方政府全力发展经济，部分地方政府忽视了可持续发展原则，一味追求利用土地资源增加地区生产总值，以致做出毁坏树林、毁掉牧场、牺牲湿地、违法开垦荒地等行为，这些行为使得地区发展面临不可持续的问题。

事实上，地方政府的职责和义务是在保护环境和可持续发展的前提下大力发展地方经济，提高人民的生活水平和质量。因此，在制定主体功能区土地政策时，应该坚持土地保护和经济发展并进的原则，根据不同功能区的特点，制定不同的土地政策以适应生产，严控土地过度使用，从而实现经济的全面、协调、可持续发展。

8.2.4　各类型主体功能区的土地政策选择

土地资源是否合理利用以及土地资源利用是否具有效率直接影响到主体功能区建设的效果。在实践层面，主体功能区建设应实施差别化的土地政策，地方政府应根据区域内各主体功能区土地现状及发展规划，制定适合主体功能区发展的土地政策，实现“一区一策”。

1. 优化开发区的土地政策

优化开发区是经济发展的重点区域，工业化程度较高，发展潜力大，这就使得其在土地资源利用方面存在着更为复杂的问题。如人多地少，土地资源稀缺；土地利用过度，超过土地承载能力；工业用地远多于农业耕地，农业耕地经济效益不高等问题。这些问题都制约着优化开发区的经济发展，因此地方政府在符合国家土地总体规划基础上，要针对上述问题出台相应政策，合理利用土地资源、提高土地利用效率，合理配置各产业占用土地资源比例，减少工业建筑用地，增加农业耕地。具体如下。

节约用地、提高土地利用效率。对于企业节约、集约用地行为要给予鼓励，进一步建立健全鼓励企业提高土地利用效率的相关制度体系，并将当地企业利用土地效率的高低作为考核政府政绩的一项内容；依法收回闲置房地产用地，并核查土地管理部门的审批流程，从而避免出现城市建设用地过量或低效利用的现象。土地资源作为一种不可再生资源，其承载力有限，土地政策中不仅应包含治理企业过度开发土地行为的相关措施，还应包括对保护土地耕地行为的鼓励和补偿措施。

调整土地资源在各产业间的合理配置。目前优化开发区土地资源多用于工业生产，这说明优化开发区经济发展过多地依赖于第二产业的发展，因此要通过土地政策将土地资源转至第三产业的建设用地中，这样第三产业才能替代第二产业推动优化开发区经济的发展，才能实现可持续发展。同时，优化开发区应适量增加商业和房地产用地，增加居民的居住空间，吸引更多的高素质人才进入优化开发区，全面推动经济的发展。

2. 重点开发区的土地政策

重点开发区人口密度大、资源环境承载力强、开发潜力大，但是目前我国多数重点开发区的土地资源利用现状却表现为：基础设施建设、工业建设、居民住宅建设等方面用地需求大；土地流向趋于分散，城市土地规划难以实施；耕地保护力度不够，大量违规用于建设用地。重点开发区土地资源利用的这些现状，使得土地政策在重点开发区经济发展中的地位变得更加重要。因此，针对重点开发区制定的土地政策要包括以下几个方面。

在土地承载力范围内，通过政府统筹规划，合理增加建设用地；合理规划基础设施用地，增加铁路、公路、医院、学校等方面的建设用地；增加资金密集型和劳动密集型企业用地，加快主导产业发展，促进经济全面发展。

政府要严格控制土地用途。严格按照国家土地总体规划使用土地；严格控制土地资源的利用方式，保证企业正常用地的需求，促进企业创新性节约用地；通过控制土地，引导企业之间集群化发展，提高土地使用效率。

保护耕地、推进生态平衡。对于现有耕地要实施强制性保护政策，鼓励创新性保护耕地行为，并给予相应补贴；创建耕地保护组织，专门负责耕地保护工作，有权力惩处破坏耕地的行为，并负责向社会普及耕地保护的常识，从根本上达到保护耕地的目的。

3. 限制开发区的土地政策

限制开发区的功能定位为农产品主产区和保持生态平衡的生态功能区。在制定限制开发区的土地政策时，要严格按照限制开发区的生态功能定位，完善占用耕地审批机制。在制定土地政策时，要全面保障限制开发区内的粮食安全和生态安全，具体政策如下。

（1）保证耕地数量、提高耕地质量。一方面，要保证耕地数量，对城市、工业建设占用耕地行为进行引导，争取实现建设项目所占用的耕地面积达到最小；对于将农用土地或生态用地转化为工业建设用地行为给予严厉的惩处措施，以保证农业生产区和自然生态保护区可以充分发挥提供粮食和生态保护的功能；合理调整农业结构，避免因为结构不合理造成耕地流失；对于遭遇灾难的耕地要及时采取补救措施，争取在最短时间内恢复到正常状态。另一方面，要提高耕地质量，要依据土壤养分差异采取差别化的保护措施；大力实施增强土地肥力的相关措施，从而彻底提高土地质量。

（2）保障农民收益。对于生态保护区的农民，要适当给予补贴，以弥补在生产、销售过程中产生的成本与收益差距；对于享有林权的农民，合理加大林权保护，以增加农民收益；对于那些为保护耕地而增加种植成本的农民，要予以资金补贴，继续保持退耕还林的补贴机制，并加大相关方面的补贴力度。

（3）保护生态功能区土地。一方面，要保护林地，对于现有森林要加强保护，针对当前存在的问题采取及时有效的措施以防止问题扩大化、严重化；严格控制现有林地的使用，严禁工业建设占用林地，严禁违法毁坏森林开辟耕地的情况发生；对于尚未开垦的荒地，适当将其改造为森林，以增加林地面积。另一方面，要保护牧场，严格控制放牧的牲畜数量，严禁乱采、乱挖现象，严惩破坏牧场土地的行为。

4. 禁止开发区的土地政策

禁止开发区作为重点生态功能区，是保护自然文化遗产的重点区域，其资源承载能力很低，发展潜力也很低，因此在制定禁止开发区的土地政策时要根据区域的功能定位，禁止生产性活动以及工业建设等行为。在环境承载能力允许的条件下，适当发展旅游业，以增加地区收入，并将收入用于保护禁止开发区环境。通过政府提供迁移补贴、迁移安置用地等政策，引导禁止开发区居民迁出，减少人为因素的干扰，也要通过恢复原来用于民宅、商铺的建筑土地，扩大土地面积，保护生态环境。

8.3 主体功能区发展战略下的人口政策

8.3.1 人口政策的效果分析

在凯恩斯宏观经济学中，劳动被认为是产品市场均衡的重要决定因素，因此主流宏观经济学更强调在产品市场中研究劳动要素的影响和作用。然而需要注意的是，劳动要素也是影响土地市场均衡的重要因素。

劳动与土地同是经济活动的两大要素，但劳动要素对土地要素的经济供给产生着重要影响。首先，土地要素需求的主体是人，因此人口的数量、人口的素质对土地要素价格产生着很大的影响。在数量方面，人口密度的增加会导致土地要素需求的增加，必然导致土地要素价格上涨；但是，若人口密度超过一定程度时，人口密度对生态环境产生的压力也会导致土地要素所承载的生态功能恶化，这种生态功能恶化又会导致土地要素价格的下降[①]。在质量方面，人口素质的文明程度也可以引起土地价格的变化。一般而言，人口素质越高，人们对住房面积、住房环境、基础设施以及商业结构要求就会越高，这样就会导致土地要素利用格局的演变以及价格的上涨。

① 事实上，生态环境等因素本身也对土地要素的经济供给具有双重影响。生态损害和环境恶化，将会导致人类可从事的经济活动，无论是在内容上，还是在数量上都会受到严重制约，这种情况事实上即是土地经济供给的减少。因此，生态环境恶化会降低土地的经济供给。同样，良好的生态环境可以有效提高土地的利用效率，生态环境的改善也会推动土地经济供给的增加。

其次，劳动要素对土地要素经济供给的影响还体现在边际报酬递减方面。经济学认为，经济活动存在着边际报酬递减规律，即在技术不变的前提下，连续等量地将一种生产要素投入到其他一种或几种生产要素的过程中，随着这种生产要素投入数量的不断增多，在投入特定数量之前，该种生产要素所带来的边际产品是递增的，但超过该特定数量后，该种生产要素所带来的边际产品是递减的。正如我们强调的，土地要素需求的主体是劳动，土地要素自身并不会产生任何经济活动，或者带来经济收入，只有与劳动要素结合在一起，土地要素才具有了经济活动的意义。从这个角度上说，土地要素的经济贡献就与其单位面积上所投入的劳动要素数量有着密切关系。在科学技术水平既定的条件下，连续等量地将劳动要素投入到土地要素的过程中，随着劳动要素投入数量的不断增多，在特定投入数量之前，劳动要素的边际产出是递增的，土地要素的经济产出总量也是递增的，但超过特定数量后①，随着劳动要素投入数量的增加，劳动要素的边际产出是递减的，土地要素的经济产出总量虽然仍是递增的，但其总量的递增幅度却是递减的。在劳动要素边际产出出现负值时，土地要素的经济产出总量将会递减。

因此，劳动要素对土地要素的经济供给具有重要的影响作用。这就意味着，人口政策也是异质空间宏观经济运行模型的重要影响因素，在产品市场、货币市场和土地市场均衡中起着至关重要的作用。由于边际报酬递减规律的存在，在一定范围之内，通过人口政策提高特定土地要素（面积）的人口密度，将会提高土地的利用效率，表现为土地要素的经济供给增加（SD 曲线向右平移）；而当特定土地要素（面积）的人口密度超过一定范围之后，继续通过人口政策提高人口密度，则会导致土地利用效率的下降，从而表现为土地要素经济供给的减少（SD 曲线向左平移）。因此，增加单位面积土地上的人口密度，并不能简单地认为可以引起 SD 曲线向右平移，这需要结合现实经济活动的具体情况来讨论。下面，我们结合产品市场、货币市场和土地市场的一般均衡模型进行人口政策的效果分析。

1. LM 曲线斜率大于 SD 曲线斜率时人口政策使用原则及其效果

我们首先讨论 LM 曲线斜率大于 SD 曲线斜率时扩张性人口政策的效果（图 8-19）。假设初始阶段产品市场、货币市场和土地市场在点 E_1 处实现均衡。然而，如果此时区域人口密度没有超出土地要素人口承载阈值，政府可采取人口政策，提高特定区域人口密度。那么，根据上文所述，SD 曲线将向右侧平移，从 SD_1 位移到 SD_2。此时，产品市场和货币市场的均衡点 E_1 则处于 SD_2 曲线的左

① 本书将这一特定阈值称为土地要素人口承载阈值。

侧。产品市场、货币市场和土地市场并没有同时达到均衡。

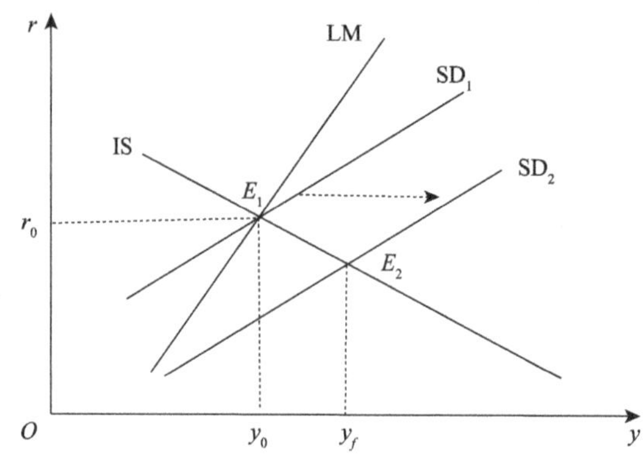

图 8-19　人口政策效果分析（一）

这种情况下，土地要素的供给大于土地要素的需求，土地要素价格将会下降，经济活动的资本边际收益将会增加，社会投资总量将会增加，IS 曲线向右侧移动，从而产品市场和货币市场的均衡将会向右侧移动。如果没有其他宏观调控干预，这种移动将会持续下去。因为，随着产品市场和货币市场均衡点向右侧移动，均衡点与土地均衡 SD_2 曲线的距离越来越大，这种偏离必然导致宏观经济出现过热现象。

因此，政府必须采取扩张性的货币政策进行政策配合。当扩张性土地政策使得产品市场和货币市场的均衡点 E_1 处于 SD_2 曲线左侧时，为使得产品市场的扩张效应得到控制，我们可以同时选择扩张性货币政策，让 LM 曲线向右侧平移，直至产品市场、货币市场和土地市场同时在新的收入水平（ y_f ）达到均衡，宏观调控目标得以实现。由于无论是扩张性的土地政策，还是扩张性的货币政策都推动了国民收入水平的提高，因此这种政策组合对提高国民收入水平是有效率的。

需要注意的是，我们上面所述的人口政策实际上是有双重影响的。这是因为，人口政策的调整，其目的是将超过土地要素人口承载阈值地区的人口迁移到土地要素人口承载阈值之内的地区。虽然本节列举了土地要素人口承载阈值之内地区人口迁入的政策效果分析，但事实上，这也是超过土地要素人口承载阈值地区人口迁出的政策效果分析。如上文所述，由于连续等量地将劳动要素投入到土地要素的过程中，随着劳动要素投入数量超过土地要素人口承载阈值，土地要素的经济产出总量将会递减，因此，在超过土地要素人口承载阈值的地区降低人口密度，将会提高该地区土地要素的经济产出总量，仍然表现为该地区 SD 曲线向右侧平移，这与图 8-19 表现的产品市场、货币市场和土地市场均衡变动是一致的。

2. SD 曲线斜率大于 LM 曲线斜率时人口政策使用原则及其效果

SD 曲线斜率大于 LM 曲线斜率时的人口政策效果分析如图 8-20 所示。

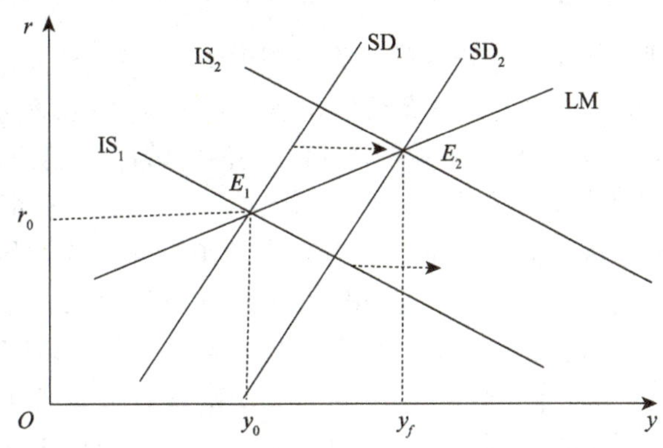

图 8-20　人口政策效果分析（二）

同样假设初始阶段产品市场、货币市场和土地市场在点 E_1 处实现均衡。然而，如果此时区域人口密度没有超出土地要素人口承载阈值，政府可采取人口政策，提高特定区域人口密度。那么，土地要素人口承载阈值之内的区域，人口将会迁入，SD 曲线将向右侧平移，从 SD_1 位移到 SD_2。此时，产品市场和货币市场的均衡 E_1 则处于 SD_2 曲线的左侧。这种情况下，资本边际收益将会提高，社会投资总量将会增加，这会导致 IS 曲线向右侧移动，从而产品市场和货币市场的均衡将会向右侧移动。土地市场的非均衡会干扰产品市场和货币市场的稳定均衡，并导致财政政策出现扩张效应。事实上，如果没有其他调控干预，这种移动将会持续下去。只要产品市场与货币市场均衡点与土地均衡 SD 曲线存在距离，这种偏离就会持续导致土地要素价格下降，资本边际收益增加，IS 曲线持续向右侧移动，直至产品市场和货币市场的均衡点回到 SD_2 曲线上，国民收入水平达到充分就业国民收入水平 y_f（产品市场、货币市场和土地市场同时达到均衡）。可见，SD 曲线斜率大于 LM 曲线斜率时，单独的人口政策完全可以实现其宏观调控目标。在不考虑时滞问题的条件下，政府可以单独使用人口政策进行宏观经济调控。

8.3.2　当前我国人口总体状况及存在的问题

1. 当前人口特点

（1）人口总量。20 世纪 70 年代以来，“计划生育”政策的有效实施已经使得我国人口状况由高出生、高增长、低死亡向低出生、低增长、低死亡转变。然而，尽管我国目前人口自然增长率在降低，但由于人口基数较大，我国总人口数量仍在不断扩大。2010 年第六次全国人口普查统计，我国人口总量为 13.7 亿人。其中，四类主体功能区中重点开发区人口规模最大、优化开发区人口规模较大、限制开发区人口规模较小、禁止开发区人口规模最小。

（2）人口分布。我国人口分布总体呈现东部人口密度大、西部人口稀疏，分布不平衡的特点。随着改革开放战略和发展沿海战略的实施，东部沿海地区经济快速发展，而西部地区的经济增速缓慢，推动了人口从西部地区迁移到东部地区，加剧了地区间经济发展不平衡。根据 2010 年第六次全国人口普查数据，我国东部人口密度为 373.9 人/平方公里，中部人口密度为 232.2 人/平方公里，西部人口密度为 51.3 人/平方公里。东部人口密度是中部人口密度的 1.6 倍，是西部人口密度的 7.3 倍。由此可见，我国人口分布不均衡现象十分严重。

（3）人口受教育程度。人口受教育程度可以通过受教育年限来衡量，从总体来看，我国各主体功能区人口的受教育程度差距较大：优化开发区人口素质最高，平均受教育年限为 8 年，区域内部受教育程度的差异不大，人口素质较均衡；重点开发区人口受教育程度仅次于优化开发区，平均受教育年限为 7.6 年，开发区内各区域人口素质差异明显，区域内部中心城市人口受教育水平明显高于远离中心城市人口受教育水平；限制开发区的人均受教育年限为 7.4 年，人口素质最低，中心城市人口素质高于周边城市人口素质。

（4）人口年龄结构。人口年龄结构影响地区内劳动力供给。在优化开发区内，50 岁至 64 岁的中老年人占人口总数的比例最大，其次为 15 岁至 49 岁的青壮年，老年人比例也高于其他开发区，这说明优化开发区内的劳动力较充裕，同时人口老龄化问题也十分严峻；在重点开发区内，中老年人口占总人口的比例为 40%，而青壮年比例仅为 27%，这说明重点开发区内的劳动力不足；而在限制开发区，青壮年比例远高于全国平均水平，老年人口所占比重却低于全国平均水平，在限制开发区内部，各区域年龄结构差异较小。

2. 当前人口状况存在的问题

从当前我国人口总体情况不难看出，我国人口分布不均衡、人口素质普遍不高、人口偏于老龄化问题严重，这三方面问题的主要影响表现为：首先，人口分布情况不符合主体功能区规划，主体功能区划下优化开发区需要更多的高新技术人才，而重点开发区应承载更多人口，但目前优化开发区却承载了大量人口，这与主体功能区规划不符；其次，劳动力的受教育水平直接影响劳动者素质，影响科学技术进步，当前我国人口素质与建设主体功能区所需的高新技术人才存在差距；最后，重点开发区和限制开发区的年龄结构不合理，限制了主体功能区战略实施，而优化开发区的人口老龄化问题十分突出。

8.3.3　主体功能区划下的人口政策制定思路

我国制定和实施主体功能区人口政策，其目的是根据各地区资源环境承载能力和发展潜力，实现劳动力在国土空间上的合理配置，推动各地区严格按照主体功能定位发展。因此，其制定思路如下。

鼓励人口迁移从而实现劳动力的合理配置。当前，我国人口分布存在东部地区密集、西部地区稀疏的问题，这样的布局制约了不同功能定位的主体功能区发展。因此，在制定人口政策时要明确：人口政策的目标是引导人口合理流动，形成合理的人口空间配置。对于限制开发区和禁止开发区，资源环境承载力低，开发潜力低，因此要积极引导人口转移出去；对于优化开发区和重点开发区，要做好承接从其他两个区域转移来的人口，解决各种干扰问题并提供必要的保障措施，实现各主体功能区人口的合理配置。

人口政策与其他政策相互协调。在推进主体功能区建设过程中，国家应综合配套各项政策，如财政政策、产业政策、环境政策、土地政策、投融资政策。在实施过程中，政策之间是相互影响、相互作用的。因此，在制定人口政策时要配合使用其他政策。如深化户籍制度改革，保障迁入居民平等享有医疗卫生、住房、社会保障等基本权利；发挥教育在人口转移过程中的作用，加大人力资本的投资力度以提高迁入地区的教育水平，从而吸引人口流入。

遵循人口分布规律，合理解决人口迁移带来的问题。人口迁移对于地方经济发展的影响有利有弊，因此在制定人口政策时，要解决人口迁入、迁出带来的问题。如从禁止开发区、限制开发区迁出的人口，受教育程度较低，在迁入区就业困难，生活水平大幅下降；而对于迁入区来讲，区域内人口素质差距较大，使得基础设施、卫生医疗等基本福利的均等化存在困难。因此，迁出区要提高人口素质，增强劳动力的核心竞争力，迁入区要加强基础设施建设，做到积极接收迁入人口，尽快落实相关保障。

8.3.4　各类型主体功能区的人口政策建议

1. 优化开发区的人口政策

当前优化开发区内存在着劳动力科技创新能力不高、老龄化严重等问题，因此在制定优化开发区的人口政策时，要调整人口结构与提高人口素质，通过生产方式转变以及产业结构升级实现人口与经济协调发展。

一方面，要提高人口素质，提升劳动力的科技水平。通过提高优化开发区的教育水平，从根源上培养高素质、具有创新力的人才；合理提高迁入门槛，对于流入人口要给予教育、卫生、医疗等基础设施享有的权利，以增强他们的认同感，提高人口红利，以吸引高技术型人才流入。另一方面，调整人口结构，根据各地区产业结构、资源环境承载能力，规划各地区人口合理分布。作为优化开发区的核心发展城市，要加强基础设施建设，提供基本保障，以吸引高素质人才的流入；而核心城市之外的中小城市，地方政府可以通过调整产业结构来促进人口迁移，缓解大城市的人口压力。与此同时，中小城市要合理安排从大城市流出的人口，保证他们的基本生活水平，还要提高教育水平，以提升劳动者素质，增强劳动者自身的工作能力。

2. 重点开发区的人口政策

我国重点开发区的开发潜力较大，资源环境承载力较强，是我国经济发展的重点地区，也是流动人口迁入的主要地区。在制定重点开发区的人口政策时，首先要从区域的资源禀赋和产业结构出发，坚持市场引导机制，全面协调人口集聚与产业集聚的关系，并根据比较优势理论，大力发展该区域内的优势产业，积极吸引外资和技术，扩大产业规模，从而提供更多的工作岗位，解决迁入人口的就业问题，促进人口稳定发展。

其次，政府要发挥自身的宏观调控作用，建立相关的就业信息公布平台，开展就业人员职业技能培训等活动，提高迁入人口的就业能力，提高人口素质；保证迁入人口及其子女、亲属依法享受教育、医疗、卫生、社会保障等基本权利；大力发展教育，提高教育水平，尤其是农村劳动力的受教育程度，农村劳动力素质的提高不仅可以使农村劳动力快速融入城市工作环境中去，提高城市化水平，还可以减少在迁移过程中带来的问题。最后，在重点开发区吸纳迁入人口的同时要注意保护生态环境。重点开发区的环境承载力有限，在人口大量涌入的同时，必然会造成环境污染，因此重点开发区还要坚持环境保护，实现可持续发展。

3. 限制开发区的人口政策

我国限制开发区是环境承载力较低，发展潜力较低的区域，特别是重点生态功能区承载能力脆弱。因此在制定限制开发区的人口政策时，要重点推进人口迁移，通过政府的引导以及补贴政策鼓励该区域内居民向优化、重点开发区转移。限制开发区人口政策要涵盖两类人群：一类是进行生态迁移的居民。政府要制订合理的迁移规划，为本地居民的迁出提供足够的信息，并与迁入地政府协商解决流入人口的基本生活问题，提供就业机会。另一类是留在限制开发区的人口，要提高中、小学的基础教育水平，使更多的人接受初高等教育，同时也要完善职业技术培训体系，实现留守人口受教育程度和职业技术水平的全面提高。

4. 禁止开发区的人口政策

主体功能区中的禁止开发区是生态环境保护地区，发展潜力最低，不允许进行任何破坏环境的生产性活动。因此，人口政策的重心应该是大力推进人口迁移，以减少对环境的影响，保护自然环境和历史文化遗产。在推进生态移民的过程中，政府要充分考虑到对于不同年龄结构、不同素质的居民要实施差别化的人口政策，鼓励劳动力向优化、重点开发区迁移，并为他们提供就业培训以及迁移补贴，而对于老年人，在保障其基本权利的基础上，避免因搬迁带来的社会问题。还要提高禁止开发区的教育水准，全面普及义务教育，设立专项教育基金，提高人口素质，增强其就业能力，提高迁移能力。

参 考 文 献

[1]魏后凯. 对推进形成主体功能区的冷思考[J]. 中国发展观察，2007，（3）：28-30.

[2]冯德显，张莉，杨瑞霞，等. 基于人地关系理论的河南省主体功能区规划研究[J]. 地域研究与开发，2008，27（1）：1-5.

[3]李宪坡. 解析我国主体功能区划基本问题[J]. 人文地理，2008，（1）：20-24.

[4]陆玉麒，林康，张莉. 市域空间发展类型区划分的方法探讨：以江苏省仪征市为例[J]. 地理学报，2007，62（4）：351-363.

[5] 姜莉. 我国主体功能区理论研究进展与述评——"一带一路"分类区域调控的启示[J]. 哈尔滨商业大学学报（社会科学版），2017，（1）：69-78.

[6]樊杰. 我国主体功能区划的科学基础[J]. 地理学报，2007，62（4）：339-350.

[7]王敏，熊丽君，黄沈发. 上海市主体功能区划分技术方法研究[J]. 环境科学研究，2008，21（4）：205-209.

[8]赵永江，董建国，张莉. 主体功能区规划指标体系研究——以河南省为例[J]. 地域研究与开发，2007，26（6）：39-42.

[9]郝大江. 基于要素适宜度视角的区域经济增长机制研究[J]. 财经研究，2011，（2）：104-111，123.

[10]高国力. 如何认识我国主体功能区划及其内涵特征[J]. 中国发展观察，2007，（3）：23-25.

[11]曹卫东，曹有挥，吴威，等. 县域尺度的空间主体功能区划分初探[J]. 水土保持通报，2008，（2）：93-97.

[12]张广海，李雪. 山东省主体功能区划分研究[J]. 地理与地理信息科学，2007，23（4）：57-61.

[13]魏后凯. 主体功能区并非能"包治百病"[N]. 中国改革报，2007-5-24（5）.

[14]刘玉. 主体功能区建设的区域效应与实施建议[J]. 宏观经济管理，2007，（9）：16-19.

[15]张杏梅. 加强主体功能区建设促进区域协调发展[J]. 经济问题探索，2008，（4）：17-21.

[16]高同彪. 关于加强主体功能区规划的若干思考[J]. 长春金融高等专科学校学报，2007，（3）：8-10，18.

[17] 姜莉. 非正式约束与区域经济发展机制研究——主体功能区建设的理论探索[J]. 河北经贸大学学报，2013，（1）：72-76.

[18]李红伟，赵羽. 推进主体功能区建设促进区域协调发展[J]. 资源与人居环境，2007，（12）：41-43.

[19]陈潇潇，朱传耿. 试论主体功能区对我国区域管理的影响[J]. 经济问题探索，2006，（12）：

21-25.
[20]邓玲，杜黎明. 主体功能区建设的区域协调功能研究[J]. 经济学家，2006，（4）：60-64.
[21]孙姗姗，朱传耿. 论主体功能区对我国区域发展理论的创新[J]. 现代经济探讨，2006，（9）：73-76.
[22]梁佳. 土地政策参与宏观调控的机制分析——基于主体功能区调控视角[J]. 经济与管理，2013，27（3）：22-24.
[23]郝大江，范静媛. 土地流转与现代农业综合配套改革——农产品主体功能区建设的启示[J]. 经济与管理，2014，28（1）：11-16.
[24]樊杰. 解析我国区域协调发展的制约因素探究全国主体功能区规划的重要作用[J]. 中国科学院院刊，2007，22（3）：194-201.
[25]李荐，赖华东. 从操作问题看主体功能区的制度基础建设[J]. 无锡商业职业技术学院学报，2007，7（3）：47-49，57.
[26]张孝德. 建立与主体功能区相适应的区域开发模式[J]. 国家行政学院学报，2007，（6）：34-37.
[27]张可云. 主体功能区的操作问题与解决办法[J]. 中国发展观察，2007，（3）：26-27.
[28]韩晶晶. 主体功能区建设中的地方政府职能重塑[J]. 时代经贸，2007，5（72）：14-15，17.
[29]丁鸿君，游惟淼. 以主体功能区的视角来看地方政府考核机制——以优化开发区为例[J]. 中国商界，2008，（1）：96-97.
[30]陈俐艳. 如何推进省级主体功能区建设[J]. 宏观经济管理，2008，（8）：63-64.
[31]郭钰，郭俊. 主体功能区建设中的利益冲突与区域合作[J]. 人民论坛，2013，（35）：56-58.
[32]贾康，马衍伟. 推动我国主体功能区协调发展的财税政策研究[J]. 财会研究，2008，（1）：7-17.
[33]唐建华. 推进主体功能区建设的财政政策研究[J]. 求索，2009，（11）：42-43.
[34]王梦炜，韩莉. 论完善推进主体功能区建设的转移支付制度[J]. 广东行政学院学报，2007，（4）：50-54.
[35]钱勤英. 进一步完善政府间财政转移支付制度[J]. 资料通讯，2005，（3）：35-36.
[36]课题组. 推进主体功能区建设的财政政策研究[J]. 财会研究，2009，（19）：6-12.
[37]赵桂芝. 主体功能区战略下我国财政转移支付均等化功效探析[J]. 社会科学辑刊，2008，（3）：110-112.
[38]任勇，俞海，冯东方，等. 建立生态补偿机制的战略与政策框架[J]. 环境保护，2006，（19）：18-23，28.
[39]孟召宜，朱传耿，渠爱雪，等. 我国主体功能区生态补偿思路研究[J]. 中国人口·资源与环境，2008，18（2）：139-144.
[40]燕守广，沈渭寿，邹长新，等. 重要生态功能区生态补偿研究[J]. 中国人口·资源与环境，2010，20（S1）：1-4.
[41]张成军. 绿色 GDP 核算的主体功能区生态补偿[J]. 求索，2009，（12）：16-18.
[42]石红英. 区域经济发展差异与金融制度因素研究[J]. 河南金融管理干部学院学报，2007，（2）：109-113.

[43]靳士雨，王新. 关于商业银行中间业务的中外对比[J]. 河南税务，2001，（12）：14-16.
[44]覃发超，李铁松，张斌，等. 浅析主体功能区与土地利用分区的关系[J]. 国土资源科技管理，2008，25（2）：25-28.
[45]杜黎明. 主体功能区配套政策体系研究[J]. 开发研究，2010，（1）：12-16.
[46]梁佳. 土地政策参与宏观调控的政策工具研究：基于主体功能区建设的理论探索[J]. 经济与管理，2013，27（4）：13-15.
[47]张耀军，陈伟，张颖. 区域人口均衡：主体功能区规划的关键[J]. 人口研究，2010，34（4）：8-19.
[48]熊理然，成卓，李江苏. 主体功能区格局下中国人口再布局[N]. 中国人口报，2009-04-20(003).
[49]程克群，王晓辉，潘成荣，等. 安徽省推进形成主体功能区的环境政策研究[J]. 生态经济，2009，（6）：41-44，51.
[50]侯雪，米文宝. 西北地区主体功能区划方法研究[J]. 经济地理，2009，（10）：1640-1643.
[51]李靖宇，张潇. 东北优化开发主体功能区建设进程中的产业集群问题探讨[J]. 太平洋学报，2008，（10）：52-67.
[52]姜莉. 主体功能区优化开发区激励机制问题研究[J]. 哈尔滨商业大学学报（社会科学版），2013，（3）：34-39.
[53]曹有挥，陈雯，吴威，等. 安徽沿江主体功能区的划分研究[J]. 安徽师范大学学报（自然科学版），2007，30（3）：383-389.
[54]王强，伍世代，李永实，等. 福建省域主体功能区划分实践[J]. 地理学报，2009，64（6）：725-735.
[55]李知默，刘岩，涂志刚，等. 海南省海岸带主体功能区二级区划评价指标体系构建：以三亚市为例[J]. 中国矿业，2013，（z1）：195-200.
[56]李靖宇，宋洋. 关于东北优化开发主体功能区建设的战略定位论证[J]. 东北亚论坛，2008，17（3）：65-72.
[57]柳杨. 基于主体功能区建设的湖北区域均衡发展探讨[J]. 统计与决策，2014，(11)：166-168.
[58]鄢一龙，唐娜，王亚华. 如何推进省级主体功能区建设——以青海省为例[J]. 生产力研究，2009，（21）：121-122，135.
[59]熊鹰，李艳梅. 状态空间法在省域主体功能区划中的应用——以湖南省为例[J]. 生态与农村环境学报，2010，26（2）：109-113.
[60]李嘉图 D. 政治经济学及赋税原理[M]. 周洁，译. 北京：华夏出版社，2005.
[61]Weber M. Economy and Society [M]. Berkeley and Los Angeles：University of California Press，1952.
[62]约翰·冯·杜能. 孤立国同农业和国民经济的关系[M]. 吴衡康，译. 北京：商务印书馆，2015.
[63]勒施 A. 经济空间秩序——经济财货与地理间的关系[M]. 王守礼，译. 北京：商务印书馆，1995.
[64] Isard W. The General theory of local and space-economy[J]. Quarterly Journal of Economics，1949，63（4）：476-506.
[65] Starrett D. Market allocations of location choice in a model with free mobility [J]. Journal of

Economic Theory，1978，17（1）：21-37.

[66]Krugman P R. Increasing returns and economic geography[J]. Journal of Political Economy，1991，99（3）：483-499.

[67]Arrow K J, Debreu G. Existence of an equilibrium for a competitive economy [J]. Econometrica，1954，22：265-290.

[68]Mills E S. An aggregative model of resource allocation in a metropolitan area [J]. International Library of Critical Writings in Economics，2005，（188）：123-137.

[69]Fujita M，Krugman P，Venables A J. The Special Economy [M]. Cambrige Massachusetts：The MIT Press，1999.

[70]Koopmans T C，Beckmann M. Assignment problems and the location of economic activities[J]. Econometrica，1957，25（1）：53-76.

[71]Nurkse R. Trade fluctuations and buffer policies of low-income countries [J]. Kyklos，1958，11（2）：141-149.

[72]Rosenstein-Rodan P N. Problems of industrialisation of eastern and south-eastern Europe [J]. Economic Journal，1943，（53）：202-211.

[73]Myrdal G. Economic Theory and Underdeveloped Regions [M]. London: Methuen Co Ltd, 1957.

[74]Hirschman A O. The Strategy of Economic Development [M]. New Haven：Yale University Press，1958.

[75]金碚. 论经济全球化3.0时代——兼论“一带一路”的互通观念[J]. 中国工业经济，2016，（1）：5-20.

[76]丁任重，陈姝兴. 中国区域经济政策协调的再思考——兼论“一带一路”背景下区域经济发展的政策与手段[J]. 南京大学学报（哲学·人文科学·社会科学），2016，（1）：26-33，157.

[77]陈文玲. 一带一路与长江经济带战略构想内涵与战略意义——兼论重庆在两大战略中的定位[J]. 中国流通经济，2016，（7）：5-16.

[78]韩永辉，罗晓斐，邹建华. 中国与西亚地区贸易合作的竞争性和互补性研究——以“一带一路”战略为背景[J]. 世界经济研究，2015，（3）：89-98，129.

[79]吴新生，梁琦. 贸易自由化与FDI区位选择——来自“一带一路”沿线国家的经验证据[J]. 东北大学学报（社会科学版），2017，（6）：571-579，586.

[80] Baldwin R E. Agglomeration and endogenous capital [J]. European Economic Review，1999，（2）：253-280.

[81]Forslid R，Ottavlano G I P. An analytically solvable C-P model [J]. Journal of Economic Geography，2003，（3）：229-240.

[82]Toshihiro O，Baldwin R. International trade，offshoring and heterogeneous firms [J]. Review of International Economics，2015，（1）：59-72.

[83]Brülhart M, Sbergami F. Agglomeration and growth：cross-country evidence [J]. Journal of Urban Economics，2009，（1）：48-63.

[84]Ellison G，Glaeser E L，Kerr W R. What causes industry agglomeration? Evidence from coagglomeration patterns[J]. The American Economist，2010，（3）：1195-1213.

[85]刘友金，吕政. 梯度陷阱、升级阻滞与承接产业转移模式创新[J]. 经济学动态，2012，(11)：21-27.

[86]范剑勇，谢强强. 地区间产业分布的本地市场效应及其对区域协调发展的启示[J]. 经济研究，2010，（4）：107-119，133.

[87]凯恩斯 J M. 就业、利息和货币通论[M]. 徐毓丹，译.郑州：河南文艺出版社，2016.

[88]Cottingham J，Stoothoff R. The Philosophical Writing of Descartes in 3 Voles[M]. Cambridge：Cambridge University Press，1988.

[89]配第 W. 赋税论[M]. 邱霞，原磊，译. 北京：华夏出版社，2006.

[90]Ricardo D. On the Principles of Political Economy and Taxation[M]. Cambridge ：Cambridge University Press，1981.

[91]Harris J M，Kennedy S. Carrying capacity in agriculture：global and regional issue[J]. Ecological Economics，1999，（3）：443-461.

[92]Malthaus T R. An essay on the principle of population[M]. NewYork：Prometheus Books，1999.

[93]Barbie E. B. The role of natural resource in economic development[J]. Australian Economic Papers，2003，（2）：253-259.

[94]国务院发展研究中心土地课题组. 土地制度、城市化与财政金融风险——来自东部一个发达地区的个案[J]. 改革，2005，（10）：12-17.

[95]Glaeser E L，Gyourko J，Sakes R E. Why have housing prices gone up?[J]. American Economic Review，2005，95（2）：329-333.

[96]张颖，王群，王万茂. 关于土地节约和集约利用问题的思考[J]. 广东土地科学，2007，6(3)：4-9.

[97]Iyigun M F，Owen A L. Income inequality financial development and macroeconomic fluctuations[J]. The Economic Journal ，2004，114（495）：352-376.

[98]Beck T，Levine R，Loayza N. Finance and the sources of growth[J]. Journal of Financial Economics，2000，58：261-300.

[99]白当伟. 金融发展与内生经济波动[J]. 经济学家，2004，（2）：87-93.

[100]杜婷，庞东. 金融冲击与经济波动的相关性：三个视角的分析[J]. 中央财经大学学报，2006，(10)：38-43.

[101]董利. 金融发展与我国经济增长波动性实证分析[J]. 经济管理，2006，（11）：84-87.

[102]严金海. 土地抵押、银行信贷与金融风险：理论、实证与政策分析[J]. 中国土地科学，2007，(1)：17-23.